丹阳教育家研究丛书

马相伯教育奖励促进会▣编著

开示门径

——丹阳五大教育家思想的实践研究

苏州大学出版社
Soochow University Press

图书在版编目(CIP)数据

开示门径：丹阳五大教育家思想的实践研究 / 马相伯教育奖励促进会编著. —苏州：苏州大学出版社，2016.7

(丹阳教育家研究丛书)

ISBN 978-7-5672-1664-8

Ⅰ. ①开… Ⅱ. ①马… Ⅲ. ①教育思想—研究—丹阳市 Ⅳ. ①G40-092

中国版本图书馆 CIP 数据核字(2016)第 156293 号

开示门径

——丹阳五大教育家思想的实践研究

马相伯教育奖励促进会 编著

责任编辑 李 兵

苏州大学出版社出版发行

(地址：苏州市十梓街 1 号 邮编：215006)

镇江中山印务有限公司印装

(地址：丹阳市朝阳路 1—3 号 邮编：212309)

开本 700 mm×1 000 mm 1/16 印张 15.25 字数 282 千

2016 年 7 月第 1 版 2016 年 7 月第 1 次印刷

ISBN 978-7-5672-1664-8 定价：42.00 元

苏州大学版图书若有印装错误，本社负责调换

苏州大学出版社营销部 电话：0512-65225020

苏州大学出版社网址 http://www.sudapress.com

丹阳教育家研究丛书

编 委 会

为人类之灵光（序一）

成尚荣

写序，是要看资格的，这是规矩。为教育家研究成果写序，更要讲资格。显然，为丹阳五大教育家的言论集、故事集写序，我是完全不够格的。丹阳五大教育家是教师的典范和楷模，是中国的教育家，是载入中国教育史的大师、大家，是永远值得我们学习与追随的。于是，我把写序当作一种学习和传承教育家精神与思想的责任和使命。

马相伯、吕凤子、吕叔湘、匡亚明、戴伯韬，丹阳诞生的教育家，给丹阳，给江苏，给中国教育，留下了非常丰厚的遗产。他们的思想、理念博大精深，在中国教育史上写下了一页页光辉的篇章。丹阳“马相伯教育奖励促进会”在教育局的领导下，在学校的大力支持和通力合作下，或编或著的这几本书，本身就是五大教育家精神与思想的聚焦与凝练，闪烁着耀目的光辉。编者、著者把教育家的精神与思想集中在书名上——“为人类之灵光”“直与青云齐”“开示门径”。“为人类之灵光”，体现他们崇高的理想、伟大的抱负、宽阔的胸怀、高尚的心灵，闪烁着为民族、为祖国、为人类奉献的核心价值观，给我们以无限的正能量。为人类之灵光，其教育家本人就闪烁着人类之灵光。当灵光与灵光相遇的时候，才会有教育、有民族、有人类灵光的迸发、示现。“直与青云齐”，闪烁着的是中华优秀传统的文化之光，是教育家修己、立人、至善的至高境界。修身、齐家、治国、平天下，做人之根本，“古之欲明明德于天下者，先治其国；欲治其国者，先齐其家；欲齐其家者，先修其身；欲修其身者，先正其心；欲正其心者，先诚其意……”从修己到立人，从立人到至善，这是立己达人的路径，给我们为人的使命与智慧，何其辽阔宏大，又何其细致入微。“开示门径”，闪烁着教育改革与发展实践的智慧之光，打开大门，复

又打开,不断走向开放。只有开门,才能看到更美丽的风景和更美好的未来。但是,开门为的是寻找前行的路径,发现教育研究与实验的规律,而此“门”须向自己示明路径,须向大家示明路径,唯有如此,大家才能共同前进。

今天,我们读着他们的话语、故事,教育家不正在与我们对话,为我们开示门径吗?我们看到了吗?体悟到了吗?明晓了吗?

“要把中国唤醒”“正则”“立定脚跟处世,放开眼孔读书”“人学与做人”“科学的教育与教育的科学”,分别是五位教育家的思想精粹,它们给我们以人生的深切感悟和教育变革的真切启迪。“要把中国唤醒”,在今天就是要确立中国梦,首先要把自己的灵魂唤醒,把社会良知唤醒,把民族自尊、自信唤醒。“正则”,为人之正气,为人之规范,如今的学校亟需正则,正则成了学校之标识、文化之符号,继而转化为师生员工的精神面貌和行动指南。“立定脚跟处世,放开眼孔读书”,将读书与处世自然地联系起来。“立定脚跟处世”是读书目的,是价值定位;“放开眼孔读书”才明白如何做人,如何处世,如何为社会做贡献。“人学与做人”,从另一个角度深度提炼了教育与做人的关系。教育是关于人的学问,教育学是人学,是未来的伦理学,是教人学会做人的学问,不仅教学生学会做人,并且教自己学会做人。所以,教育不以人为中心,不以人为本,怎么可能是真正的教育呢?“科学的教育与教育的科学”,则是强调教育的科学性,强调教育的专业性,强调遵循与把握教育规律。

读了五大教育家,我深受启迪。同时又生发进一步的思考:丹阳为什么会出五大教育家?一个县级市,竟然先后涌现五位教育家,这成为“丹阳现象”。丹阳现象不仅是教育现象,更是文化现象。丹阳是块神奇的土地,在这块文化的土壤中深藏着许多文化密码。今天是揭开这些文化密码的时候了,让文化密码进入教育,进入课程、教材、教学,进入校园生活,镌刻进学生的文化基因,成长为学生的文化基质。我们不是要求现在的学生都成为教育家,这是不可能的,也是没必要的,而是用教育家的精神与思想培育今天的教师和学生,让丹阳的校长像教育家那样去创校办学,丹阳的教师像教育家那样去教书育人。丹阳之所以设立这么一个重大课题来研究,旨在薪火相传,创造更辉煌的丹阳教育。

丹阳教育局自觉地肩负起这样的使命,他们充溢着理想的激情。课题研究已取得长足的进步,成果很多。第三本书《开示门径》就是研究成果集,我们很是为之高兴。其实,丹阳教育家一直在成长,名师不断在涌现。如大家熟知的江苏教育厅的“二袁”,袁金华、袁云亭,还有在全国小学语文界产生重要影响的孙双金等。问题是我们还没有深入剖析,准确把握其中的奥秘。其实,教育家不是催生出来的,而是自然生长起来的。我们不能心急,但一定要积极;我们不能刻意去追求,但一定要刻苦努力。丹阳关于本土教育家的研究以及这批研究成果,正是要营造独特的文化氛围,为校长、教师搭建一个高平台。我们坚信,丹阳会承前启后,会涌现更多的优秀教师、名师,还会诞生更多的教育家。

这就是我的读后感,权作序吧。其最为核心的意思是:这是我阅读教育家的开始。我愿意继续读下去,为人类之灵光。

(成尚荣,2003—2006届国家督学,原江苏省教科所所长,教育部基础教育课程改革专家工作委员会委员)

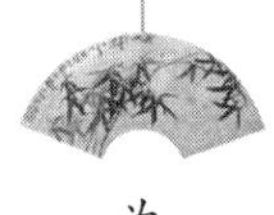

开示门径（序二）

韦立忠

时代，呼唤教育家办学。那么，教育家在哪里呢？丹阳本土有没有教育家？前辈教育家是怎样办学的？为什么如此这般地办学呢？他们精彩的教育人生究竟是如何成就的？受此启示，面对当前的教育形势，当代教育人应如何突围，该坚守什么，要怎样创新，响亮回应“教育家办学”的时代呼唤呢？

怀着这样的憧憬，带着这样的追求，丹阳“马相伯教育奖励促进会”以《丹阳教育家教育思想实践与发展研究》课题为抓手，带领一班有志于此的同志，以最虔诚、最朴实的笔触，采用“照着说”和“接着说”的逻辑方式，努力展现前辈教育家的风采，不断呈现教书育人的规律，不断解答时代的命题。我们高兴地看到继《与太阳的对话》之后，“丹阳教育家研究丛书”又逐步丰厚，这就是《为人类之灵光》《直与青云齐》《开示门径》三本书的加入。

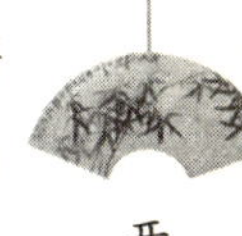

“丹阳教育家研究丛书”的研究对象目前主要包括马相伯、吕凤子、吕叔湘、匡亚明、戴伯韬五位丹阳籍教育家。这些教育家是国内外公认的著名教育大家，他们属于中国，更属于丹阳，他们与丹阳教育有着千丝万缕、血浓于水的关系；他们值得我们敬仰、面对与聆听，值得我们思考、继承与发展。

作为丛书的单本，三本书各有叙述的侧重。

教育家的意义在于启蒙。《为人类之光》收集的是丹阳本土教育家的经典语录，并赋予当下时代的解读与注脚。风尘散去，穿越时空，当历史的音声再度响起，我们触摸到历史的温度，感受到大师的情怀，体认到教育家的思想，不由地产生聆听的渴望、参与对话的冲动和追随的自

觉——立身、立功、立言,“要把中国唤醒!”

教育家的价值在于垂范。《直与青云齐》讲述的是前辈教育家的生平故事,正是这些朴实无华的小故事,展现了教育家的人生风貌、思想历程、成长足迹;正是在这些生动凝练的文字里,我们前辈教育家的人生形象愈加丰满:既崇高伟岸,又如沐春风,仰之弥高,钻之弥坚;正是通过这些生活故事的品读与传颂,我们充分理解和十分向往前辈教育家身体力行的非凡人生。

最好的继承是发展。《开示门径》记录的是研究者追随大师的点滴足迹,展现的是当代丹阳教育者继承大师精神,成就大师未竟事业的不懈努力。办学愿景的描绘,办园文化的凝练,校本课程的开发,教学行为的变革,教育意义的重构,专业发展的路径,如此等等,无不体现着对前辈教育家精神思想的传承,无不体现着解决现实教育问题的创新,满满的正能量!自由的新路径!

捧着这套“丹阳教育家研究丛书”,心情澎湃,为丹阳教育的丰厚底蕴而自豪,为现代教育的历史担当而自醒。公平效率,优质均衡,一路走来,丹阳教育取得了令人瞩目的成就,形成了“以本土教育家思想引领教师专业发展,以活力课堂提升教育生态质量,以多元发展理念成就学校内涵创新发展”的丹阳教育发展经验。展望未来,我们也面临许多机遇和挑战,高位运行的丹阳教育要突破发展瓶颈,要激发活力,要修炼定力,要积聚实力,依靠什么?依靠教育家办学!

教育是对未来的定义,历史是对过去的钩沉。丹阳教育家研究丛书,是对前辈教育家的追忆,更是对当代教育的献礼,为依靠教育家办学开示门径。

开示门径,人人都可以成为教育家。何谓教育家?教育家不是一种荣誉,而是一种高贵的人格,一面思想的旗帜,一种对教育实践“开示门径”的影响力。丹阳五大教育家有血有肉有情感,如同我们一样,都是活生生的平凡人,却又有思想有胆魄有灵魂,有着我们向往却还没有企及的精神境界。人人都可以成为教育家,其实是在说,我们都可以通过修身养性、尊异成异、尊己成己,以大师为榜样,塑造我们的人格,做一个高贵的脱离低级趣味的人；我们都可以通过信仰、思辨、阅读、写作，构建我们自己的哲学观、思想价值体系，从教育思想发展的长河里汲取营养，并注入我们思想的新鲜活水；我们都可以在行动中研究，在研究中行动，在教育教学的实际过程中，运用教育思想的力量，弘扬大师的精神魅力，为学生的成长、学校的发展、教育的进步施加我们绵薄而不可或缺的专业影响！人人都可以成为教育家，其实是在说，我们需要仰望星空，我们更要脚踏实地、勇往直前，因为，如果站得足够高，我们会发现，我们脚下的大地，原本是星空的一部分！

开示门径，我们要像教育家那样办学。教育家是怎样办学的？丹阳教育家思想研究指导者、江苏教科院研究员、教育家研究专家孙孔懿先生在《论教育家》一书中做了精辟概括：以追问揭示本质，以怀疑催动创新，以幻想召唤现实，以结论指导实践。我们要悦纳教育的日常，但拒绝职业的平庸；我们要勾画学生成长的图景，更要探究教育的规律；我们要稳定日常管理的秩序，更需要建立体现发展特色的学校章程。像教育家那样办学，我们都是信仰者，梦想者；我们都是学习者，思想者；我们都是行动者，创造者！如此，我们的梦想就能成真，我们的目标终将达成：丹阳教育的园地里，学生积极向上的生长力，教师基于专业的影响力，校长价值重塑的领导力，共同构建我们真、善、美的成长乐园与精神领地。

到那时，也许有人会问，是丹阳教育孕育了教育家，还是教育家缔造了丹阳教育？我们不妨反问：陶工与陶壶，谁正在被创造？

阅读，是一种解读，我们深知，这种解读还会被再解读；写作，是一种创作，我们深知，这种创作还将继续；实践，是一种成长，我们深知，唯有亲近学生才可以焕发教育生命。“开示门径”，我们要在大师的感召下，触摸教育灵魂，践行教育真谛，书写现代教育新的篇章，与大师遥相呼应——居身不使白玉玷，立志直与青云齐！

（韦立忠，丹阳市教育局党委书记、局长）

目录

乡村的生活　乡土的德育

——“相伯文化与乡土德育”省级课程基地的打造

丹阳市马相伯学校课题组

一、问题的提出

2009年，在马相伯先生的家乡，原胡桥中学和胡桥中心小学合并，经马相伯先生的后人授权、丹阳市政府批准，命名为丹阳市马相伯学校，成为一所以大师精神为引领的农村九年一贯制学校。

马相伯学校地处丹阳北郊，这里山清水秀，民风淳朴，是南朝齐梁文化的发源地。水晶山、凤凰湖，风景优美；亚洲地区最大的石刻主题公园——天地石刻园与学校一墙之隔。这里，是生活、学习的好场所，拥有学生读得懂的、宝贵的、原生态的乡土资源。

在教育的发展进程中，受传统观念的影响，许多人认为“智育”是“硬任务”，学生学习不好，考不上重点高中，就会影响学校的声誉和生源。这种片面的认识直接导致学校德育得不到重视，德育也因此出现了不少问题。

有些教师认为，德育是一件无关紧要的事情，只要“不出大事”，“保平安，求稳定”就行，这一现象在农村学校表现得尤为严重；有的教师德育方法简单粗暴，德育工作不能立足于乡村学生的思想状况和实际需要，只是死守教条，呆板地讲一些陈旧的脱离实际的理论，或是在德育工作中，只懂得“防”和“堵”，把德育工作放在对学生的限制和防范上，不允许学生做这个、做那个，严重缺少对学生“应该怎样”、“为什么要这样”的“疏导”教育；还有部分教师不能结合青少年不同年龄段的身心发展特点，将只适合成年人的一些德育内容，不经过教育方法的加工和变通，直接灌输给中小学生；思品课也主要是让学生记诵和分析，想方设法让学生得高分。这些“无视儿童主体发展”的做法，当然收效甚微，有时甚至是事与愿违。

近几年，随着本地区行政区划的调整，胡桥地区迎来了新一波的经济发展潮。这对学校发展的带动作用是十分明显的。就生源结构而言，据统计，近三年，学校外来务工人员子弟逐年递增，目前已经超过学生总数的50%。他们中有相当一部分学习习惯、生活习惯及卫生习惯与本地学生有较大差

别，没有真正融入本地区的生活；有些所谓的“三好生”、“优秀生”，只知道整天读书学习，根本不关心生活琐事和国家大事；有相当一部分学生对德育的文本认识很到位，《中小学生日常行为规范》、《中小学生守则》背诵起来十分流利，但就是缺乏行动；还有一部分学生是留守儿童，他们受家庭小环境和社会大环境的影响较大，在行为习惯、学习习惯方面问题也很多，比如，自私任性、做事马虎、冲动易怒、缺乏关爱之心、知识面狭窄、艺术素养缺失，等等，这些都是我们在德育过程中遇到的严峻而现实的问题。

在 2009 年胡桥中小学整合之前，原胡桥中心小学在素质教育方面已经取得了一定的成绩，被评为“江苏省实验学校”，在德育方面有过一些创新，特别是“自然教育”、“生态德育”的做法和经验，值得进一步梳理、总结和提升；而原胡桥中学由于升学压力、优质生源流失等诸多原因，在德育方面相对而言较为薄弱。2012 年，江苏省教育厅启动实施了初中学校质量提升工程，学校紧抓机遇，积极申报“相伯文化与乡土德育”课程基地建设项目，并顺利通过答辩，成为镇江地区首批省级课程基地之一。

二、马相伯教育思想的启示

相伯文化是学校独有的特色校园文化，根植于大师的教育思想。

1. 大师的人格魅力

作为“中国现代大师”的马相伯，从小就怀有远大志向，富有胆识，敢“与太阳对话”，12 岁就只身一人赴上海求学。求学期间，马相伯以聪颖过人、勤奋刻苦而获得老师的赏识，在学校担任助教，一面当学生，一面教各班的国文、经学，自己也不断总结经验，更加发奋努力，学业取得了长足的进步。

马相伯 18 岁时，法文和拉丁文都学得很好，赞誉声一片，曾经以慷慨激昂的一句“我学法语，是为中国用的”，拒绝法国领事的聘请。他在校学习期间，吸取了不少新科学知识，对数学等自然科学特别感兴趣。

到了二十三四岁的时候，马相伯开始学习天文学，并且一面研究西洋数学，一面研究中国的数学。他克服了学习研究中的种种困难，找到了中西数学会通的枢纽，为后来的进一步研究打下了坚实的基础。之后，他又读了 4 年神学，进行了 1 年为神学而做辩护与宣教的研究，获得了神学博士学位。

马相伯怀着强烈的责任感，在国家民族存亡的关键时刻，不惜毁家办学，捐出良田 3000 亩，并立下字据，规定这些田地用于中西大学建成后的学生助学金。马相伯先后创办震旦学院、复旦公学（今复旦大学），并参与创办辅仁大学。

马相伯精通法、拉丁、英、意、希腊、日、朝等七国语言，是学贯中西的“大师”；他是复旦大学创始人，被誉为“浇铸复旦精神第一人”；他关注国家时局，为抗日奔波呐喊，被世人亲切地称为“爱国老人”；他是中央电视台系列专题片《大师》中的首位人物，堪称“大师中的大师”；他是中国文化的标杆、道德的标杆、民族精神的标杆。

马相伯以“高尚的人格和精深的学问”影响了一代又一代人，其人格魅力巨大，一百多年后的今天依然毫不褪色。

2. 大师的教育思想

选择兴办教育，这是马相伯百年人生的归宿，也是他一生最精彩的篇章。在办学实践中，他始终贯彻的是中西结合的教育思想。欲救民族于危难之中而生发出的对教育的“大爱”，则是马相伯教育思想的核心。

马相伯提出“崇尚科学，注重文艺，不谈教理”。马相伯十分注重科学，积极倡导科学教育，并主张科学教育与人文教育并重。除了重视音乐、绘画以外，马相伯还把演讲、辩论放在重要的位置，特别重视学生语言文字的修养，他要求学生掌握三、四门外语。马相伯认为，一个人的谈吐、文章都很重要，这是训练人性、培养人格的一个重要途径。在他看来，“所谓大学生，非校舍之大之谓，非学生年龄之大之谓，亦非教员索薪水之大之谓，系道德高尚学问渊深之谓，诸君在校学习，须遵循道德和专业内容，庶不辜负大学生三字”。

“自由者，今日欲左则左之，明日欲右则右之。而自主则不然，有坚忍不拔之气，强力不返之志，旦而矢之，则万变不离。”马相伯提倡学生自治。学校干事由学生自任，自行管理。学习期间，教师在教学过程中更多地起指导作用，课程的学习以学生自修、师生共同讨论为主。学院的很多课程常常由高年级或大年龄学生来教授。每周举行讲演会，指定题目，一人登台讲演，然后轮流推举学生加以评点，让他们各人发表自己的意见，取长补短，学生的自治精神得到了充分体现，受到了学生的欢迎。

马相伯提倡有教无类，招收学生不分年龄、贵贱。他认为，学生的选择不能以年龄来做硬性规定，只要求学的心是诚挚的，就要一视同仁，尽学校最大的可能给予他们学习的机会，教授他们有用的知识。他十分重视一个人的品德，制定了教师检查监督制度，招收学生时“均须体格无亏。其品行名誉不良，取入时未及觉察者，随时察看屏斥”。

马相伯在民族危难时刻大声疾呼“读书不忘救国，救国不忘读书”，但又

无奈叹息“我是一条狗，只会叫。叫了一百年还没有把中国叫醒”；他希望学生要有强健的体魄和坚忍的意志，养成良好的学习习惯、生活习惯。

马相伯对学生纯爱无私，提倡从实际出发，教学之法要循序渐进，做到“合人心理”；他反对“规行矩步”，认为学生要有想象力、思辨力、自治力；他倡导“读书所以明理，明理则眼光大”，强调学生要能够从阅读中获得“大眼光”，而教育要着眼于激发学生的想象力和创造力；他积极倡导师生要思想自由、视野开阔，呼吁学生把学习同生活实践结合起来，必须手脑并用，研究与实验并重，然后乃能求得“真的知识”与“活的学问”。

3. 大师的教育实践

马相伯致力于创办教育，是一位受人敬仰的教育实践者。

马相伯担任校长，亲临教学第一线，亲自编写教材，如《拉丁文通》、《致知浅说》等教材。为了让求学的学生尽可能都学有所获，马相伯非常注重教材和教育方法的选择，研究了一套适合中国学生的教授法，从基础开始教起，循序渐进，由浅入深，培养了一批教育大家，影响了一批高校的校风、学风。

马相伯亲自参与编写《复旦公学章程》，对学生的上课、下课、用餐、穿着、言谈、行走等都有具体的规定。

马相伯创新教育方法，提倡与学生在一起。在学生眼中，马相伯既是一位校长、老师，又是一位风趣幽默、和蔼可亲的智者、长者。课余时间，他跟学生促膝深谈，有时“随肩且步且言，是可谓循循善诱者也”。同时，他又对学生有严格的要求，上课期间，如有懈怠，便立即开会训话。

马相伯从创办震旦学院，到兴办复旦公学，再到筹办辅仁大学，从亲自授课到亲自编写教材，一步一步，点点滴滴都闪耀着他的教育思想的光辉，历经百年依然散发光芒，为学校德育目标、内容、途径、方法等都提供了独特的视角，也为打造“相伯文化与乡土德育”课程基地建设提供了崭新的思路。

三、实践

“读书不忘救国，救国不忘读书”，“居身不使白玉玷，立志直与青云齐”——马相伯在教育实践中是十分重视德育的。今天，作为马相伯家乡的一所乡村学校，充分利用各种教育资源，立足德育目标，积极推进“相伯文化与乡土德育”课程基地建设，把相伯文化与本土资源有机融入德育过程之中，这既是运用大师的教育思想，更是弘扬大师的教育思想。唯有这样才能真正实现“塑造大师文化，唤醒乡村孩子”的宏愿。

1. 与太阳对话：相伯文化的打造

在马相伯的家乡，他的许多故事，如“与太阳对话”、“救济灾民”等都广为流传，马相伯心系国家、勤学励志、实干明理的精神品格实实在在影响着家乡孩子们的成长。在一系列研究实践活动中，学校师生真切感受到马相伯教育思想的引领作用，正是这种潜移默化的影响，这种“非强制性的影响力”，形成并推动着学校特有的“相伯文化”不断发展。

开展相伯文化建设，我们选择“文化立校，生态育人”的发展策略，确立“爱国进取”的校训，营造“求真、惟诚、实干”的校风，倡导“民主、博爱、超越”的教风和“好学、乐学、思学、会学”的学风。

为了更好地推进“相伯文化与乡土德育”课程基地建设，我们集思广益，提炼了总的思路，概括起来是：

一个德育目标：以独特的相伯文化、独有的乡土资源，培养学生爱国、求真、励志、勤学的品格，同时成就教师的专业发展。

两大主题教育：爱国爱家乡教育、勤学励志教育。

三种德育模式：文化浸润模式、思辨模式、实践模式。

四大实施途径：学科渗透、班队活动、社团活动、社会实践活动。

五条教师发展标准：有理念、能合作、善交流、会评价、勤反思。

在日常工作中，围绕课程基地建设的目标，把学科文化开发与学科教学的整合作为常态的工作来抓。把爱国、爱家乡、勤学、励志等教育融合于语文、思品、历史、地理、生物、化学等学科教学之中，营造了特色鲜明的课程教学环境。我们一方面定期开展“相伯文化与乡土德育”研讨活动，开展以“相伯文化与课堂教学相融合”为主题的实践活动，包括评课、议课活动；另一方面认真落实“教学五认真”工作，每月一查，每月一公布，以“活力课堂”为抓手，全面开展高效课堂建设，旨在促使每一位教师在学习相伯文化、学习马相伯教育思想过程中不断拓宽专业视野，不断更新教育理念，最终获得自身专业再发展、再提升。

学校语文、思品等教研组都建在基地，有计划地开展学科教研活动，每学期组织教师赴复旦二附中、复旦附小培训学习。学校定期开展马相伯教育思想研讨交流活动，每学期从“我对马相伯先生教育思想的理解”、“我的德育实践”、“德育感悟和收获”等方面进行阶段性总结。学校定期组织教师开展“争做与太阳对话的教师”活动，有计划地开展“亲近大师、学习大师”、“追寻马相伯先生”读书征文、“科学与人文并重”论文比赛等活动。近年来，学校组队先后参加了在浙江平阳苏步青学校、义乌望道中学举办的师

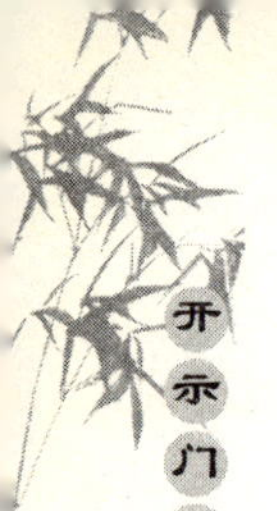

生论坛、校长论坛，不仅加强了校际联系，更为师生提供了宝贵的学习机会和展示风采的舞台，激发了师生的集体荣誉感和进取向上的动力。

学校充分开展调查研究，把握教育规律，制定了“十环一条龙”工作程序：① 亲近相伯文化；② 感知相伯文化；③ 体验相伯文化；④ 喜爱相伯文化；⑤ 歌唱相伯文化；⑥ 对照相伯文化；⑦ 走进相伯文化；⑧ 学习相伯文化；⑨ 感谢相伯文化；⑩ 追随相伯文化。各班还针对本班学生的特点，选准了活动的切入点，比如，四(2)中队以马相伯的“诚信”为切入点，开展了系列教育活动；七年级以马相伯的“实干”精神为切入点，开展了系列教育活动；八年级以马相伯的“励志”精神为切入点，开展了系列教育活动；九年级学生以马相伯的“明理”为主题，开展了系列教育活动。

每个年级的活动，均有一系列小小德育主题活动，均做到了活动的系列化。比如，九年级有“明理”主题教育活动，九(1)班就命名为明理班，有班徽、班旗、班级口号、班级公约、班级文化展示栏等组成。目前，学校正积极深入推进“相伯文化”进班级活动，各班均有“马相伯先生相片”、“相伯名言闪光专栏”、“学习和争做励志少年日记”、“学习和争做励志少年板报”、“学习和争做励志少年成长袋”、“励志少年照片事迹榜”。“相伯文化”已成为学校一道亮丽的风景线，已成为学校教育的一张名片。

学校显示屏每周展示相伯名言，橱窗定期更新内容，在校园网开辟了供教师交流、师生互动的德育课程基地建设专栏。

这些活动的开展都为学校相伯文化的打造注入了活力，有效拓展了学校文化建设的内涵。

2. 自然教育：校本课程的开发

本着“国家课程生活化，学生生活课程化”的课程发展理念，学校着力为师生营造适合学校实际的、自然绿色的校本课程环境。

我们在课程开发中编写了学生版和教师版校本读物《爱国老人马相伯》，参与编写了《与太阳的对话——丹阳四大教育家》一书，并由苏州大学出版社正式出版发行。

在学习马相伯教育思想的过程中，学校组织师生共同参与编写了《相伯文化与乡土德育》《相伯歌谣》《文明伴我行》以及教师德育手册、德育案例、学生成长故事等适合师生阅读学习的知识读本。

胡桥地处丘陵山区，花草、树根、竹根、山石较多，学校因地制宜，开辟了植物园，并就近取材，开展“以美立德，生态育人”课题研究。为了用艺术熏陶学生的德行，激发学生爱美、爱自然、爱家乡的热情，学校修订了乡土艺术教材《根雕盆景艺术》、《盆景的制作与养护》，让学生感受根雕盆景、山石盆景之美，丰富了乡土德育的内涵和途径。

3. 乡村课堂：小班化的个性影响

乡村课堂的建设，学校主要依托课堂主阵地和文化校园两个领域开展相关工作。

① 课堂主阵地。近年来，由于生源的自然缩减，班级人数每年递减，目前每班学生数在 25 人左右。结合农村学校地域特点以及学生多元化的现实情况，学校制定了《马相伯学校小班化教学暂行条例》《中小学教育教学衔接指导意见》等制度，鼓励教师利用教室的大空间，精心设计优美的环境，以激发学生的兴趣，更好地调动学生的学习积极性。例如，八年级设置了体现全班同学团结一心的“我爱我家”、展示学生才华的“小小作家”；九年级开辟了彰显学生个性发展的“群星闪烁”和丰富学生知识的“资料库”，等等。

在课堂教学中，学校鼓励每一位学生都畅所欲言，和教师直接进行交流，同时，要求教师照顾到每一位学生，让每一位学生都有发言的机会、诵读的机会。例如，六年级开展的分组教学实践，每个班分成若干小组，每个小组围坐在一起。课堂上，教师提出问题，小组集体讨论。小组内以合作为主，竞争为副，小组之间以竞争为主，合作为副。教学活动中，教师引导以小组集体形式出现，评价与激励的语言也针对小组，这样，小组中个别人员的活动自然会受到小组其他人员的关注。教师还引导学生在组内或组间相互评估，使学生能正确地认识自己、认识别人，从而调整自己的学习行为。这样，小组成员之间、小组之间，无形之中就有了很强的亲和力，班级成员间的关系也更加融洽。

② 乡土文化校园。班级学生数不多，对于学校的长远发展而言，是一个劣势，但只要充分把小班化的优势和潜能发挥出来，劣势就能转化为优势。结合《根雕盆景艺术》《盆景的制作与养护》等乡土艺术教材，学校利用独特的乡土资源，开设了根雕盆景制作室、根雕盆景陈列室等乡土艺术制作室，把自然界的树根、山石等带进教室，让学生在教师的指导下开展艺术创作。教师可以逐一手把手地辅导学生，每一位学生的作品都有足够的机会在教室内展示。

4. 相伯社团：学生自治的成长

学生社团活动是实现素质教育的载体，作为学科课程的补充和拓展，能为全面提高学生的素质发挥重要的作用。学生社团活动的开展可以使学生扩大视野，增长知识，动手动脑，培养能力，发展个性，增进身心健康，促进学

生整体素质全面、和谐、健康地发展。

学校成立了相伯文学社、相伯艺术社、相伯思辨演讲社等社团，制定了社团章程，按照计划开展活动。

相伯文学社：让学生学会正确、自主地选择阅读材料，丰富自己的精神世界，提高文化品位，在阅读和写作中与大师对话，从而实施有效的人文教育。学生的优秀作品、先进事迹在学校橱窗、校园网站“相伯社团专栏”上展示、宣传。

相伯艺术社：通过舞蹈、绘画、书法等艺术的熏陶，培养学生的爱美情操，挖掘学生的艺术潜能，提高学生的艺术素质，每学期由学生自主组织，开展“艺术节”、“才艺秀”等阶段性成果展示活动。

相伯思辨社：学习有关演讲的知识和技巧，定期围绕主题组织辩论会、演讲比赛等活动，由学生主持，由学生自由评点。每学期，各班评选班级“演讲之星”，学校组织开展集中演讲展示活动，并于学期末在全校范围内评选“小演讲家”。

在社团活动中，学校积极为学生创设展示各种爱好与兴趣的条件，尽可能多地让学生参与其中，放手让学生自我管理、自我学习、自我教育、自我实现，最大限度地开发学生潜能，激发学生自治、成功的欲望。

5. 乡村生活：社会实践的天地

为了开阔学生的视野，提高学生创造美、鉴赏美的能力，激发学生爱自然、爱家乡的热情，学校充分发挥了三个基地的作用：① 校外乡土园艺术实践基地，聘请了本地区的农艺师来基地现场指导学生如何进行根雕盆景的制作；② 相伯苑，通过写生、摄影等活动，组织学生走进自然，亲近自然，爱护自然；③ 学校还依托江苏省文化科技产业园，将天地石刻园作为学校的校外德育实践基地，有计划地组织学生开展形式多样的活动，使之成为融齐梁石刻文化、相伯文化和乡土自然环境于一体的德育大课堂。

结合本区域乡村生活的特点，学校还开展了“大自然的馈赠——树根”、“山石的自然美”等实地体验活动，开展了“家乡水资源”、“家乡树种”等户外调查活动，组织学生开展“雾霾离我们有多远”、“石刻与齐梁文化”等主题征文活动，评选优秀作品，激发学生爱家乡、爱环境、爱历史文化的情怀，激励学生不断从生活中汲取丰富的知识营养。

四、成果

“相伯文化和乡土德育”课程基地建设的实践活动的开展，师生的共同参与，见证着师生的共同成长和进步，为学校的新发展注入了一股强劲的动力。

1. 基地的成功打造

自学校“相伯文化和乡土德育”课程基地立项以来，学校的面貌焕然一新，无论是项目建设、课程环境还是师生发展等方面取得的成绩，都得到了上级部门的认可。华封书屋成为满足师生阅读经典、品味经典作品的场所；相伯文化长廊成为推介和宣传相伯文化以及中外名人名言、故事等的阵地；植物园内的小景点紧密结合相伯文化，做到了用相伯文化装点、用相伯文化充实，成为自然气息与文化氛围相得益彰的德育实践活动的小基地。

近年来，学校先后被评为镇江市中小学学生行为规范示范校、镇江市教育现代化学校、镇江市科学教育先进学校、镇江市特色学校。

“相伯文化和乡土德育”课程基地建设的打造，为学校开辟了内涵发展的绿色通道，积累了丰富的经验，刷新了教育发展的视角，这些都必将成为学校发展进程中宝贵的财富。

2. 教师的专业成长

立足农村学生的特点，结合形式多样的具有乡土特点的实践活动，马相伯教育思想已经不断融入教师教育教学实践全过程之中，相伯文化也不断融入学校德育全过程。教师确立了“立德树人”的教育观，注重德育课程基地建设核心理念与学科课程教学的融合，助推了教师的专业成长。从校本教材的开发，到“相伯文化与乡土德育”课程基地建设的启动，从多渠道的教师培训，到聘请专家、顾问定期来校指导，从校园文化氛围的营造，到班级个性文化的培育，整个创建过程融入了教师团队的智慧和合力。

3. 学生精神风貌的改观

学校充分利用独有的自然资源，直面变化着的生活，积极开发和利用鲜活的德育资源，逐步探索出一条德育工作与本地区区域优势相结合的道路。“把学校的一切伸张到大自然中去，使小笼中的小鸟放在天空中，任意翱翔”（陶行知语），达到了德育生活化、活动化的目的，打破了“教材是唯一课程资源或德育资源”的传统观念，打开了学校德育工作的活泼、活动之门。

“相伯文化与乡土德育”课程基地建设的不断推进，各种实践活动的开展，不仅开阔了学生视野，而且焕发了学生的整体精神面貌。学生传承“读书不忘爱国，爱国不忘读书”的相伯精神，把爱国家同爱家乡、爱家乡的历史文化紧密结合起来，在学校组织的“争做与太阳对话的少年”、“好习惯伴我行”主题活动中，每班都涌现出一批先进学生，“镇江市中小学行为规范示范

校”的成果正在不断得到巩固;在上级部门组织的征文、演讲、才艺展示、文艺汇演、科技比赛等各项活动中,学生都取得了较好的成绩;近几年“复旦家族学校”举办的学生夏令营活动,我校学生代表队积极参与组织各项活动,他们思维活跃,自主学习、互动学习氛围浓厚,活动成果显著,尹凤、杜月浩、尹传辉等多名同学被评为优秀学员,他们的整体表现赢得了参与学校的一致认可。

(徐林鹏　执笔)

永远的凤子　永远的正则

——正则小学在传承中的创新

丹阳市正则小学课题组

一、问题的提出

吕凤子是我国著名画家、美术教育家、教育思想家和教育实践家，是丹阳市正则小学的创办人，一生与办学、教育结下了不解之缘。别人一生做成一件事已觉得很累，他偏要同时做三件事：绘画、教书、办学校。为了爱与美交织的理想，吕凤子办了40年学，教了50年书，画了60年画，留下了永远的骄傲与自豪。如今的正则小学，积淀了百年的正则教育，传承了千年的正则精髓。如何有新的突破？这是每一个正则人的历史使命！正视现实，我们发现还存在着诸多的问题：学校三校区合并，怎样让原本独立的三校区尽快整合成一个全新的正则小学？教师素质参差不齐，怎样切实提高教师的教育教学能力？短短几年，正则小学从原来的一千多名学生发展到近四千名学生，其中包括外来务工子弟。学生素养参差不齐，存在着很大的差异：学生文明礼仪的差异，行为习惯的差异，学习态度、学习能力的差异，解决问题的能力和方法的差异，学生家庭教育的差异……因此在新的时期，我们展望愿景，正则小学须进一步传承和发展吕凤子教育思想。

二、吕凤子教育思想的启示

以"教育报国"为己任，吕凤子认为，理想的教育是"美"的教育，理想的教师是"美的表现者"，理想的学生是"合理儿童"。吕凤子倡导"美"的教育，他将这一教育思想写进了自己填词谱曲的《正则校歌》："唯生无尽兮，爱无涯。璀璨如花兮，都如霞。畴发其蒙兮，茁其芽。鼓舞欢欣，生趣充塞。正则正如秋月华，美呀！"吕凤子三次私立正则，自编教材，兴建社团，重视职业技术教育，一次次整体办学，年级、专业、生源，甚至质量，在当时均超过许多公立学校。吕凤子大胆改革，在教学上提倡"独创性、有个性"，聘任了一批有才华的教师从事教学工作。在极端困难的情况下，吕凤子又出资设立"凤先生奖学金"，以帮助国立艺专的贫困学生，让他们能顺利完成学业。

三、吕凤子教育思想的实践

正则小学继承了吕凤子的正则精神，发展了吕凤子的教育思想，并在学校文化构建中，为吕凤子的教育思想注入了新的时代内涵。学校从以下五个方面进行了研究实践。

（一）正则文化

弘扬凤子精神，就要营造正则文化。“正则”，吕凤子以屈原的名字做校名，其义为教书育人须“公正而有法则，合乎天道”。吕凤子教育思想的灵魂是“正则”：生死刚正，循常理而求变则；核心是“爱无涯”：无私无涯、爱己爱异、和谐尊异；目标和基础是“美无极”：立德、成人、造境、创新。

“做正则人，育正则心”，数度重建而不改，几经迁徙而随行，成为一种精神，一种文化，一种行动指南。

由此，正则小学积极营造正则文化，确立了学校的办学基点：“求正合则”。（如下图所示）

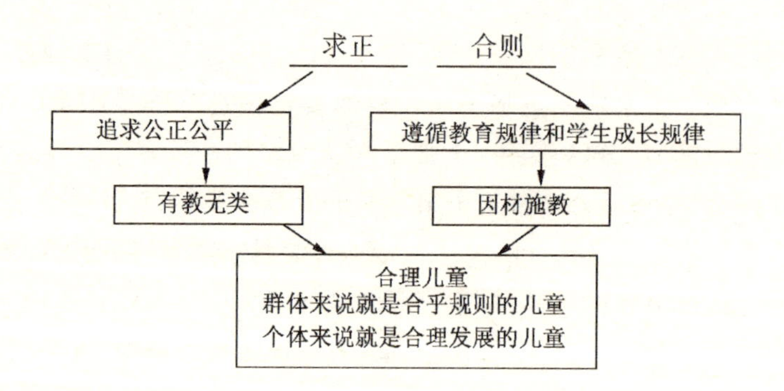

以“正则”为校训，求正合则，依正求则。“正”是成长的途径和手段，“则”是成长的目标和追求。正则文化，就是“构建正则教育，培育合理儿童”，通过培正、扶正、匡正等教育手段，培养具有自然天性、知书达礼的合理儿童。

“合理儿童”是正则文化的目标所向。在吕凤子那里是，把儿童当作儿童，教师负最大的责任是指导儿童学习，做合理的儿童。如何理解合理儿童，赋予其崭新的时代内涵？我们认为，我们培育的合理儿童，是与自我、与教育、与社会、与自然达到完美和谐的儿童。具体表现在以下四个方面：

在“人与自我”上追求“情景合一”，即外在情境和内在情感的统一；

在“人与自然”上追求“天人合一”，即人与自然的和谐，人的自然性的充分发展；

在“人与社会”上追求“知行合一”，即内在的认知和外部的行为统一；

在“人与教育”上追求“道法合一”，即顺应教育的规律。

（二）文化德育

著名学者余秋雨说：“文化的最后积淀是人格。”对于中小学生来说，对他一生起作用，影响他一生的不是某一种技术知识和技能，而是他的精神世界，他的信仰、价值观和情感。这就是文化的力量，因此，我校于 2009 年创造性地提出了文化德育的概念。

文化德育，就是基于文化的思想道德教育，即充分利用文化中的德育资源，用文化来引领德育，用文化来浸润品德，发挥文化引发、认同、固化、传承的作用，使道德直达心灵，塑造精神，成就生命，从而达成“文化润德”、“文化化人”的根本目的。文化德育模式，较之其他德育模式，更有其关注生命、尊重人本的共同之处，更有其“文化载德”、“文化育德”的独特性，从而使德育从空洞说教走向文化浸润，从被动转变走向主体建构，从外在行为改变走向内在精神缔造。

高举“文化德育”大旗，实施八大文化支柱建设工程，即构建“彰显礼教”的环境文化，“规范精细”的管理文化，“团结奋进”的团队文化，“和谐共生”的班级文化，“德智相融”的课堂文化，“生趣充塞”的活动文化，“宁静致远”的教师文化，“合理发展”的学生文化。在研究中，我们综合运用调查问卷法、文献资料法、行动研究法、经验总结法、案例研究法等方法，把握弥散浸润性原则、体验感悟性原则、激发内驱性原则、知行和谐性原则、评价激励性原则、持之以恒性原则，巧妙地把德育与文化有机“嫁接”起来，充分体现文化德育模式共存感染、情感体验、浸润熏陶、深入持久和生本主体的特点。

文化德育课题被立项为江苏省教育科学十一五规划重点资助课题后，我们更加努力，借用文化熏陶、文化浸润的力量，使德育充满文化的灵性，开拓师生前进的道路，滋养师生的心灵……

例如，“以礼立人”的礼仪文化德育就是以礼节、仪表、仪容和仪式的文化为内容、为渠道、为载体，对学生进行初步的、基础的、潜移默化的教育，为他们形成健康的情感、认知、行为、健康的人格做好奠基工作。

通过文化成就习惯，让学生成为具有“规规矩矩，彬彬有礼”等“正则标识”的人。为此，我们坚持五点：唱儿歌，激童趣，明要求；抓校本，编教材，进课堂；师示范，树榜样，多熏陶；办学校，育家长，连心桥；小银行，评价册，勤激励。

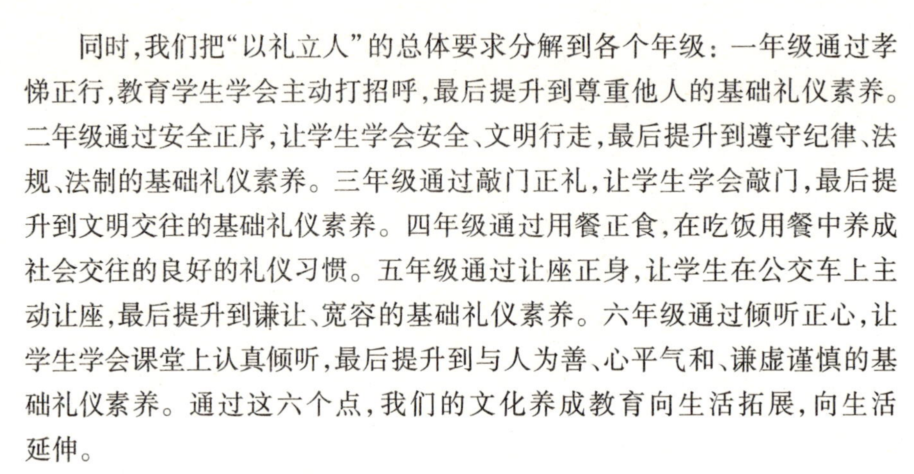

同时,我们把“以礼立人”的总体要求分解到各个年级:一年级通过孝悌正行,教育学生学会主动打招呼,最后提升到尊重他人的基础礼仪素养。二年级通过安全正序,让学生学会安全、文明行走,最后提升到遵守纪律、法规、法制的基础礼仪素养。三年级通过敲门正礼,让学生学会敲门,最后提升到文明交往的基础礼仪素养。四年级通过用餐正食,在吃饭用餐中养成社会交往的良好的礼仪习惯。五年级通过让座正身,让学生在公交车上主动让座,最后提升到谦让、宽容的基础礼仪素养。六年级通过倾听正心,让学生学会课堂上认真倾听,最后提升到与人为善、心平气和、谦虚谨慎的基础礼仪素养。通过这六个点,我们的文化养成教育向生活拓展,向生活延伸。

(三)个性课程

“最合理教育云者,即穷异成异、穷己成己之谓。”穷异成异、穷己成己的教育,在吕凤子看来是最合理的教育,即合理儿童的培养必须是合理的,这样才能使每个学生的个性得到充分发展。

由此,我们校本课程建设的出发点和立足点就是“让每个学生都有适合自己的教育”。要达成这样的理想就要求学校的课程体系既有普适性也有选择性,既有国家课程内容也有校本特色内容。目前,虽然学校还做不到“一人一课表”,但“面向全体,着眼全面,为了每一位”,成了探索“个性课程”的起点,我们努力建构具有本校特色的课程目标体系、内容体系和评价体系。

1. “个性课程”目标

我校学生素养目标就是“十项全能素养”,包括语文、数学、外语、音乐、体育、美术、思品、科学、礼教、特长10项。

2. 课程的内容体系

主要是三类课程,形象地说就是一个用餐过程,我们做好学生的“三餐”:基础型课程中的“加餐”,兴趣型课程中的“点餐”,经验型课程中的“自助餐”。

第一类:基础型课程中的“加餐”。

夸美纽斯认为,我们要建立百科全书式的课程体系。也就是让我们教育的面广一些、点深一些、量大一些,海纳百川,有容乃大。所以我们拿出国家课程的时间,自编校本教材,给学生更多的积累。

每周一节:语文学科的国学经典、数学学科的思维训练、英语学科的英语素养、德育学科的正礼教育。

每月一节：音乐——百首名曲欣赏，美术——百幅名画欣赏，科学——百位科学家故事。

每年一套：体育6套武术操。

第二类：兴趣型课程中的“点餐”。

赫尔巴特认为，我们要建立以多方面兴趣为基础的课程体系。兴趣是最好的老师，寻求自己的最近发展区，让人人体会到成长的幸福滋味。

兴趣型课程主要分两种：

一种是统一活动：安排在周五下午统一时间，人人参与，包括经典阅读、科学、礼教、快乐数学、英语口语交际等内容。

另一种是自主活动：安排在每天下午三节课后，由学生自主选择参与，有文学社、摄影社、作家班、形体组、声乐组、创造与发明、乱针绣、泥塑、剪纸与手工等。

第三类：经验型课程中的“自助餐”。

经验型课程是基于活动的体验探究，正如斯宾塞所说，课程要以人类生活为中心，以科学为核心。

我校的经验型课程由学科活动、节日活动、实践活动和仪式活动组成。

3. 课程评价体系

以提升生态质量为目标，我们努力构建正则小学的质量监测与评估体系。评价中体现均衡评价和素养评价，在内容设置和项目设置上体现关注每一个学生，关注学生的每一个方面，并改《成绩报告单》为《成长小脚丫》，全面记载学生的每一点成长，全面引导并监控学生六年小学的成长过程。

（四）“自学·分享”课堂

合理儿童的课堂本身应当是合理的，这样的课堂应该是怎样的呢？

吕凤子曾说：“我个人绝对尊重各人的异，成就各人的异，你们在修养上必须穷物之理，尽人之性，而后心物冥合，才能有所创意。”

一切教与学的问题，归根结底是学的问题；一切课堂的教学策略，归根到底是学习的策略。为此，基于自学与分享有机融合的学习策略，我们建立了“自学分享”课堂策略。

把儿童放在第一位，主张将儿童作为教育教学的出发点，遵循儿童发展的规律，顺应儿童的禀赋，激发儿童的潜能，完整而全面地促进儿童的发展。

“自学”，学生在教师教学新课之前，依据导学材料有目的、有步骤地进行自我学习活动。

“分享”，学生在课堂中将自学所得充分展示，学生在合作交流中获得再

发展。“自学”、“分享”课堂，教师以人为本，以学为本；学生“学有法”“乐分享”，不断成长；课堂在培养合理儿童的进程中更趋合理。

第一阶段：钻研教材，编写“导学材料”，培养学生的自学能力。

根据学科特点，我们编写了各种“导学材料”引导教学流程：

语文学科《自学导航》在目标引领下列出了不同项目的学习任务。课堂教学流程为“预习交流—目标揭示—自学导教—展示分享”。

数学学科《导学案》将每一课的教学目标蕴含在其中，突出了重点难点。教学流程为“自主学习—合作探究—交流解惑—当堂检测”。

英语学科《风向标》引入了课前自学，将课堂教学流程调整为“交流反馈，提出问题—引发探究，呈现新知—创设情境，合作学习—言语交际，学以致用”。

教学中，我们结合学生学习的实际情况，前后做了三次修改，“导学材料”从原来的习题类型逐步改进为思维训练类型、学科实践活动类型。依托“导学材料”有计划、有序列地进行课堂教学，学生良好的学习习惯得到培养，学习品质得到提高，学习过程和方法得到优化，促进了儿童合理发展，深化了“合理儿童”教育思想。

第二阶段：以“课例研究”为途径，更新教学观念，提升教学智慧。

有了“导学材料”的引领，提高了教师教学的起点，但在具体的课堂教学实践中，也增加了教师教学的不确定性。这就要求教师在课堂中更关注、更尊重学情，能够针对学情实施教学；要求教师增强课堂教学的机智应变和处理突发事件的能力，能够把专业发展的重心放在提高自身驾驭课堂的能力上。我们以课例研究为抓手，引导教师在教学实践中提升自己的教学智慧。

(1) 课前集备。通过集体备课来科学把握每一个知识点的重点与难点，科学地确立每一节课的教学内容、课时目标。集体备课坚持定时定地与不定时不定人相结合原则，让同伴互助成为教师胜任课堂的法宝。

(2) 课后反思。每学期结束，我们按学科进行优秀案例的收集与评比，并鼓励老师将自己的个人反思、案例记录加以整理，形成有一定深度的教育教学论文。

第三阶段：课堂教学范式研究，构建“自学分享”课堂，提高教学效率。

学校结合江苏省十二五课题“素质教育背景下吕凤子教育思想研究”的研究成果，通过课堂教学研讨沙龙，名师课堂展示等活动，促进教师理念的更新，彰显吕凤子培育“合理儿童”的教育思想。每一堂课都应体现“学生是课堂的主人”，表现出学生的高度自主，全员自主，全程自主和有效自主。

由此,正则课堂体现出了“简约、自然、扎实、有效”的基本范式——目标“简约”:体现学科本质,目标明确;过程“自然”:以生为本、自主习得;程序“扎实”:步骤清晰,重点突出;结果“有效”:关注效益,强化反思。

如今,课堂教学从无范式到有范式,再到超越范式,正走向“范式无痕化”,即由原来的“相对固定”逐步“灵动”起来。

(五)阳光活动

“鼓舞欢欣,生趣充塞”(《正则校歌》),它勾画出了吕凤子对学校生活的美好憧憬,描绘了吕凤子对校园生活设计的绚丽图景。我们千方百计创设生趣充塞的活动文化,让每位正则学子在这正规、正趣的活动文化中发展各自不同的兴趣爱好,呈现各自的个性活动,获取童年的喜悦快乐,享受生命的成长幸福。

1. 节庆活动:校园节日成体系

第一,创设文化艺术节。

2004 年,正则小学复校,我们在丹阳电视台演播中心举行了首届大型文艺汇演——“走进正则”;2005 年,又举行了第二届大型文艺汇演——“正则畅想”;2006 年,为隆重纪念我国著名画家、美术教育家吕凤子诞辰 120 周年,同时也为了全面展示年轻的正则小学创办两年来的素质教育成果,再次举行了第三届大型文艺汇演——“魅力正则”。连续三届大型文艺汇演,连续三年独家承担丹阳电视台庆祝国际“六一儿童节”的专场演出。从“走进正则”到“正则畅想”再到“魅力正则”,一台台高质量、高品味的晚会,作为正则文化的窗口,通过电视台、电台全面展示正则素质教育成果的同时,也让丹阳市民了解了正则小学的实力、魅力和潜力!由此,拉开了每年一届的正则小学艺术节的帷幕。

第二,开展趣味体育节。

2007 年 10 月,正则小学举办了历史上第一次由全体学生共同参与的“趣味体育节”。趣味体育节中依据各个年级学生的特点,制定了操作性强,学生参与面广的比赛项目,集中展现了集体合作精神的培养和孩子体育兴趣的打造。学校“运动会”悄然变身“体育节”,从突出竞技转为突出健身与娱乐,趣味性项目更加多姿多彩。

最值得一提的是学校的体育艺术“2 + 1”工程项目。为了使学校跑操逐步走上规范化、标准化,展示学生良好的精神风貌,以达到师生锻炼身体,调节心理的目的,学校制定了“道德跑操”的基本要求。对口号、基本动作、进出场等方面进行了有序的训练。

"锻炼身体、报效祖国",全体师生声音响亮,精神饱满,跑操动作整齐划一。"道德跑操"成了正则校园一道亮丽的风景。

第三,精彩纷呈的"读书节"。

为了让学生养成与书为伴的习惯,我校每年都举行一次别开生面的"读书节"。

(1) 各班利用阅读课、午间活动课进行阅读,组织学生观看经典童话碟片等。

(2) 开展学校经典阅读积累比赛,儿童文学经典故事演讲比赛。

(3) 开展校园"跳蚤市场"、"爱心义卖"活动,鼓励学生把自己阅读过的书籍拿出来互相交换。

(4) 让童话作家走进校园,畅谈读书体会,和学生交流读书心得。

第四,传统端午节。

端午节,因其和"正则"的命名极为关联,成为学校重要的教育节点。了解"端午节"的由来,感受屈原"宁可葬身鱼腹,也不蒙受世俗尘埃"的高贵品质,理解吕凤子当年取"正则"校名的意义。每逢端午节,各班开展"包粽子"活动。购买粽叶,准备粽馅,喊上外婆,叫上奶奶,教室里热火朝天。粽子包好后派部分学生送去食堂烧煮。最后再由大队委做代表将粽子送到每一位教师的手中,送到丹阳市敬老院、武警中队。不论是送给教师的,还是送给老人的、官兵的,奉献的都是正则学子的一片爱心,将屈原的精神真正落实到行动中去……

2. 实践活动:自我教育见行动

吕凤子说:教育者要对社会负责,培养的人要符合社会发展进步的需要。学生的学校教育成效只有在生活化的活动中,在一定社会化的活动范围中,才能更好地得到检验。五年级综合实践活动和"诚信超市"都成了学生自我教育、自我管理和自我约束的第二课堂。

吕凤子说："人活着就要爱劳动，劳动不是苦，它会使你获得生的乐趣，成为一个有用的人"。十字绣、磨豆腐、陶艺制作……三天的劳动实践，让学生在劳动中获得了乐趣。在完成这一次次劳动的过程中，他们懂得了合作的重要性，学会了互帮互助；感受到了同学之间的真情，学会了互相关心；体会到了父母的爱，学会了对父母的感恩……

学校"诚信超市"管理规则主要体现以下几个方面：

（1）实现开放式管理，无人监督，无人收款，购物和付款均由学生自觉完成。

（2）实施零利润销售。

（3）为在校学生提供方便（在校学习缺少学习用品时，到超市购买。一般的学习用品利用平时在家的时间准备好）。

"诚信超市"这一尝试将以往老师对学生诚信教育中的规范约束变成了自觉遵守，实现了由说教式教育向体验式教育的一次华丽转身。

四、研究成果

（一）吕凤子教育思想研究推动了学校的发展

吕凤子教育思想研究伴随着每一个正则人，渗透到了每一门学科。学校申报并深入研究的《小学校本化"文化德育"模式的建构与实践研究》课题荣获江苏省教学成果奖（基础教育类）一等奖，同时，该课题被确立为江苏省精品课题。江苏省科学教育研究十二五专项课题《有效开展科学探究活动，提升学生科学素养》获江苏省科研成果二等奖；江苏省十二五立项课题《"合理儿童自学分享"学习的行动研究》项目获丹阳市优秀教学成果奖。学校取得了一系列荣誉：全国中小学思想道德建设实践创新活动先进单位，教育部教师发展基金会校本建设项目全国重点实验学校，江苏省书香校园，江苏省基础教育课程改革先进集体，江苏省和谐教育优秀实验学校，江苏省小学数学课程教材改革实践先进集体，江苏省精神文明建设工作先进单位，江苏省书法考级基地，镇江市绿色学校，镇江市中小学学生行为规范示范学校，镇江市"三爱"教育活动先进集体，镇江市教育信息化先进学校。

（二）吕凤子教育思想研究促进了教师的专业成长

吕凤子教育思想引领和指导着教师的教育教学行为。教师们爱岗敬业，带着对教育的美好憧憬，满怀热情地投身于自己的事业中，在教书育人的同时，也促进了自身的专业成长。近年来，正则小学的教师队伍建设成效

显著：学校拥有江苏省特级教师2名，镇江市学科带头人8名；20多位教师获得省级表彰，数人次获得镇江市及丹阳市级表彰；省级基本功大赛2人获一等奖，省级赛课11人获一等奖；教师近两年发表文章160多篇；15位教师拥有个人的镇江市级立项或实验课题。

（三）吕凤子教育思想研究全面提高了学生的素养

在正则小学校园的每一个空间里，学生时时受到吕凤子教育思想的熏陶，他们在教师的培育，校园环境的感染下，综合素养得到了全面提高，他们充分彰显出了"鼓舞欢欣，生趣充塞"。操场上，他们生龙活虎、朝气蓬勃；教室里，他们专心致志、书声琅琅；过道中，他们来来往往、彬彬有礼；连廊内，他们切磋棋艺、探究科学、动手编织……在一次次比赛中，他们更是成绩喜人：在江苏省校园之间金钥匙竞技比赛中，学校3名学生获特等奖；镇江市第八届"春满校园"声乐专场汇报演出中，合唱荣获一等奖；镇江市中小学生诗歌朗诵比赛二等奖；江苏省少儿艺术节镇江展演的美术作品《美丽的地球我装扮》《飞天》《地球家园》获铜奖；在2014年丹阳市小学生文艺汇演中，学校荣获团体总分第一名；丹阳市第24届中小学生科技制作竞赛荣获团体特等奖；丹阳市第21届中小学学生模型竞赛特等奖；2014年暑期的全市中小学"新华杯"品味书香、诵读经典征文活动，学校荣获优秀组织奖。

"正则"两字源远流长，正则文化博大精深。有人说，千年正则，是屈原的一部爱国长卷，是屈子"洁身自好"的浩然之气；有人说，百年正则，是吕凤子的一部教育长诗，是吕凤子"文化化人"的一曲教育长歌。其实，屈子魂、吕凤子和他的正则学校，早已是定格在人们心中的永恒的美。现代正则人正在不断传承和创新，让她焕发出现代美和现实美。让正则千年流转，百年回响。

（赵辛辰　张晖萍　执笔）

践行叔湘精神　提升办学品质

丹阳市吕叔湘中学课题组

一、问题的提出——困则思变，老校换新颜的渴望

吕叔湘中学，前身为丹阳县中学，创办于1925年。历史上，该校曾人才济济，学术自由，学风纯正，质量一流，一度号称“镇江市规模最大的中学”。到县中读书，曾经是丹阳许多农村孩子的梦想和骄傲。

然而，在21世纪初，随着城市的急剧扩张，地方政府集全市之力，新办了丹阳六中和丹阳五中两所高中，在人口不到100万的县级城市，丹阳县中面临着上被具有招生优势的省丹中压制之势，又有被刚刚成立的丹阳六中和五中挤压之险，甚至有被几所农村中学的堵截之态。一批学养深厚、勤恳敬业的老教师退休，年轻教师培养尚需时间、暂未成熟，教师队伍人才青黄不接。

1. 大气候下的教育危机

有位教育专家曾这样说过：“目前的教育是缺乏思想的教育，目前的课堂是缺乏效率的课堂，目前的学生是缺乏精神的学生。”好像危言耸听，但在我国某些地区或某所学校，这种现象或多或少确实存在，吕叔湘中学也不例外。目前，我国正处于社会转型期，市场经济产生的一些负面影响给师生带来了很大的冲击。例如，一些师生政治信仰模糊，功利意识严重；一些师生重物质利益轻无私奉献，重等价交换轻爱心付出；一些师生知行不一，对社会道德的一般内容只是肤浅了解，未能领会其内涵和精神实质，造成在实际行动中的另一种表现；还有部分师生把注意力转向自我，忽视社会发展的需要，扭曲了价值取向。再加上现在高中学校面临高考的压力，家长和学生重分数轻能力、重智育轻德育的现象比较突出。学校面临着不可回避的现实问题：如何理解素质教育和应试教育之间的关系？新课改后如何处理教学时间缩短和教学任务繁重之间的矛盾？如何安排教师课堂教学和学生课外训练？如何提高学生的自主、合作、探究学习能力？如何正确处理高考科目与非高考科目之间的关系等，需要学校认清形势，把握趋势，发挥优势，积极主动去适应教育新常态。

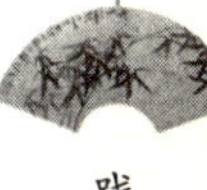

2. 文化复兴的精神成长

2003年，吕叔湘中学翻开了新的篇章，时任校长陈留庚以及领导班子审时度势、反思学校发展历史、厘清办学思路，学校改名为吕叔湘中学，确定了“求真能贱”的校训，学校校风校貌焕然一新，学校于2006年被评为“江苏省四星级高中”。2010年，吕叔湘中学又迎来了发展的新机遇，新任校长和他的同事们，坚毅踏实、秉承吕叔湘办学理念、稳中创变求新，提出了“求真文化育人，能贱精神立校”的办学思想，把“吕叔湘精神凝炼为学校核心价值观”，学校发展势头强劲。

乘胜前进，学校需要高举文化育人的旗帜，用大师的精神引领我们的成长，用大师的思想丰富我们的思想；用我们的创新发展本土教育的思想。

二、教育家思想的启迪——叔湘精神，基于传统的校本文化

1990年，吕叔湘返乡回丹阳，在丹阳市中学（现为吕叔湘中学）的全体师生大会上对学生赠言“求真能贱”（后吕叔湘中学将其定为校训）。求真：就是一种追求真理、崇尚科学的精神，现在我们把它演绎为实事求是和把握事物发展规律，在教育层面上就是要把握好教师专业发展和学生成长的规律，按教育规律办事的原则；能贱：体现的是一种实干精神，脚踏实地，从小事做起成就大事业，它蕴含着不轻视卑微工作，放低姿态做事做人的原则。吕叔湘的治学生涯和为人处世就是对这四字校训的最好诠释。我校退休老师毛通寿勒碑记事，写道：“古之学子，戚戚贫贱。世纪新人，落落能贱。为孺子牛，充当路石。能贱之人，始得成真。”吕叔湘还亲笔为学校题词：“立定脚跟处世，放开眼孔读书”、“做人要做正直的人，有理想的人，有事业心的人，凡事要先公后私，先人后己。”与全校师生共勉；后来，吕叔湘还用平和的语气与同事以及青年教师座谈交流，教师字斟句酌，铭记在心，受益匪浅。整个活动使全校师生深受鼓舞，他们都暗下决心，制定目标，并产生了巨大的“执行力”。作为一所具有90年办学历史的老校，吕叔湘中学走过了光辉的历程。在全面深化教育改革的今天，吕叔湘中学人潜心挖掘吕叔湘教育思想和学校发展的文化精神，理性审视办学定位，全体师生员工秉承校训精神，重塑校训资源，汲取校训营养，同时赋予校训时代内涵，提出了符合学校实际的可持续发展的办学思想和发展目标。立足于“求真能贱”文化土壤，学校确立了“有文化、有特色、自觉遵循教育规律”的办学思路和“求真文化育人，能贱精神立校”的办学理念，时刻践行“立定脚跟处世，放开眼孔读书”。“求真能贱”虽寥寥四字，却指引立身处世，口口相传，道出学问之道

和为人之道。校训的背后是信仰，包括做人处世的信仰、国家的信仰、民族的信仰，是一个国家和民族的追求在教育传承中的集中反映。

三、我们的实践——三驾马车，整体改革的齐头并进

（一）"求真"课堂

1. 以省级课题研究引领学校课堂教学改革

《吕叔湘教育思想背景下的以学为本的求真课堂实践研究》课题的核心是基于吕叔湘提出的"求真信念"，在课堂教学中具体表现为"真学、真教"和"教出实效、学出实绩"。以学为本既包括学生，也包括学习，但最关键的是以学生为背景的学习。其目的：一是课堂教学要从以师为本向以生为本转变；二是课堂教学要从教教材向用教材教转变；三是课堂教学要从知识的传授向素养的提升转变。其目标：第一，教师对学生有更全面的了解和对教学有更深刻的研究。把对教材的缺乏了解和对学生的缺乏了解相比较，教师对学生的了解更加匮乏；把对教学的研究和对学习的研究相比较，教师对学习的研究更加匮乏，所以全面了解学生和深刻研究教学是本课题的首要目标。第二，对学习过程和教学过程系统性与完整性的研究。要提高课堂教学效率，前提是要确保学习过程和教学过程的完整，有了学习过程和教学过程的完整，才可能有课堂效率的基本保障。还要了解教学过程是如何与学习过程对接的，这个过程不限于课堂中的教与学，还包括课前与课后。第三，对学习内容的系统性与教学内容的针对性研究。目前，课堂教学的问题在于教学内容过于追求系统性，使得学生学习非常被动；学生为了减轻负担，就尽量追求学习内容与考试要求之间的针对性。本课题就是要激发学生的学习主动性，掌握一定的自我学习方式，从而更系统地学习课程知识。总之，要从有利于帮助学生主动学习的角度来提高教学内容的针对性。

2. 以"精、活、实"思想指导学校课堂教学改革

多年来，学校一直遵循吕叔湘关于课堂教学"精、活、实"和"关于教学法，最重要的一点是调动学生的主动性、积极性，把以教师讲为主变成以学生学为主"等教育思想，在广泛调研的基础上，学校进行了认真的思考和研究，结合新课改"自主合作探究"的总要求，确立了具有学校特色的求真课堂教学基本范式：备课要精、上课要活、练习要实；构建了求真课堂（新授课）教学基本模式：

"三环"（课前、课中、课后）教学法，即教师教的过程要一体化——课前备课、课中上课和课后辅导；学生学的过程要完整性——课前预习、课中学

习和课后复习。

"四段"(导　呈　研　固)教学法:导:上节回顾、作业反馈、自然过渡、切入主题。呈:目标呈现、课堂指南、教学方法、结合课题。研:疑难重点、研讨氛围、探究精神、合作意识。固:归纳小结、理解消化、学以致用、及时评价。

以学为本的求真课堂教学基本模式具有以下特征:第一,教学是教与学的结合,但教是为了学,教得依循学。第二,学习过程的完整性比学习阶段的深刻性更有学习成效。第三,从教什么与怎么教入手,切实改进教学方法,全面提高教的质量和学的质量。

3. 以丹阳"活力课堂"助推学校课堂教学改革

提升理念,力行课堂教学素质化。学校以吕叔湘教育思想为背景,根据丹阳"活力课堂"总要求,结合学校特点,努力探寻和把握教学规律,对一些教学实践中无法回避的问题进行深入的探究和实践。学校教师在课堂教学中努力践行"分设层次、创设情景、自主探究、互动对话、注重训练、提高能力"等新课程理念,落实"务实为要、重在课堂、效率至上"的教学行为价值观,认真执行"高标准、严要求、深介入、重人性、讲艺术"教育教学工作行为准则和"起点低、底面宽、要求严、训练实"的教学工作十二字方针,初步形成了"有机整合学科知识,突出学生主体价值,注重学生能力发展,减轻学生学业负担,提高课堂教学效率"的素质化课堂教学模式和"尊重、对话、互动"的新型师生关系。

两翼齐动,以研促教提高课堂效率。吕叔湘中学与华东师范大学合作,深入开展《吕叔湘教育思想背景下的以学为本的求真课堂实践研究》,积极打造"精、活、实"的求真课堂。吕叔湘曾经说过,"如果说一种教学法是一把钥匙,那么在各种教学法上还有一把总钥匙,它的名字叫作'活'","教学半是科学,半是艺术"。作为老师,要把书教"活",把教材用"活",从而使学生学到"活"的东西,使课堂气氛更"活"跃;要改变课堂教学重知识、轻能力,重科学、轻人文的弊端,在教学的方法、技巧、手段和策略上多一些创新,让课堂多增强一些艺术性、人文性,从而使学生爱学、乐学,减轻学生的厌学情绪。目前,这一课题已成为丹阳教育内涵发展创新的重点项目。

三维合力,提升知识学习的巩固率。新形势下,学生在校时间和集中授课时间受到严格控制,各学科的课时量相对减少,学生空余时间大量增加。因而,要获得较好的学习效果与教学质量,教师的课前准备、课堂的有效指导和学生的自主学习这三个维度就必须形成合力。学校针对这些问题进行了有益探索。第一,在教师的课前准备方面,学校继续推行集体备课制度和导学案预习编制。第二,在教师的课堂教学方面,着重强调教师的角色转换,倡导教师从传统的“传道、授业、解惑”者转变为组织者、管理者、指导者、鼓励者和合作者。把学习的主动权还给学生以满足学生的表现欲望,激发学生学习的主动性和自觉性。第三,在学生的自主学习方面,学校要求教师对学生进行“自主学习”的品质、方法和策略指导。利用家长会指导家长如何督促子女进行主动学习。对学生从学习时间的安排到作业的处理,再到学科知识的整理与归纳的方法和技巧进行充分的指导,引导学生学会提出问题和增强解决问题的能力,为养成学生主动学习、多思好问的习惯打下基础。

四个到位,夯实教学管理细节。学校在教学管理方面推行精细化与规范化管理,在年级部、教研组和备课组三个层面上,对教师教学的全过程开展经常化的督导检查。在管理过程中,强调“从课外入手、提课堂效益;从小处入手、往大处着想;从精细入手、推举措落实”,突出“四个到位”——优选教学管理精细化工作小组成员,充分发挥骨干教师的带头作用,使管理到位;深入工作的具体过程,深入教师教学的各个环节,使检查到位;加强对学科备课组集体备课研讨过程与结果的考核,使落实到位;及时总结经验、汲取教训,不断反馈课堂教学的得失,多渠道交流,使指导到位。

五项要求,规范教师教学行为。第一,落实教师教学常规与学生学习常规的管理,各年级和各备课组每周或间隔一周进行一次集体备课或年级管理工作会议,主要是对教学常规执行情况检查进行反馈与指导。第二,落实听课研讨制度(含校际交流),倡导互补共进的氛围。为切实使教研组能担负起研讨、培训与提高的责任与功效,实行间隔一周一次的集中统一的教研组活动(周二下午第3、4节课)。第三,开设研究性学习课程和社团建设活动,积极落实新课改和素质教育的理念。把班级学生分成若干小组,将小课题交给学生自选,然后拟定研究提纲,指导学生研究性学习,在实施过程中还进行必要的检查与评估,学期结束时进行结题小结和评比表彰。第四,落实作业的批改和反馈,及时把握学情与教情,适时调整教学策略。强调“有效控制、有效布置、有效处理”的原则,以期达到减轻学生负担、提升学生能力、巩固教学效果的目的。第五,落实评价机制改革的导向,促进学生主动发展。一是要求教师在作业批阅中,坚持“综合评价”的原则,对学生学习情况进行恰当评价,以正面激励为主,进一步提高学生学习的积极性和主动性。二是要求教师在阶段性评价中,坚持“以人为本”的原则,让学生看到自

己点滴的进步和发展希望，不断激发学生的兴趣和求知欲，逐步形成乐学的原动力。三是要求教师了解每位学生的最近发展区，确立“绿色质量”观，用发展的眼光鼓励学生从思想上积极构建“学习力”和“成长力”。

（二）“能贱”德育

学校一直自觉遵循教育客观规律，结合当前教育形势和发展趋势，积极发挥自身优势，申报了省级课题——《基于吕叔湘能贱人生观培育和践行社会主义核心价值观》。积极探索，开拓创新，让学生不断深化核心价值观的认知，主动进行思辨内化，激励他们自觉践行，从高中生的角度去努力培养社会主义核心价值观。

1. 帮助学生寻吕叔湘人生观之根，提升对社会主义核心价值观的认知

价值观的形成往往是在不知不觉中进行的，而且，在某一特定环境下，个人价值取向总是倾向于与环境中其他人的价值取向一致。例如，我校举行的开学典礼、军训活动、升旗仪式和国旗下讲话、十八岁成人仪式、主题班会、专家讲座等系列活动，不断重申学校的价值信念以及对学生良好价值行为的期待。教育的载体、形式、途径一定是基于学生的学习与生活环境的，让学生感到可信、可近、可亲。每年开学初都要组织高一新生参观校史陈列馆（吕叔湘纪念馆）和校园独特的文化场所，用校史文化滋养学生：开设校本课程，编印校本教材——《与太阳的对话》《吕叔湘谈读书和做人》《大师的背影》等，让学生“走进吕叔湘”，汲取正能量。

2. 鼓励学生体吕叔湘人生之路，促进对社会主义核心价值观的内化

吕叔湘一生经历了国家内忧外患战火纷飞的动乱时期，欣逢百废待兴的新中国建设岁月，饱受十年浩劫折磨的特殊时期和时不我待焕发热情的改革开放年代。他始终积极进取、心系国家、敢于担当。例如，学校开展的《走进吕叔湘的一生》系列专题讲解，就是要让学生感受其不平凡的一生，增添实现中华强国梦的信心和决心。学校还开展了“三成”教育——高一年级开展成人教育，高二年级成长教育，高三年级成才教育，促使学生逐步形成对言行规范的自觉价值追求。尤其在新生入学时，帮助学生从生活、学习、人生等方面学会自主规划，树立远大理想，体会吕叔湘人生之路，为国家富强文明而奉献自己的聪明才智。

3. 引领学生践吕叔湘之行，实现对社会主义核心价值观的升华

价值和行为须臾不可分离。离开了相应的行为，人们就很难理解某一具体的价值范畴。价值教育不可拘泥于概念的分析和观念的灌输，而应该着重通过富含价值因素的教育活动来帮助高中生形成相应的价值体验，从

中领悟一些价值范畴的含义、行动含义和行动意义。依托主题活动，润物细无声地把社会主义核心价值观内蕴于心，外显于行。例如，学雷锋见行动活动，社区、街道、敬老院志愿服务活动，宏志班学生感恩和回报社会活动，爱心募捐活动、各类社团活动等，有计划地开展行善守诚之星、自强之星、感动校园人物等评比活动。让学生亲身体验，走向社会，传递正能量，践行吕叔湘的“能贱”精神，实现和谐友善价值观的升华。

（三）“宏志”精神

2008 年，在镇江市委市政府的关怀下，在社会各界人士的支持下，在镇江市慈善总会、民政局、教育局、吕叔湘中学等有关部门的相互配合下，为帮助家境贫困的优秀初中学生完成高中学业，成就“知识改变命运”的美好理想。学校招收了第一批共 44 名宏志班学生，至今已有五届宏志班学生顺利毕业。每届宏志班高考本二升学率都在 70% 以上。为了办好宏志班，学校成立了“宏志领航”工作小组，制订了宏志班培养方案。学校不仅为宏志班配备了优质的师资，学校党总支还在党员中开展“党员牵手宏志生”活动，从学习、生活、心理全方位一对一地帮助宏志生，全程关注宏志生在校三年的成长，为他们健康成长、顺利完成高中学业保驾护航。宏志生最缺少的是精神的关爱和心理的疏导。学校要求党员教职工每学期至少与结对的宏志生进行一次义务捐赠，两次思想交流，经常了解宏志生的家庭情况及学习、生活情况，特别要从思想情感上、心理品质上关爱宏志生，帮助他们解决一些思想问题。加强对宏志生正确的世界观、人生观、价值观教育和良好心理素质的培养。勉励他们克服自卑心理，号召他们发扬“特别懂礼貌、特别能吃苦、特别守纪律、特别有志气、特别有作为”的宏志精神。经过不断努力，宏志班学生已逐步树立“穷且益坚，不坠青云之志”的理想信念，具体表现在思想上积极进取，学习上拼搏争优，生活上勤俭节约，纪律上严格要求，逆境中奋发图强。“教室最干净的是宏志班；宿舍最整洁的是宏志班；学习纪律最不需要老师管的是宏志班；集体活动队伍最整齐的还是宏志班。”在宏志生中形成了“求真能贱、自强自律、尚德苦学”的良好风气。而且，宏志生勤俭节约、刻苦学习、乐观向上、自强不息、孝敬父母等优良品格在潜移默化中感染着学校其他学生。优良的班风和学风也带动了整个学校的“三风”建设，无形中成了学校又一笔重要的教育资源。学校充分挖掘提炼以点带面典型，放大宏志班办班效应，用宏志生鲜活的事迹激励全校师生“立宏伟志、抒感恩情”，全校上下形成了“不比生活比学习，不比基础比进步”的精神风貌。2009 年，学校举办的宏志班感恩教育汇报展示暨首届“自强之星”颁奖

典礼取得了成功。从2011年开始，每年举行的宏志生毕业典礼，均受到了社会各界的关注，省市新闻媒体也做了相关报道。学校大力宣传宏志班，在全校师生中开展弘扬“宏志精神”的活动，用宏志生鲜活的事迹教育全校师生，用宏志班学生的勤俭刻苦、自强自律、乐观向上的品质激励全校师生。目前，整个校园都飘扬着昂扬的音符和奋进的旋律。团结拼搏、乐于奉献、克难奋进的精神风貌时时处处可见。宏志班不仅没有成为学校的负担，反而更优化了班风、学风和校风，成为学校一道亮丽的风景线。今后，学校还将继续总结宏志班的教育教学与管理经验，做强“宏志品牌”，扩大其在校内外的影响力。

四、我们的收获——教学相长师生栖息的精神家园

通过对吕叔湘教育思想的传承、发展和升华，学校在教育教学方面取得了突破性进展。

1. “叔湘”文化遍布整个校园

思想改变了行动：学校充分挖掘吕叔湘教育思想这一独特德育资源，根植于现行文化土壤，每位师生员工结合自身岗位，都确立了自己的价值取向，已基本能做到内化于心，外显于形。

行动塑造了文化：学校开展了五大工程建设——校园文化独特布置；德育教育独特创新；课堂教学独特改革；校本课程独特开发；社团活动独特开展。2014年“求真文化育人”被评为镇江市特色学校。文化建设成果显著。

文化改善了教育：在适应教育新常态的浪潮下，学校教育教学改革的业绩取得了大面积丰收。学校先后荣获了“全国青少年五好小公民主题教育活动先进集体”、“江苏省德育工作先进学校”、“江苏省平安校园”、“江苏省学生军训工作先进单位”、“江苏省五四红旗团委”、“镇江市文明单位”、“丹阳市关心下一代工作先进集体”等荣誉称号。近年来，在学科竞赛和体艺比赛中，屡获佳绩；2015年高二学业水平测试一次性合格率达98%以上，高考本二达线率超50%，2014年，本二达线人数427人，取得了历史性突破。

2. 教育方式发生全新改变

经过不断探索，现在学校课堂教育教学方式发生了根本性变化，具体表现在：德育教育不再一味强调面授，不断创新工作方法，让学生努力做到在实践中学，在学习中悟，在感悟中升，取得了良好的效果。在教学方面，教师

的主导作用和学生的主体地位得到了充分发挥;学生的被动接受与主动学习得到了良好的平衡,教师的教学风格和学生的学习方式得到了根本性改变,学生的思维方式和学习积极性得到了更好的培养。

3. 师生成长出现全新景象

在“立德树人”这一根本任务的指引下,在宏志精神的引领下,学校面貌焕然一新。教师的专业素养得到了充分发展,学生综合素质得到了全面提升。一位高三毕业生回母校后曾这样说道:“虽然我在吕叔湘中学只待了短暂的三年时光,但受到的良好教育终生难忘,甚至对我的人生起了决定性作用,实现了我的价值取向。非常感谢母校的培养!”

吕叔湘教育思想是吕叔湘中学宝贵的精神财富,是吕叔湘中学教育事业发展不竭的精神动力,也是推动吕叔湘中学全面深化改革的智慧源泉,更是适应高中教育新常态、踏上新征程、谱写新篇章的重要法宝。秉承吕叔湘教育思想,弘扬教育家文化和主动适应教育新常态是吕叔湘中学的历史担当和价值追求!历史是凝固的现实,现实是流淌的历史。学校将一以贯之传承优秀传统文化之源泉,汲取社会核心价值观的内涵养料,“求真能贱”之树在吕叔湘中学人的精心呵护下,一定会茁壮成长!

(王金斌　吕明春　执笔)

审美学堂：美美地成长

——匡亚明教育思想引领农村小学发展方略研究

丹阳市匡亚明小学课题组

一、问题的提出

美美地成长是学校在匡亚明教育思想引领下，传承审美特色的学校发展新愿景：追求卓越，因为美的教育是最高境界；让校园成为美的乐园，善的天堂，师生在美的校园里发现美、感知美、欣赏美、表现美、创造美，在校园里诗意、快乐、美美地成长。

围绕审美教育，学校一路走来，从美术特色项目到书画艺术特色，从艺术特色到审美特色学校，把美育特色品牌建设延伸到各个学科课程，让审美文化成为学校文化的理想追求。学校已形成了浓浓的以“立美”为目标的特色文化，国家、省市教育专家、领导多次到校考察，对学校的办学特色给予的高度评价：“浓浓的书画美四处流淌，无处不在，无处不透，它挂在墙上，画在纸上，穿在身上，写在脸上……”

2014年5月，学校正式挂牌更名为“丹阳市匡亚明小学”。在新的背景下，如何发现农村小学发展中存在的问题，探索当下农村小学改革和发展的方向、路径与策略，努力提升教育质量、创建学校特色、打造学校品牌，并通过实践，丰富和发展匡亚明教育思想，成为学校发展、研究的必然，也是学校发展的机遇和挑战。

二、匡亚明教育思想的启示

苏州大学教育科学研究院周川认为：匡亚明是新中国历史上一位不可多得的杰出大学校长，也是一位特殊年代里高等教育规律的坚守者。他认为，“学校就是学校”，要以教学为中心，保证教师的主导地位，一切为了学生发展；他认为，科研是提高教学水平的主要途径，“良师必出自真正的学者”；将教师比喻为最重要的“开花的那个枝”；认为办大学“必须有一套科学的办法”。

吉林大学佟有才认为，校长是一个学校的灵魂。校长的教育理念对办学起着十分重要的作用。匡亚明是新中国第一代高等教育家中的佼佼者。匡亚明的教育思想：第一，走一流师资与一流学科强校之路；第二，致力于提高教学质量，提倡通才教育；第三，高度重视科学研究；第四，教授治校与民主严明的行政管理；第五，建设良好的校园文化；第六，追求卓越的办学理念。

南京大学原党委书记洪银兴概括匡亚明教育思想的核心是创新，是创造，是求实，是超越。第一，高瞻远瞩，追求卓越。第二，继往开来，推陈出新。第三，倚重教师，人才强校。第四，创建良好校风，培育红专人才。

匡亚明的教育思想体现在他的著作、论述和实践中，可谓博大精深。至今，非但没有过时，而且历久弥新，散发出特有的思想光辉。我们以为匡亚明的教育思想中，学校的一切是为了学生，校长是灵魂，以教学为中心，以教师为主导，教授治校与民主严明的行政管理，办一流卓越的大学，营造良好的校园文化，等等，对我们启迪很深。特别是《与太阳的对话》一书对匡亚明的生平做了精当的概括：革命的校长与校长的革命。意思是说，匡亚明从事革命的校长职业，引发了一场校长职业的革命。

匡亚明的教育思想标志着他所处时代的一个高度，同时又启迪着新时代的教育发展，相关的思想对于当代中小学管理理念、路径、模式等创新，具有引领、借鉴和启发的价值。

三、匡亚明教育思想的实践

学校在匡亚明教育思想的引领下，继承原有的审美特色，以“亚明精神”引领师生共同的价值观，以匡亚明无私无畏的气魄创新变革，追求一流，紧紧围绕“教师第一”的思想发展教师，成就学生，容人之美，成人之美，呈人之美。同时，不断探寻农村小学发展方略，争创有特色的一流品牌学校，不断提升学校办学品位。

（一）“亚明精神”：共同价值观

匡亚明出生于丹阳导墅匡村，在家乡上私塾，后外出求学。家乡的传统文化给匡亚明的童年留下了深深的烙印。导墅镇政府审时度势，高屋建瓴，打造匡亚明文化，提出了六项工程：打造一条匡亚明街，成立一个匡亚明教育奖励基金，建立一块匡亚明广场，建设一座匡亚明纪念馆，成立一个匡亚明思想研究会，办一所匡亚明小学。学校也于 2014 年 5 月正式更名挂牌为匡亚明小学。这些做法旨在将“创新求真、追求卓越、人才兴校”的“亚明精神”代代相传。

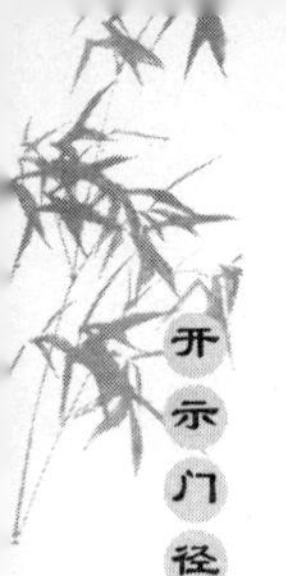

因此,学校传承、实践和发展“亚明精神”,引领农村小学发展,总结规律,形成方略,像匡亚明那样办学,像匡亚明那样教书育人,促进校长、教师专业化发展,并以此引领师生的共同价值观,内化为师生的行为准则。

办学理念:办一流的学校。

校训:求真、尚美。

校风:美美地成长。

教风:一切为了学生。

学风:追求卓越。

(二)“教师第一”:容人之美

教师是一群有血有肉的活生生的人,他们有思想,有个性,有差异,也是希望得到他人理解和尊重的新时代知识群体。因此,学校在教师管理中本着“教师第一”的思想,制度上以人为本,精神上激励为主,像匡亚明一样尊重知识,注重人才,用人所长,容人所短,真正做到人尽其才,物尽所用,容人之美,一切为了学校和学生的发展。

师德建设。教师是立校之本,师德是教师之魂。学校开展六大工程,铸师德,强师能。一是先锋工程。发挥党员先锋模范作用,开设“党建之窗”,党员结对共同提高。二是典型工程。以身边的典型人物和先进事迹激励广大教师。三是“向我看齐”工程。一位行政,一面旗帜,一个党员,带动一片,做教师的引路人、示范岗、航海灯、好榜样。四是精细化工程。实行细节化管理,把每一件小事想周到,做到极致,把每一件平凡的小事做得不平凡。五是爱心工程。热心为学生为家长服务,定期家访,帮扶贫困生,转化暂差生。六是青蓝工程。开展师徒结对活动,进行教学大比武。

关心生活。学校为住校青年教师建造公寓式宿舍,改善教师的住宿条件,解决教师生活的后顾之忧。实行校长接待日,开设网上论坛,开辟校长信箱,进行校长讲座,召开小型座谈会、个别谈心,发布“致全体教职工的一封信”等形式,听取教师的心声,让教师在心理上精神上感受到被尊重的安慰,激发他们鼓足干劲工作。定期开展教工文体活动,丰富教师业余生活。坚持教职工生病住院、家庭纠纷、思想情绪波动、亲属去世、办喜事“五必访”制度。让教师感到学校是个和睦的大家庭,是工作学习的精神家园。

提供机遇。学校实行岗位竞聘制度,真正做到能者上、庸者下,引领全体教职工勤奋工作,不断创新。通过中层竞聘上岗制、班主任申报制和学科教师聘任制,营造了适度竞争、和谐发展的良好氛围。

学校成立各学科名师工作室,强化教师培训。在教师培训上舍得花钱,走出去，请进来，让教师了解最前沿信息，得到最有效培养。学校还成立了匡亚明奖教基金，对取得成绩的教师进行奖励。

（三）合作办学：成人之美

学校地处农村，部分教师缺少前瞻性的视野和成长的阶梯，学校通过与吉林大学和南京大学匡亚明学院合作办学，逐步弥合了传统的教育理论研究者和教育实践者的沟壑，两者携手努力，找到了农村学校和教师发展的路径。农村教师得到大学丰富资源的支撑，有了更广阔的视野，创设了农村教师专业发展的平台。

1. 建立互访制度

学校与吉林大学和南京大学定期互访，交流办学经验。大学从小学中了解最基层的教育状态，获得第一手教育教学数据；小学在与大学的交流中，开阔了视野，增长了见识。学校先后走访了吉林大学校史馆、南京大学匡亚明学院，共享了匡亚明珍贵图片资料，充实了学校的陈列馆，更加深入地了解到匡亚明在两所大学追求卓越、创新变革的举措。

2. 共同完成项目

依托江苏省教育科学"十二五"规划课题《匡亚明教育思想引领农村小学发展方略研究——以匡亚明小学为例》，大学教师与学校教师合作研究。大学为我们提供理论支撑，将世界前沿性的研究成果和理论体系传递给学校及小学教师。同时，学校及教师也及时提出一线的教学实际问题，大学教师与小学教师一起合作，共同研究。研究的问题是由专家和学校教师一起协商提出的，双方一起制定研究的总体计划和具体方案，共同商定对研究结果的评价标准和方法。大学教师作为专家，成为咨询者帮助小学教师形成理论假设，计划具体的行动，评价行动的过程和结果。大学教师与小学教师之间成为相互尊重、平等合作的伙伴。

3. 培训教师

学校与两所大学合作，定期选送教师到大学学习，听讲座，参观交流，参与课题研究。在合作中，大学专家对小学教师进行了理论培训，根据当下的课题研究进行，非常具有针对性，契合了新课程的理论，使参与合作的老师有豁然开朗的感觉。

培训中平等对话。首先，双方有更多的机会增加对彼此的了解，使小学教师能够减少陌生感，也消除了对专家权威的神秘感，看到大学专家的人格魅力，从而在合作中更愿意提出疑问、分享观点，进行平等的对话。其次，在这种合作形式里，小学教师有着多年的教学经验，有着切身的感受，因而有

话可说,这也有利于小学教师与大学专家进行交流。

4. 聘请客座教师

学校还聘请大学教师作为客座教师,深入小学课堂一线听课、评课、修改教案,了解小学教师在课堂教学中存在的问题和发展要求,通过提问、咨询、讨论等多种形式促进教师反思,帮助教师改进教学方法,从而达到教师专业发展的目的。

在研究中,大学专家与小学教师围绕切实关心的问题进行长期的合作,大学专家与小学教师都深度投入到课程设计中。伙伴互助、专业引领与自我反思相结合,教师的课程设计能力不断提高。教师首先独立做出课程设计,大学专家对教师提供的课程设计进行审阅,提出修改意见。教师上公开课,专家与教师听课,课后研讨,初步达成一致意见。上课教师再次做出课程设计,并由其他教师在其他班级试用。经再次讨论与修改后,形成最终的课程设计,完善课程资源等。大学专家还与小学教师进行集体备课,集思广益,然后由一位教师执笔进行课程设计,并上公开课,大家再提出反馈意见,并做出相应修改,最后经再次试用,形成较为成熟的课程设计,并完善该课程的资源包等。

大学研究人员扮演咨询者和诊断者的角色,同时也是共同研修的实践者;小学教师则既是共同研修的实践者,也是这种研修实践的反思者。

(四)审美学堂:美美地成长

学校前身是清末光绪三年(1877年)创办的导墅桥小学堂,有着悠久的历史和深厚的文化底蕴。在学校发展中,我们力求改变单一陈旧的学校教育模式,追求以学生为主体的审美学堂。

1. 审美学堂

更新审美学堂理念,健全学习制度,开展读书活动。组织教师开展征文比赛,先后开展了以“我的审美课观”、“审美课堂大家谈”等为主题的沙龙活动。走出去,请进来,专家引领。组织教师外出学习培训,邀请市专家名师来校指导课题研究、课堂教学。

让审美有效地成为课堂的景象。学校立足审美课堂开展专题研究,提炼出具备以下“四性”的“审美化教学模式”。

愉悦性。通过教学影响的美及教学活动的美激发学生的审美情感,使学生获得美的享受。在审美化教学中,使学生的主观精神在感知、想象、思维、体验等心理因素共同运动中获得快乐感和满足感。愉悦性来自于教学活动内容与形式的统一。

和谐性。通过审美化教学，促成儿童寻求个性发展的最佳结构，即知、情、意、技、能的和谐构成。在认知领域表现为求真的进取性；在情感领域表现为感受美、理解美的升华和超越；在意志领域表现为关心、合作、主动的倾向；在技能领域表现为创新、创美的发展态势。

发展性。审美教学的发展性是相信学生的潜力，认识到学生渴望获得成功，同时要充分认识到学生的身心发展具有一定的差异性和层次性。

创造性。美是创造。审美教学既是教育的一种审美规范，又是一种审美活动。教师创造新颖、多样、丰富的教学活动，学生在这种审美教学境界中发展创造思维，开发创造潜能，提高创造才能。

2. 审美课程

仪式课程。开学典礼、升旗仪式、休业式、家长活动仪式等活动周密安排，精心组织，节日文化得到放大，师生在仪式和节日文化中成长。

榜样课程。编辑《优秀教师事迹》，将优秀教师的故事汇编成册，让他们的事迹载入教育史册。宣扬"英雄"式的榜样人物和事迹，师生在榜样的熏陶下成长。学校每年评选感动校园十大先进人物和事迹，开展各种类型的评比活动，在各级媒体中宣传展示。

名人课程。学校挖掘本土名人事迹，编撰校本教材，出刊了《追寻大师的足迹》之"学习匡亚明"、"我们的思考"和"我们的实践"等系列校本课程。组织教师编撰匡亚明故事，结合学生特点，出版《匡亚明故事》校本教材。开设"匡小论坛"和客座教师制度，每两周举行"匡小论坛"活动，由学校行政及邀请的专家进行讲座，传递最新教育教学理念和研究成果，形成共同的学校文化价值观，探寻有效的教育方法和策略。

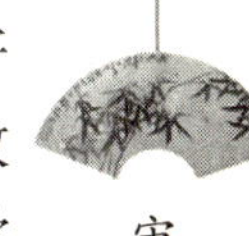

国学课程。强化师生书画练习和教育。参观书画展，举行趣味国学讲座。开展国学读书周活动，规定书目，读书征文，开展个性阅读活动，如"国学经典诵读"、"亲子阅读"等。校园书香弥漫，桃李芬芳。

特色课程。学校编撰了《走进美的世界》儿童画专集和书法专集校本课程；开展"七彩班级文化"活动，有"小春笋绘本阅读班"、"小怀素书法班"、"小荷花写作班"、"小茶花班"，开发了与之相适应的校本课程，学校特色与班级特色相得益彰；还根据各种活动课程，出版了《在大海中遨游》游泳课程、《走进大自然》综合实践课程等教材。

3. 审美社团

学校审美社团丰富多彩，学生选择自己喜欢的社团：儿童画、国画启蒙、书法、舞蹈、篮球、音乐与欣赏、篆刻、儿歌童谣、经典阅读……在活动中，

学生的学习热情、个性特长和身心健康得到发展。特别是学校新增的武术社团，给社团活动增添了一剂新的活力。学校外聘武术教练来校授课，从基本功开始训练，让学生了解中国传统武术文化和武术礼节，学习五步拳、少林连环拳等拳术，让中华传统文化得到传承发扬。审美社团让学校成为一片生命的绿洲，成为一块希望的热土，这里琴弦瑟瑟，笛声悠悠，鼓点铿锵，锣音阵阵，这里是艺术的殿堂。

四、研究成果

学校开展匡亚明教育思想研究，引领了学校发展，形成了发展方略，取得了显著的成绩。

1. 匡亚明教育思想研究形成了学校发展方略

学校积极申报江苏省教育科学“十二五”规划课题《匡亚明教育思想引领农村小学发展方略研究——以匡亚明小学为例》，在匡亚明教育思想的引领下，学校逐步形成了三大发展方略：一是“教师第一”的方略；二是“以中华传统文化和孔子思想引领学校发展”方略；三是“小学与大学伙伴合作研究”方略。学校积极实施三大方略，纲举目张，学校工作高效开展。

2. 匡亚明教育思想研究让学校赢得社会、家长的认可

学校办出了特色，向社会展示学校发展成果，赢得了可贵的人气和人心。社会企业对学校多方支持，家长放心学校的教育教学质量，他们都情不自禁地说：“把孩子放在匡亚明小学读书，我们放心。”

3. 匡亚明教育思想研究促进师生和谐发展

师资是立校之本，名师是名校之源，在匡亚明教育思想研究中，学校一大批教师茁壮成长，教师的生命价值在这里得以尽情呈现，学校成了教师温馨的家。几年来，先后涌现出十多名师德标兵和省市先进教育工作者，多名教师在市以上评优课及基本功大赛中获一、二、三等奖，一支特长突出、素质精良的教师队伍正在日臻成熟。

学生才艺与特长在这里得以尽情舒展。文娱活动中心、科技活动中心、体育活动中心、网络学习中心、书画特色中心一应俱全，晨星文学社、童星小剧场、苗苗电视台、时代记者团等校园文化社团群星闪烁。近两年来，学校学生参加国家级竞赛获奖 48 人次，省级竞赛获奖 105 人次，16 名学生获得“陶馨吾”奖学金、“吕凤子”奖学金，一大批高素质的学生正在茁壮成长。

4. 匡亚明教育思想研究加快了学校发展

学校进一步融入了匡亚明文化，使校园面貌焕然一新，校园宽广亮丽，

清新秀气，自然景观与人文景观交互融汇，时时律动着文化的音符，散发着育人的气息。校园如画、如歌、如诗，处处歌声悠扬，师生为之流连忘返，激情奔放。

学校荣获全国优秀家长学校、江苏省“书法美术教科研基地”、江苏省“基础教育先进集体”、江苏省“素质教育先进集体”、江苏省实验小学、镇江市特色学校、镇江市模范学校等荣誉称号。

我们将继续以匡亚明的教育思想为引领，创设一个充满想象、智慧、诗意、唯美的成长空间。我们走的是一条美丽的道路，做的是一项美丽的事业，用智慧和汗水努力地诠释着美丽的教育理念，让学校、师生在美的世界里美美地成长。

（孙志杰　执笔）

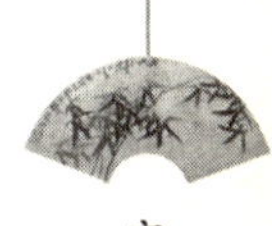

自然　自主　自在

——构建戴伯韬教育思想引领下的实验学校发展图景

丹阳市实验学校课题组

一、问题提出

学校于2001年建校，迄今只有短短15年的时间，却经历了三次创业：第一次创业是2001年，按照丹阳市政府改制试点要求，创建成丹阳市第一所公办民营学校；第二次创业是2009年进行易地重建、整体搬迁，学校成为丹阳市第一所小区配套学校；第三次创业是2011年全面回归公办以后，和原大泊中学、大泊中心小学三校整合，成为丹阳市第一所三校整合的九年一贯制学校。贯穿三次创业、三次发展的主线，就是戴伯韬教育思想引领下的"三自"理念：自然、自主、自在。

第一次和第二次创业，学校大力弘扬艰苦创业精神，利用政策资源，形成了很有影响力的质量品牌效应，在区域范围内赢得了较为广阔的发展空间。然而，不可回避的是，十年的公办民营时期，在面向市场求生存、求发展的大背景下，分数至上、升学率至上的功利价值观不断膨胀。以分数论学生、论教师、论成败、论荣辱成为学校的主流评价导向，"升学压倒一切"的思想占据学校发展的主导地位。客观上，由于新老领导班子交接断层，以及收费政策的重大变化，学校沉重的基建债务一时难以化解，教师的切身利益受到影响，情绪上有明显的失落感，个别教师产生了悲观情绪。而且三校整合后，施教区的外来务工子女涌入学校，生源质量急剧下降，也给学校的发展造成一定的不利影响。严酷的现实、严峻的挑战，使我们这所一直在艰难探索的学校，面临着第三次创业的困惑和迷茫。审时度势，我们实验学校只有冲破分数第一、升学至上的惯性思维，用教育的人本价值、育人功能、内涵特点去衡量我们正在从事的教育事业，才能不断提升办学内涵，不断接近教育的本质和理想，才能在改变学校中改变教师、学生，乃至家长，才能使学校教育真正回归到它的本真，从而在新的起点上，实现新的跨越。鉴于此，戴伯韬教育思想的光芒，照亮了学校持续发展、科学发展的坦途。

二、基于学校“三自教育”的戴伯韬教育思想内涵的解读

戴伯韬是中国近现代教育家，是陶行知第一批 13 名学生之一，是新中国成立后第一任上海市教育局局长，人民教育出版社第一副社长兼总编辑。戴伯韬师从陶行知，战争时期倡导教育救国，新中国成立后致力于教育兴国，凭借一己之力办杂志、办学校，组织力量编写全国通用的中小学教材。戴伯韬坚守着一生的教育情怀，毕生致力于实践“生活教育”的教育理想，他倡导的“科学教育、实践教育、人本教育”这一教育思想，至今闪烁着穿越时空的思想光辉。

戴伯韬在《怎样办战时的小学教育(1937 年 10 月)》一文中指出：“在抗战时期，应该上抗战的课，读抗战的书。学校里的全部课程，都要为抗战而设，都要适合战时生活的需要。”岁月轮回，时光荏苒，他的这一教育思想始终没有湮灭，持续引领着学校教育去适应社会现实和社会发展的需要。

戴伯韬在《论研究学校课程的重要性(1980 年 10 月)》中指出：“在编制课程时，既要重视各科的系统性和连贯性，又要联系儿童生理、心理的发展，重视儿童的兴趣，重视指导学习方法，重视发展自学能力和思维能力。同时注意照顾到各学科之间相互联系和前后配合。”

戴伯韬在提到教材的基础知识编排时，指出：“各科基本知识要有一个科学性和系统性的结构，这个结构要由浅到深。要把一些基本的原理原则从低年级到高年级，根据学生的心理发展适当安排，顺序前进，逐步深入学习。”这种遵循学科知识规律、学生身心规律的全面、系统化的教材观，才是科学的课程观。

在教育方法上，戴伯韬提出了“四个统一”，在《抗战以来中国儿童教育之发展及其前途(1938 年 10 月)》中就指出，“因为这种崭新的教育方式是非常适合新教育原理的：第一，它已经把生活和教育统一起来；第二，它已经把学校和社会统一起来；第三，它已经把学生和先生统一起来；第四，它已经把学习和实践统一起来”。

在教育观念上，戴伯韬提出了“劳力上劳心”，这是“知行合一”教育思想的具体化。他在《生活教育发展史纲——为纪念生活教育运动十三周年而作(1940 年 3 月)》中提出：“没有行动便不会产生知识；没有从行动中得来的知识做基础，便不能接受他人的知识。但如果进一步只有行动，没有思想，又成了蠢动；没有行动，只有思想，又成了妄想。所以只有在‘劳力上劳

心’所求得的才是真知灼见。”

……

从上述种种教育言论可见，戴伯韬的教育人生无愧于“科学的教育，教育的科学”。随着时间的推移、时代的发展，戴伯韬先生的这一教育思想弥足珍贵。作为戴伯韬家乡的学校，能以此教育思想来办学实乃学校办学之一大幸事。在传承中弘扬，在借鉴中融合，在丰富中发展，在创新中完善，是我们学习、实践戴伯韬教育思想的科学态度。为真正体现戴伯韬提出的“两个转变”——从贵族教育向平民教育转变，从精英教育向大众教育转变，我们坚持遵循教育发展的规律、学校发展的规律、师生发展的规律，提出了以“三自”为核心的办学理念：以“自然”作为学校教育的科学之道加以遵循，以“自主”作为学校教育的价值指向加以倡导，以“自在”作为学校教育的理想境界加以追求，“三自”理念旨在引导教师跳出原有的思维定式，调整好心态，自觉适应教育形势的发展与变化。

三、关于践行戴伯韬教育思想引领的“三自”办学理念的标志性建设

1. 标志性建设之一——“三自”课堂

一是“自然课堂”。

戴伯韬认为，我们总的教学原则是理论联系实际，是要根据青少年和儿童的身心发展情况去教学，要培养他们独立自学的能力……强调课堂教学必须摒弃从书本到书本、从概念到概念完全与实际脱节的做法，重视从学生的原认知出发，与学生的生活经验、社会实践紧密结合，与学生的认知特点、心理特点和情感需要相融合，加强直观教学和情景教学的策略在实践中的运用；强调课堂教学必须改变偏重知识学习而忽视或忽略思想教育的做法，不仅要重视学科知识的系统传授，而且要重视学科德育的有机渗透，同时还要注重学习过程的引导性、激励性评价。依据掌握知识与发展智力相统一的规律；强调课堂教学必须克服“重知识灌输，轻能力培养”的不良倾向，重视知识形成过程的演绎、知识体系的构建、创造性思维的开发，不断提高学生理解知识、运用知识、解决问题的综合能力；强调课堂教学必须走出“重智商开发，轻情商开发”的误区，重视对理想、信念、毅力、兴趣、好奇心、想象力等丰满人性的揭示，促进课堂教学由知识课堂向文化课堂的转变；强调课堂教学必须从根本上扭转课堂角色的“错位”现状，把课堂的时间、空间还给学生，变教师的“一言堂”为学生的“群言堂”，变单向互动为多向互动，促进学生进行生动活泼的学习。

二是“自主课堂”。

戴伯韬认为，学生学的重要性是不言而喻的，他在《从庸俗的进化论泥坑里跳出来（1965年12月）》写道：“没有学生的学，教师的教会劳而无功；没有学生主动的积极的学习就不会有质的飞跃。知与不知的矛盾转化的主要一面是学生的学，教师的教只不过是一个必要的条件。”戴伯韬在《回顾建国三十年来的教育（1980年4月）》中又再次指出学生：“要指导学生学习的方法和引导学生主动地、自由地、积极地学习……实践证明：喂学生、抱着学生学走路，都是主观主义，没有出路的方法。”

根据戴伯韬教育思想的这一论述，为体现课堂的“自主”性，我们确立了“三维”评价导向：一是教师在课堂中的角色扮演；二是学生在课堂中的能动体现，从学生学习欲望的激发度、习惯的养成度、精神的张扬度、能力的形成度四个方位进行观察和审视；三是在课堂中，教师主导作用对学生主体发挥的促进程度。

三是“自在课堂”。

戴伯韬认为，“个性、才能发展的出头处应该是自由的，学校应给以机会和因材施教”。为此，我们把“自在课堂”目标指向“三乐”：一是因学得有趣而乐，注重学习内容和学生已有生活经验、知识储备、心理特征等各种因素的紧密结合，注重学习过程的活化，即注重调动学生课堂教学的参与度（情感参与与思维参与）；二是因学有所成而乐，对不同的学生有不同的成功标准，坚持每位学生都要发展，但不求一样发展，每位学生都要提高，但不是同步提高，每位学生都要合格，但不必相同规格；三是因生态良好而乐，尊重和爱护每一个学生，感染和激发每一个学生。

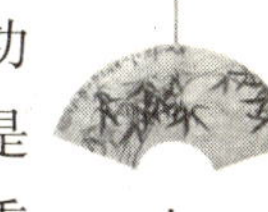

2. 标志性建设之二——“三自”德育

戴伯韬认为，遇有犯错误的学生要尽量善意地进行说服教育，指出改正方法，不能感情用事。打骂和恐吓，必须废除，因为儿童犯错误往往是由于不知道，如果改了，哪怕一点也要鼓励。这一观点使我们对学校德育进行了认真的反思，并着重构建了“三自”德育体系，同时将班花文化建设作为“三自”德育的载体。具体做法是：

第一，知花性——让班花走进学生生活。学校各个班级在班主任的引导下，经同学们在互动中“识花”、“议花”，民主评说，形成共识，选定一种“花”作为本班的班花。

第二，悟花品——让班花走进学生心灵。主要做法是：查，通过上网查阅相关信息，选读书籍，带着养护班花的实际问题询问他人，深入了解班花

的花性、花品；抄，摘抄有关班花的诗、文、歌、赋、对联等，将摘抄的内容进行交流，在交流中拓展认知；讲，在班队活动中以故事赛的形式讲一讲名人与班花或姐妹花的故事；诵，诵一诵描写班花的美文诗歌，每个班级还成立了以班花命名的小诗社；编，编写班花小报，学校和年级组为各班编写的班花小报架设展示的平台；画，画一画自己心目中的班花，再配上说明文字；写，结合自己的学习、生活，写一写对班花的感悟体会，提炼班花的精神；唱，唱一唱以班花神韵为主题的歌；创，创作本班的班花文化，制作象征团队精神的口号和奋进目标的班徽；展，将收集的班花资料、编写的班花小报、书写的班花书法作品、描绘的班花想象画、抒发的感悟体会等在教室中展览，从而美化教室，陶冶情操。

第三，学做人——让班花从学生心中自然流露。一在活动中学。以班花引领活动，在活动中逐步感悟班花，在活动中自然流露班花的精神。活动前，我们尽可能引导学生将活动与班花相联系，进行讨论。二在学习中学。寻找班花与学习的连接点，回忆当初确定班花时的出发点。三在生活中学。如青松班在大家讨论中制定了别具一格的《我和青松比一比》的童谣，在比一比中，谁在生活中最像青松，谁就能在班级的青松榜中签上自己的大名。目前，学校的班花德育建设项目已被列为镇江市学校特色。

3. 标志性建设之三——“三自”社团

学生社团是学生个性发展的重要平台之一，戴伯韬在《论教育方面的共性和个性(1980年1月6日)》一文中做了专门论述。

戴伯韬认为，“个性，即个人的兴趣、爱好，让他们自由地刻苦钻研，发挥所长”。从科学这个角度来看，“每一个儿童生下来就是一位科学家，许多天才的科学家，在他的幼年时代，已经被他的父母师长枪毙掉了，这正是人间的悲剧”。因此，我们要充分认可学生是可以个性发展的。

戴伯韬认为，“个性、才能发展的出头处应该是自由的，学校应该给以机会和因材施教”，“个人对事物发生爱好就会废寝忘食地去钻研”。

这就告诉我们，自由是个性培养的基础，因材施教是个性发展的方法。

为此，我们提出“三自”社团建设的指导思想：让每一位学生每学期至少参加一个学生社团，保证学生的自主性，提高学生的积极性，鼓励学生的创造性，力求活动的成效性。同时，明确“三自”社团建设的基本思路：遵循学生的身心发展特质、心理兴趣特点，充分利用师资资源，努力营造学生热爱体育、崇尚运动、追求艺术、发展特长的浓郁氛围。而在“三自”社团建设的措施和路径上，我们也在不断创新。第一，创新体育项目，重点推进太极拳、软式垒球、云林花毽等文体特色项目。一是以点带面促普及，通过点上的特色精彩展示，增强对学生的吸引力，促进学生广泛参与。二是以自编教材促深入，组织人员编写太极拳、软式垒球等校本教材，形成由简到繁、由易到难、循序渐进的系列教材，促进深入研究。三是以有序组织促推广，初中部，在学生自愿报名参加的基础上组建太极拳、软式垒球社团，周周开设社团课程，阶段组织展示活动；小学部，全面引进云林花毽，全面促进特色项目进课程、进课堂、进活动。四是以渗透教育促提高，注重学生意志品质的锻炼、团队精神的培养和审美能力的提高，让每个学生在强身健体、修身养性方面终身受益。第二，创新传统文化教育项目。通过校内与校外相结合，倡导“父母孩子共读好书”活动，通过课内与课外相结合，课内阅读指点方法，培养兴趣，激发热情，课外涉猎更宽阔的阅读领域，全面提高鉴赏能力；通过比赛与表演相结合，开展“经典诵读会”、“诵读擂台赛”、“情景剧表演”等，将经典诵读活动科学地融入游戏、节目表演、书法、绘画等学生喜闻乐见的活动之中。与此同时强化“四个保障”：一是队伍保障，组建专任队伍；二是教材保障，编写校本书法、剪纸教材，改进和完善书法、剪纸教学案及视频制作，设计满足教师教学和学生学习的书法、剪纸教学案；三是时间保障，专门举办社团节，专门开设书法、剪纸校本课程，把书法、剪纸教学纳入到正常的教学体系之中；四是评价保障，建立社团发展水平考核评价制度，促进传统文化教育的持续化。

4. 标志性建设之四——“三自”教师

“教师当然须教，而尤致力于‘导’。导者，多方设法，使学生能逐渐得之，不待教师教授之谓也。”从对戴伯韬教育思想的认真学习中，我们领悟到：优秀而卓越的教师队伍，必须由践行“三自”教育理念的教师组成。

教师的“自然性”：必然是一个有崇高道德品质的教师，一是有事业性、使命感，二是有无私的奉献精神，三是有一颗仁爱之心和一种廉洁从教的情怀。

教师的“自主性”：必然是一个具有先进的现代教育思想的教师，一是要不断加强自身的现代教育理论学习，二是要不断投身教育科研实践，三是要能够不断反思。

教师的“自在性”：必然是一个具有高超教育教学水平，又有一定人文素养的教师，做到潜心育人有气度，课堂教学有风度，治学底蕴有厚度，发展视野有宽度，处理家校关系有尺度。

正是由于对“三自教师”的正确定位，我们坚持“学生至上”和“教师第

一”的深度融合，以提高教师的生活品味，提升教师的生命意义，使他们能够在平凡的工作岗位上为学校的发展做出不懈的努力，并不断接近优秀而卓越的人生目标。

5. 标志性建设之五——“三自”校园

学校应该是一个什么样的形态？戴伯韬认为，集体就是组织，组织就是工作、学习、生活的一种形态，也是一种工具，就像载着我们向前走的列车。为此，我们努力以艺术教育发展打造“自然之校”，以信息教育技术打造“自主之校”，用独特的文化思想打造“自在之校”。

在以艺术教育发展打造“自然之校”过程中，主要是尽心尽力，做到艺术教育的“四个一体”：课内课外一体、校内校外一体、艺术体育一体、艺术教师的内培和外引一体。

在以信息教育技术打造“自主之校”过程中，主要是确保四个突破：突破经费制约，确保信息技术设备设施的投入；突破生源不能选择的制约，确保以建制班为单位；扩大教学改革试点，突破现有课程设置的制约，确保信息技术与课堂教学，建立整合型板块；突破兴趣培养的功利制约，确保信奥比赛与能力提高的同步推进。

在用独特的文化思想打造“自在之校”过程中，主要是建立三个学习型组织：一是国学与孔子文化的学习型组织，二是陶行知思想与平民教育的学习型组织，三是戴伯韬研究与地方文化名人的学习型组织。

通过几年来的学习、实践，我们发现：戴伯韬教育思想有力地改变着我们的老师、学生，同时也能提升学校的整体形象。学生学习轻松快乐，且质量高，在全市各项文化课调研中，均名列前茅。教学质量稳中有升，学生的综合素质也得到了很大的提高。近两年在各级各类比赛中，有数百名学生获奖，如江苏信奥竞赛一等奖、金钥匙科技比赛特等奖，童话剧《天蓝蓝　水清清》在江苏省巡回演出，连续多年荣获丹阳市小篮球比赛第一名、丹阳市学生身体素质调研一等奖……在学生收获学习幸福的同时，教师的专业也得到了快速提升，骨干教师的示范引领作用得到充分发挥。八个名师工作室曾先后赴苏北、南京、安徽、浙江等地进行教学示范辐射；一批教研骨干赛课成绩突出，张磊、柴绚等年轻教师在各级各类教学比武中勇夺第一，在镇江好课堂活动中，学校王丽霞、倪双喜、葛莹、张磊等多名教师参加了教学展示活动。

学生的成长、教师的专业提升带动了整个学校的发展。近几年来，学校以优质的教育教学赢得了社会的称誉，先后荣获了“全国和谐教育名校”、

“全国科研兴校示范基地”、“江苏省最具影响力初中”、“江苏省示范初中”、“江苏省平安校园”、“江苏省绿色学校”、“江苏省体育工作先进学校”、“镇江市文明单位”、“镇江市教育现代化初中”、“镇江市教育信息化先进示范学校”、“丹阳市科技教育先进学校”、“‘假日网校’学科资源研发基地”等一百多项荣誉称号。

戴伯韬教育思想博大精深，我们从中深刻地认识到“崭新的教育方式”必然是“生活和教育的统一”、“学校和社会的统一”、“学生和先生的统一”、“学习和实践的统一”。戴伯韬教育思想引领下的“三自”教育实践是篇大文章，目前，我们这篇大文章仅仅开了个头，我们将不断学习、努力实践，在走向现代化教育的艰辛探索中，认认真真地写好这篇大文章。

（诸华平　执笔）

上善若水　崇善尚真

——用马相伯教育思想引领青年教师专业发展

丹阳市第九中学课题组

一、问题的提出

丹阳市第九中学是江苏省示范中学、镇江市教育现代化中学。学校原为丹阳市第六中学初中部,2006 年更名为丹阳市第六中学附属初中,2010 年年底正式独立建制为丹阳市第九中学。作为新独立建制学校,品牌是学校的生命和核心,是向社会、家长、学生做出的质量承诺和保证,是学校在竞争中获得生存与发展的保证。在影响学校品牌建设的诸多因素中,教师的专业成长是关键,发展教师的过程,实际上就是创建学校品牌的过程。青年教师(40 周岁以下)在学校专任教师中占了 45%,他们在教学经验、教育能力、教学方法、驾驭课堂能力、教学反思能力、理论研究与教学实践相结合能力、课题研究能力等方面的不足,在很大程度上制约了学校的长远发展。

在马相伯“先修己,再立人,而追求至善”的大师精神引领下,2013 年,丹阳九中确立以“上善若水”为办学理念,以“善”为校训,积极倡导“日行一善,善行一生”的优良校风,“尚德善教,止于至善”的踏实教风和“立志善学,尽善至美”的良好学风,努力弘扬“上善文化”,打造“至善教师”,构建“崇善课堂”,培养“美善学生”,建设“扬善校园”。近年来,学校坚持以马相伯教育思想为青年教师专业发展的精神引领,从学习、认识马相伯教育思想的价值意义到认识马相伯教育思想对青年教师专业发展的价值意义,探索青年教师专业发展的途径,为构筑青年教师专业发展的平台提供科学依据。

二、马相伯教育思想的启示

在中国近代史上,马相伯是一位学贯中西,具有先进办学理念,充满强烈救世意识的教育先驱。马相伯在创立震旦学院之初,就强调其宗旨是“崇尚科学、注重人文、不谈教理”。“科学为父,人文作母”是马相伯科学与人文并重理念的根基。马相伯对科学教育内涵的阐述,主要包括三个方面:第一,作为课程的科学知识与理论;第二,作为课程的科学技术及应用知识;

第三，探求知识，追求事物本质的自由而独立的科学态度与科学精神。在马相伯看来，“教，不是一味地灌输，重在指导门径；学，不是知识的被动接受，而重在养成独立研究问题的意识与能力”。他为各科教学确立的原则是：“提举纲领，开示门径。”

马相伯提倡师生之间进行自由平等的讨论与思想交流，他认为，要以民主的精神给予学生足够的自由管理空间——即自治，而教师的角色是通过亲近学生，帮助他们应用各种理论并引导他们自学直至独立学习。老师和学生聚集在一起，在和谐的氛围中讨论和学习。他注重培养学生的批判精神、创新观念和进取意识，因此他并不赞成中国传统教育中死记硬背、不求甚解、缺少创意的学习模式。他积极倡导的是在师生之间进行自由平等的学术讨论和思想交流。

作为新时代的教师，在专业发展的道路上，应把马相伯的“科学与人文并重”的思想与时代赋予我们的要求有机结合起来，贯穿于教师成长的整个过程，为做一名全能型教师而努力。首先，教师要善于改变过去的教学观念，从以教师为中心转变为以学生为主体。其次，教师要充分发挥学生的主体作用，并将以学生为主体的原则贯彻到教育教学过程的始终。第三，教师要从以传授知识为主转变为以学生能力的培养为主。这一切都有赖于教师观念的有效改变和专业水平的快速提高，而青年教师尤其要注重学习，缩小在教育教学等方面存在的差距。

三、我们的实践

（一）“马相伯精神”——青年教师成长的引领

在“科学与人文并重”的思想下，马相伯对教师提出的要求是：“内之以修立国民之资格，外之以栽成有用之人才。”对青年教师，马相伯认为，“一方面要使青年有信仰，同时要使青年由‘知’而‘信’，这样的信仰不是浮面的，不是他动的”。

在马相伯教育思想的启示下，我们认识到，学校应以学生的发展为本，而要想学生发展，首先教师要发展。一个发展的教师，才能有意识地有效地维护学生的权利，促进学生的发展。只有教师各方面素质提高了，才会有科研质量的提高，才会有教学质量的提高，教学活动才能真正显示出旺盛的生命力。没有最好，只有更好，作为新时代的教师，在知识、素质、能力等各方面要不断提升自己。要保持良好的心态，立足课堂，扎实教研，提升技能，快乐地工作，健康地工作，达到和谐发展、持续发展、健康发展的目的。因此，

每一位教师要不断发展自己,努力成为一名专家型教师,这是时代发展的必然。

丹阳九中建设"上善文化"的主体是教师。针对青年教师缺乏教学经验,对教学工作的主客体的认识存在偏差,亟须提升自身专业水平的现状,学校着力强化师资队伍建设,积极弘扬马相伯精神,指导青年教师"遵循规律,善待学生,平等对话,师生共进",提高综合素质,努力打造一支"以善立身,以善立事,以善育人"的"至善教师"队伍,以高质精良的"善教"师资群体促进学校整体质量的提升。

在师德建设方面:学校开展"尚善崇真"教育,要求青年教师"以善为本,积德行善,善待他人,善待自己",学会珍视岗位、感恩社会、献身教育、服务学生,力求做到具有高尚的职业道德、先进的教育思想、强烈的发展意识、严谨的工作作风和独特的个人魅力;学校采取"思想教育、典型引导、师德考评、一票否决"等措施推进师德建设,并与"践行师德、创先争优"行风建设和评议、师德承诺活动相结合,深入开展师德师风主题教育活动;通过开展"三评"活动,进一步优化师德考核机制,树立师德典型,努力使学校教师成为"教善、施善、倡善"的"育善之师"。

在师能建设方面:学校以"善教"为目标,积极开展"做最好的自己"、"做本岗位的专家"评比活动,加快青年教师发展的步伐,积极搭建青年教师专业化发展的平台,提高青年教师的专业素养;开设丹阳九中"善文化"大讲坛,健全"一月一比赛一讲座"校本培训制度,推出名教师讲座以及课堂教学、课件制作、班主任技能比赛等系列教学业务比赛;注重课堂教学反思,提高青年教师驾驭教材和课堂教学的能力;密切关注中考改革动向,同步思维,使教学理念和教学实践与时俱进;组织青年教师参加各级各类业务培训,鼓励青年教师参与各级各类竞赛活动,实施青年教师必须参加的"六个一"工程,即出好一套质量较高的试卷,制作好一个课件,设计好一篇具有创新意识的教案,辅导好一个研究性学习小组,做好一个小课题,转化一名学困生。在上述系列活动中,丹阳九中的青年教师手脑并用,说练并重,实践能力不断提高。

丹阳九中建设"善文化"的实质就是"美善学生"的培养。在马相伯人文思想的指引下,学校积极推行"善德"教育,培养学生自我教育和自主管理能力,养成文明的行为习惯、健康的心理品质和积极的进取精神,积极开展学生社团活动,发展社团文化,养成学生的"美善之行",健全学生的"美善人格"。学校指导青年教师在活动中充分发挥自己敢冲敢闯、思想前卫的优势;在社团活动的实践中,学生通过与教师的合作而成长,教师通过与学生的“对话”而进行引导。

(二)“崇善课堂”——青年教师展示的舞台

马相伯给各科教学确立的原则是:“提举纲领,开示门径。”在马相伯看来,“教育不是填鸭式的灌输,或者仅仅为了应试,而是培养学生独立思考、行事、处理问题和研究学问的能力”。“或由问而致学,或由学而致问,谓之问学也可,学问也亦可。”

在马相伯教育思想的启示下,我们思考后认识到,课堂教学策略要变革。首先要确立由重知识传授向重学生发展转变,由重“教”向重“学”转变,由重结果向重过程转变的课堂教学目标意识。因此学校要重视自主学习,要教会学生自己学,主动地“探知识的本源,求知识的归宿”,注重学生自主学习的过程,这样才能让学生适应未来社会的发展。其次要努力构建师生、生生互动交往的新型师生关系。马相伯运用自治的理念,继承和发扬了教学相长的传统,指出教学过程是“师生合作、相互促进、共同提高”的过程。教学过程的实质是交往,交往的双方有师与生、生与生,他们都是活动的主体,是平等的,交往是互动的,也是互惠的,在平等交往中实现师生、生生互动,相互沟通、相互影响、相互补充。

丹阳九中建设“上善文化”的核心是传承“生本课堂”要义的“崇善课堂”的建设,它既是活力课堂的展现、生本课堂的延续,又是具有丹阳九中特色的课堂建设标志。在研究马相伯教育思想的基础上,学校以“教师善教、学生善学”为目标,以“上善文化”建设课题研究为主线,开展构建“崇善课堂”模式的有效性与高效性研究,切实提高课堂教学质量,努力构建“崇善课堂”的基本框架。

树立“崇善课堂”的指导思想:坚持“一切相信学生、充分尊重学生、全面依靠学生”的教育理念。

确立“崇善课堂”的目标追求:全面实施素质教育,师生共同发展;培养美善学生;造就至善教师。

描绘崇善课堂的基本特征:先学后教,以学定教,最终达到不教而教;小组合作、课堂展示、质疑提升;教师的“教”变为学生的“学”,教师是学生学习过程中的合作者、引导人,教师只在学生遇到困难时给予适当启示、点拨。

提出“崇善课堂”组织要求:师生互动,生生互动,情感互动——“三互动”;强化激情,强化启发,强化条理,强化训练——“四强化”;前置作业,小

组讨论，交流展示，质疑反馈，感悟提升——“五环节”。

落实“崇善课堂”流程安排：一、小组讨论前置作业。二、课堂展示与交流。小组全体同学上讲台展示合作学习的成果，讲解思路、解法、答案，班内其他小组同学适时质疑、补充，教师适当点拨、提炼等。三、合作探究。对“生成问题”与“预设问题”先独立思考，有困难再小组讨论。四、质疑反馈。五、感悟提升。

教务处、教科室加强了对青年教师备课、课堂教学方法等方面的指导，每周推出必须有青年教师参加的“崇善课堂”研讨展示课，多次召开崇善课堂研讨会。两年来共推出青年教师的崇善课堂研讨课100余节，组织开展了教师“同课异构”比赛、师徒竞技课等教学研讨活动，切实提高了青年教师课堂教学水平。今年举办了主题为“扬善九中，崇善课堂”的第二届教学节课堂教学展示活动，来自新疆、镇江市江南学校、丹阳市教师发展中心的领导、学科教研员和本市兄弟学校的近50名老师莅临学校指导、听课。在课后的交流研讨中，兄弟学校的领导和老师们对学校“崇善课堂”教学模式给予了高度评价。

（三）“阳光社团”——青年教师个性的发展

马相伯认为：“一切学科，重在开示门径，养成学者的自由研究之风。”他主张进行“人文教育”，把学习的基本自由还给学生，使他们能想、能干、能谈。他在《新年告青年书》中指出：“是以青年诸君，今日在校求学，必须手脑并用，研究与实验并重。能如是，然后能求得‘真的知识与活的学问’。”

在马相伯教育思想的启示下，我们认识到学生的自主自立和可持续发展是课程改革下学校素质教育的最终目标，素质教育要为学生创建舞台，创造机会，创新思维。学校确定通过学生社团建设来体现《国家中长期教育改革和发展规划纲要》中提出的坚持以人为本、推进素质教育的教育改革发展的战略主题。在自我教育、自主管理、自我锻造、自主学习与研究的学生自主发展模式的指导下，学校科学规划课程，帮助和引导学生实施社团课程化改革，建立多元课程体系，促使学校的课程向多元化、多维度发展，引导学生回归生活世界，培养了学生的兴趣爱好，形成多样化的学习方式，促进了学生的全面发展。

学生社团是丹阳九中“上善文化”建设的重要组成部分，社团是课堂的有效延伸，它不仅能丰富校园生活，开阔学生视野，全面提升学生内在潜力，还能促进学校全面发展。学校通过开展“阳光社团”活动，初步实现了学生“参加一个社团，培养一种兴趣；学会一门知识，练就一项技能；体会一个成功，享受一份快乐”的社团建设目标。

学校团委先后成立了“练影文学社”、“零度画室”、“校园之声”、“武术社团”、“科技制作”、“九中行善志愿者”等12个学生社团，社团培训教师定期组织开展活动，定期展示学生活动成果。

社团活动的蓬勃开展既依赖于青年教师的专业发展，也是青年教师专业发展成长的需要。九中青年教师“八仙过海，各显神通”，展现各自的个性、才华，自编教材，组织学生围绕所教学科开展社团活动，既深化了教学内容，又使课堂知识在课外得到了有效延伸，青年教师逐渐成长为“一专多能”的复合型教师。学校已经形成了一支乐于奉献、善于钻研的社团指导青年教师团队，他们在做好学科教学的同时，积极指导所带社团开展活动，取得了较为突出的成绩，为提高学生自主学习和自主管理能力做出了贡献。

开展社团活动，更是中学生实现自我价值的现实需要。学生通过参加各类社团活动，可以接受多方面的锻炼和培养，彰显了个性，超越了自我，强化了主动学习的意识，学会了合理安排时间，从而充实了自己的生活，学会了冷静地思考问题，能正确认识自己的不足，弥补过失，学会了周密地计划一次活动，增强了团队协作能力，从而获得课堂内所学不到的知识，锻炼出课堂内练就不了的技能。

四、我们的收获

学校开展马相伯教育思想研究，引领青年教师的专业发展，取得了丰硕的成果。

1. 马相伯教育思想研究促进青年教师教学水平迅速提升

近年来，丹阳九中青年教师成长迅速，蒋文辉老师获江苏省青年教师体育教学能手比赛一等奖，邹东建老师获苏南六市青年教师赛课一等奖，倪杰老师获镇江市技能操作比赛一等奖，刘杰老师获镇江市信息化教学能手竞赛一等奖，张丽老师获丹阳市初中语文教学基本功比赛一等奖，庄红娣老师获丹阳市实验课教学比赛一等奖，史剑晖老师获丹阳市数学学科比赛一等奖。

2014年，由7名丹阳九中青年教师代表丹阳市参加了“镇江好课堂”初中类教育教学展评总决赛的角逐，经“镇江好课堂”评审专家组评审，4人获一等奖，3人获二等奖，其中张丽老师获语文学科一等奖，史剑晖老师获数学学科一等奖，褚丽萍老师获历史学科一等奖，蒋文辉老师获体育学科一等奖，倪杰老师获化学学科二等奖，潘辉老师获生物学科二等奖，朱苑媛老师

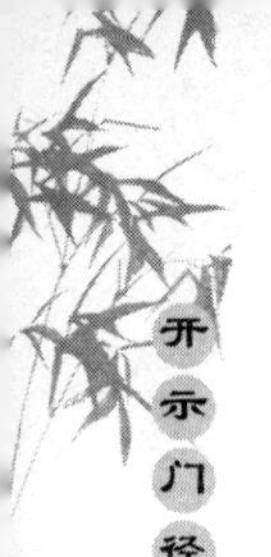

获心理学科二等奖，为丹阳和学校争得了荣誉。

2. 马相伯教育思想研究促进青年教师科研水平迅速提升

从青年教师上交的评选论文分析，青年教师的论文写作水平比以前明显提高，有了一定的教育理论素养，青年教师的教学观、学生观、课程观也有所更新。近几年，教师上交论文获奖数明显增加，2011 年至今获奖总数达 600 篇。

为了帮助青年教师解决教学中遇到的实际问题，促进青年教师快速成长，丹阳九中年年召开青年教师小课题开题会、小课题申报动员会，并得到了青年教师的积极响应。2012 年度，丹阳九中有 25 位青年教师申报丹阳小课题并顺利结题。2013 年度，有 2 位青年教师申报丹阳小课题并顺利结题；在学校组织、引导下，有 4 位青年教师成功申报镇江市级小课题。2014 年度，丹阳九中青年教师又申报了 15 个丹阳市教育科学“十二五”（第四批）小课题，申报了 5 个丹阳市“深化活力课堂，实施高效教学”专项小课题，8 位青年教师申报了镇江市教育科学“十二五”规划课题（第四批）立项或青年课题。

3. 马相伯教育思想研究促进学生综合素质全面提升

随着社团活动的广泛开展，社团成果累累，学生所获荣誉数不胜数。

科技社团是学校的特色之一。学生韦威在孟庆兵老师的指导下，设计制作的作品《改进的等离子扬声器》获全国一等奖，同时荣获中国科协主席专项奖。韦威同学入选丹阳市 2013 年度教育系统十佳新人新事并荣获江苏省青少年科技创新标兵。此外，在历届江苏省金钥匙科技比赛、镇江市学生纵横码汉字输入比赛、丹阳市科技模型竞赛等比赛中，我校学生均取得了优异的成绩。

学校以“武术社团”建设为突破口，着力打造武术文化，在武术特色项目建设上争成绩、创品牌。学校“武术社团”建设有着广泛的群众基础，两年来学校两次修编武术校本教材，初一年级设置武术校本课程，每年举办一次武术操比赛，注重“武德”教育，着力培养学生尊师、律己的道德情操和礼仪修养。武术尖子组成的武术社团，定期集训，社团成员参加省市各项大赛，勇夺大奖。学校被评为丹阳市学校特色建设优秀学校，提升了学校的办学品位，促进了学校内涵发展。

练影文学社在李文琰、钱文军等语文青年教师的指导下，在全国青少年五好小公民主题教育“复兴中华，从我做起”读书征文活动中，殷欣月、许晴雨同学荣获一等奖；在全国青少年五好小公民主题教育“复兴中华，从我做起”演讲比赛活动中，韦子韵荣获一等奖；在丹阳市“我与红十字的故事”征文活动中，张森同学荣获一等奖；在2012年江苏省领航杯征文活动中，许斌、冷乙扬同学荣获二等奖；2013年暑期在全市中小学“新华杯”品味书香、诵读经典征文活动中，我校有16篇文章荣获一等奖；在江苏省第六届中小学网络读书征文活动中，赵孙杰和汤玉美同学获得金奖。学校近几年在《丹阳日报》上累计发表文章50余篇。

4. 马相伯教育思想研究促进了学校的快速发展

追寻大师的足迹，敬仰大师的伟业，铭记大师的风采。丹阳九中开展马相伯教育思想研究，从马相伯教育思想中汲取富有时代意义的精华，把握教育规律，促进学校科学管理，构建了特色鲜明的学校文化和育人模式，推动了学校教师队伍整体素质的提升和教育质量的提高，丰富了校园文化的内涵，起到了积极引导广大学生学先贤，爱家乡，励志奋进，成才报国的作用。丹阳九中在推动学校特色建设、推进教育优质提升与特色发展、提升学校教育品质等方面产生了较大的影响。

建设丹阳九中“品牌”，提升创新九中内涵需要“善文化”，促进青年教师专业发展需要马相伯教育思想引领。丹阳九中已经获得了良好的社会信誉，丹阳九中人更加感到发展学校、成就教师、成长学生的重大责任。我们将继续践行先贤马相伯的教育思想，围绕“内涵提升、质量提高、品牌提优”主旋律，遵循教育规律，把握教育本质，发挥发展优势，紧扣“善文化”这一教育内涵发展的创新项目，以新视角、新思路、新目标、新要求推动学校发展，把学校办成“学生欢心、教师舒心、家长放心的美好精神家园”，为实现全市初中教育的更加规范、更高质量、更具特色做出九中应有的贡献！

（倪杰　执笔）

少年军校：快走，快走

——以“自治”思想引领学生自主管理的研究

丹阳市运河中心小学课题组

一、学生“自治”思想的提出

运河中心小学东邻常州机场，学校与部队结成共建单位。早在“九五”期间，学校就成立了少年军校，开展了《建设绿色少年军校，促进学生和谐发展》的课题研究。通过多年实践，“健全一个组织网络”、“形成一个工作主题”、“打造一个管理模式”，形成了“绿色少年军校”的办学特色；构建了“绿色少年军校”校园文化，推动了学校教育的内涵发展；以“军校”特有的精神文化的影响和引领，帮助师生构建积极向上的人格。尤其在阳光体育活动中，学校获得“全国优秀学校”光荣称号，连续四年获得丹阳市小学生身体素质测试前三名。学校田径队在市小学生田径运动会中连续十年进入小学组甲级队，2013年获得小学组总分第一的好成绩。学校毕业的何琴同学目前已进入国家青年田径队，多次在国内与国际竞走比赛中取得优异的成绩，从煤渣跑道上走出了世界竞走冠军。2014年，学校获得“首批江苏省国防教育示范学校”的称号。

但现在，有的班主任以“铁的纪律”——“少年军校七星评比”、“班级公约”严格要求学生，这种简单的做法致使有些班集体缺少应有的朝气。同时，随着老百姓生活水平的不断提高，家长对孩子的娇惯及宠爱日盛，部分家长开始对学校提出的一些要求不能接受。学生个体特色与集体规范的冲突，成了老师有效开展工作的障碍。活泼好动是孩子的天性，低年级的学生尤其如此。我们倡导的活跃、积极、有个性，与课堂上要求的讲规范、守秩序二者该如何协调，教师感到困惑。在新形势下，学校倡导的“以军养德、以军促智、以军强体”三个方向如何与着力打造“释放生命的活力，张扬生命的个性，为终身发展奠基”的少年军校精神有机结合，促进学生“健康、自主、活泼、快乐”成长，成为运河中心小学面临的新课题。

在我市创建教育现代化的新形势下，学校加盟了“以丹阳本土教育家思想引领师生发展”的课题研究。大家认识到：要引进大师的精神和思想办学。一百年前，马相伯就提出学生“自治思想”，这一光辉曾照耀着一代代学子茁壮成长。学校完全可以在这方面做一些研究和尝试，以保持学校在教育现代化进程中的步伐。

二、马相伯学生“自治”思想的启示

《中国教育报》2013年4月13日“人物”专刊首期“回望大家”——《马相伯：兴学只为叫醒中国》一文中这样表述：“学生自治——他希望学生能够手脑并用，求得‘真的知识’与‘活的学问’，从而提高原创力。在校务行政上，马相伯实行‘学生自治制’，由学生们推选一些代表以委员会的方式参与学校行政管理，进行自主管理。”

“他强调，学校是学生的学校，办学必须独立自主。而从震旦到复旦的转变，也昭示出一旦学生的自治权利遭到破坏，马相伯就会义无反顾地站在学生的这一边。这种‘我的学校我做主’的良好氛围，也使学生们在学校所学的管理和领导知识在日后能够应用于社会生活。”

“这种‘开宗明义、力求自主’的治校风气，对近现代教育也产生了深远的影响。马相伯的学生蔡元培提出的‘五育并进、思想自由、兼容并包、文理沟通、造就具备完备人格的学生’的教育理念，一定程度上受到了马相伯的影响。而‘学术独立、思想自由’也被写入了复旦校歌，为世世代代的复旦人所传诵。”

复旦大学哲学学院宗教系教授李天纲阐述道：“马相伯是非常坚持‘学生自治’的，他觉得学校就是学生的，不是官员的，甚至也不是老师的。所以当时震旦解散时他那么难受，当时学生想学实用、技术的学科，不想学法语、读文学，他内心不希望这样，但又坚持尊重学生们的意思。反思我们现在的大学教育，很多时候为了满足教育机构的利益，而忽视了受教育者本身的利益。”

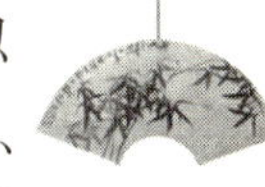

现如今，“中国学生原创力不够”这一问题常常被教育界人士提及，而马相伯早在那个年代，就指出了长期以来的经学教育对中国学生的遗毒。“中国人不但懒于行动，尤其懒于思想”、“只重记忆，只知依样葫芦，等于只知贩卖，不愿创造”。

我们的思考：班级是学生的班级，班集体就是每个学生的大舞台。在这个舞台上，我们先要弄清楚这样几种角色：班主任——导演；课任老师——副导演、剧务工作者；学生——演员（全是主演，不是配角，也不是群众演员，更不是替身或幕后工作者）。

唯有确立学生的主体地位，培养学生在处理日常事务中的态度、情感、意志与能力，激发学生积极向上的内驱力，使学生在自我管理过程中获得自我教育的情感体验，将教育者的“他律”转化为学生的“自律”需求，这样的

教育才是最有效、最持久的。

“真正的教育是自我教育。”我们认为，优秀的班级管理不应是老师约束学生，而是学生自治，自我教育、自我发展，现代班级教育要以学生全面发展为本，着力培养学生自主教育的意识和能力。学生作为班级的主人，只有主动参与到班级管理中去，才能营造一个自信、快乐、和谐、充满活力的班集体。

学生自治，实际上是学生自我管理，是学生依靠自身的力量进行自我教育和发展的一种管理方法。其最高价值应当是：使学生能够在实践活动中创造性地完善自我。这不仅是学生自我管理的最重要目标，更是素质教育实效性的要求。

在班级管理实践中，我们要针对班级学生的个性特点，充分发挥学生的主体作用，实施班级自主化管理，给学生提供自我教育和发展能力的机会，通过主动参与班级管理，让每个学生在“正视自己、发展自己、超越自己”的体验中，从他律走向自律，从自律走向自觉、自为，进而提高学生自我发展的能力，以积蓄学校在教育现代化进程中的力量。

三、少年军校学生自主管理的路径

（一）“军规如山”：规范引路、打好底色

1. 规范文明礼仪

严格按照小学生文明礼仪要领（举止得体、尊敬师长、友爱同学、孝敬父母、遵守公德），结合少年军校的军容军貌，做到仪表得体、举止大方、文明有礼。

2. 规范号令言行

按照军训要领，严格要求并规范学生的整队、出操、集会、行走等方面的行为习惯。例如，见老师要问好，整队快、齐、静，进出办公室要报告，上下楼梯靠右行，脚步轻，学生集会不喧闹等，学生的日常行为规范做到有章可循，整个校园才能井然有序。

3. 规范做事准则

制定少年军校队员日常行为规范的具体要求，每月对班级进行评比，班主任老师每日一反馈，每周一小结，每月一总结，表扬先进，树立典型。通过教师示范，努力达到铃声响进课堂静等老师把课上，上课时敢发言多动脑，做作业写工整按时完卷面净，广播操要做好练身体争达标，个人事应自理家务活要学习，衣和物放整齐学做饭会洗衣。

（二）“阳光少年”：我很重要、正视自己

通过班级教育活动，让每一个学生正视自己的班级主人角色，让每一个

学生面对班级都能自信地说："我很重要"！从而提高他们参与班级自主管理的积极性，实现从他律走向自律。

1. 引导学生自主确立班级的目标

为了充分调动学生参与班级管理、活动的积极性和主动性，真正成为班级的主人，我们结合三八节、母亲节、父亲节、教师节等感恩教育活动，通过主题班队会等形式引导学生逐步形成和强化——"自己的事情自己做，自己的班级自己管"的意识，再通过丰富多彩的活动让学生认识到"自己的事情自己做"是很光荣的一件事。要求学生在家庭、班级、学校等环境中，在生活、学习、活动等领域内，学着进行自我管理，逐步养成自我管理、自我督促的良好习惯。虽然老师没有直接对学生说这就是我们班级的奋斗目标，但慢慢地，这些想法都会被学生接受和赞成，并且在实际行动中开始慢慢认识自己，觉得自己真的很重要，而且越来越重要，如果全班有更多的同学都认识并做到了，也就自然而然地成为我们的班级管理目标。

2. 激发学生自主管理的兴趣和欲望

"兴趣是最好的老师。"学生们往往会对自己感兴趣的东西尤为重视，也会去钻研，通常在这些方面也最容易做出成绩。针对这个特点，我们不失时机地指导学生在班级中开展"良性竞争"，充分激发学生自我管理的意识和参与欲望。

例如，开展好习惯之星评比活动，对班级里每个同学在早读、两操、课堂纪律、课间秩序、卫生值日等各方面的表现进行监督评比，表扬奖励那些言行举止文明、学习活动表现优异的同学。学生上课举手发言积极了，作业整洁了，学习进步了，助人为乐了，保护环境了，爱护公物了，等等，都能获得相应的"小明星"称号，再将他们的名字或照片呈现在教室的"班级亮相台"中。要让学生在亮相台中找到自己，欣赏自己，不断激励，他们的自信心就会得到增强，言行举止变得更文明，学习也更有劲头。

（三）"迷彩行动"：我能行、发展自己

1. 开展自主化的多彩活动

近年来，学校与共建部队开展了一系列活动，如学生军训周，毕业班学生走进军营活动，在建军节期间到共建部队慰问，组织文艺队和共建部队一起参加联欢，清明节祭扫烈士墓，等等。还开辟了一些德育基地，如机场部队、敬老院、李灿烈士墓，等等。有了这些活动平台，经历这些多彩的自主活动，学生变得越来越大方，与人相处越来越得体，心胸越来越开阔。

2. 坚持自主化的技能训练

长期以来,学校师生在少年军校誓词的感召下,每一个新学年起始,以班级为单位成立军训中队,请部队教官对全校小军人进行队列队形训练,在国庆活动中,开展队列队形和广播体操的展示评比活动;春冬季节开展集体晨跑,以年段为单位组织大课间活动,跳绳、踢毽、呼啦圈、运球,身体素质测试项目短跑、仰卧起坐等体育技能得到强化。竞走项目成为学校体育强项和特色。在这些年复一年的技能训练中,学生的四肢越磨练越发达,脑筋越磨练越灵活,意志越磨练越坚毅,心灵越磨练越透亮。

3. 实施自主化的学生管理

学生学会班级自主管理,促进自身发展,实现班级管理"从自律走向自觉"。学生的班级让学生自主管理,学生就会更加心服口服,通过自主管理实践,又能体验到"我能行!我真的很不错!"从而更加激发起蓬勃向上的决心和信心。而开展班级自主管理实践,发挥好班干部、班委会的核心作用非常重要。俗话说:"火车跑得快,全靠车头带。"一个好的班集体,班干部所起的作用不容忽视,其作为班级的火车头,起着"唯余马首是瞻"的作用。所以组建并培养好、用好班干部队伍就显得尤为重要,从组织班级同学自己选举班干部,到要求新当选的班干部既要以身作则,身先士卒,从小事做起,从我做起,又要积极开展工作,大胆管理等各个环节都需要班主任做足做好工作。刚开始时班干部的能力可能还很欠缺,需要老师精心指导,在恰当的时候还要放权给他们管理。例如,班干部有权对班上的好人好事给予加分,给予表扬;对一些不良行为及时用恰当的方式进行批评指正,树新风,扬正气。

另外,还要树立这样一种理念:班级事务人人做,自己的责任自己承担,给学生自由施展的空间。有自主管理意识的人,他就一定会主动地、顽强地克服一个个困难。作为老师,如果每一件事都规定他们按固定的程序完成,就会妨碍他们主动参与、自主创新意识的形成,束缚他们的手脚。为了避免教师束缚学生,聘任之后可以形成这样的管理体制:在班干部选好之后,可以形成一个监督体制,即老师监督班长工作,班长监督各委员工作,各委员监督各位同学工作。如值日完毕后,可请劳动委员自己检查哪里的桌椅没有摆整齐,哪里的地面有垃圾。如果他们检查不出来,老师再告诉他,时间长了,他自己就会评价、管理了。班级眼保健操做得不好,老师先问值日(或值周)班长该怎么办,方法好就用,方法不好就告诉他,你看老师是怎么做的,渐渐让他们学会在眼保健操后及时进行小结,对表现不好的进行批评、扣分等,并可以选出表现优秀的当下次眼保健操监督员,使管理公开化。

4. 设立自主化的管理岗位

我们的少先队大队部设立了“军校督导队员”、“就餐管理员”等学生自主管理岗位,开展“争创英雄中队、争当英雄队员”的学生自主评比活动。班级是学生的班级,班集体就是每个学生的成长大舞台。要做到“班级的事,事事有人做;班级的人,人人有事做。”除了通常的班级干部岗位外,还可以增设许多其他管理岗位。例如,“讲台整理员”专门负责整理讲台,使物品摆放整洁有序;“领读员”负责组织班内同学进行早读;“古诗选抄员”负责搜集古诗,并每天抄写在黑板一侧,供大家积累;“红领巾监督员”督促同学戴好红领巾……

5. 丰富自主化的管理角色

班级实行“岗位负责制”,班委干部、课代表和其他同学都有明确具体的岗位职责,使班级的每一扇窗、每一扇门、每一样物品、每一件工作都有负责人。例如,负责电灯的同学,教室内光线暗时及时开灯,教室内光线明亮时或室内无人时及时关灯;负责擦黑板的同学,要保证每节课前黑板和讲台的清洁,同时负责对不爱护粉笔乱涂乱写、乱扔粉笔头的同学进行教育和处罚;负责开窗户的同学,要及时开、关窗户,保证人在窗开,人走窗关;负责开门的同学,在教室内无人时,要及时关门……同时,对这些岗位一定要定时或不定时地经常进行监督评估,力争能培养一批“岗位能手”,同时对部分不能胜任岗位的同学也要作适当调整。学生人人有管理服务的岗位,在让他们知责任、明责任、负责任的过程中,逐步尝试让他们自我服务、自我监督、自我管理。到这时,被动的管理就会变成主动的管理,“他律”就会转化为“自律”,前进、向上的内驱力在班集体建设中就会得到有效的激发。

四、少年军校——我们还可以走得更好

少年军校的昨天、今天和明天,都承载着一个梦想,那就是我们运河孩子的梦想;都承载着一个希望,那就是运河家庭的希望;都承载着一个未来,那就是家乡运河的未来。

昨天,我们在教育家思想的“启明”下,已经踏上征程;

今天,我们昂首阔步走在“自治”管理的“行知”路上;

明天,我们这座大运河畔以“运河”命名的小学,将在实现教育现代化的长征途中,不断“求索”——少年军校,快走,快走!

(郦荣昌　执笔)

特殊的需求　特殊的引领

——以吕凤子教育思想导航特殊教育

丹阳市特殊教育学校课题组

一、问题的提出

随着社会文明的不断进步，教育公平的有力践行，关注特殊儿童，发展特殊教育，已经成为当下教育发展的重要任务。政策上的高度重视，经费上的优先投入，给特殊教育的发展奠定了坚实的基础，但特殊教育“丹阳唯一，省内小众”的现实存在，也让学校无法摆脱在业务管理、专业引领、学术支持等方面被“忽视”的地位。特殊教育要实现“从有到强”的建设，只能“摸着石头过河”。

随着现代医学、科技的进步，生源结构正在发生变化，听障学生越来越少，学校正由以聋教育为主体，逐步向以培智教育占主体转型，并最终成为纯培智学校。学校转型对原有的培养目标、课程体系、特色项目、资源配备、教师素养都提出了新的要求，重新出发需要的不仅仅是勇气。

学校转型后的服务对象主要是智障类学生。这些特殊儿童每一个都不同：智力障碍、精神障碍、认知障碍、言语障碍、脑瘫、唐氏综合，等等，并常伴有癫痫、肢体无力等生理疾病。可以说，每一个孩子都是一个新的课题、一个大的难题。传统的以语言引导、班级授课为主的教育教学方式肯定没有良好效果。大胆突破，努力提升教育教学的针对性、有效性成了关键。

做特教人，需要强大的内心。很多教师刚走进特殊教育学校，真正面对特殊孩子，与这些孩子一起生活，真正面对“这里的校园静悄悄，这里的学生很糟糕，这里的家长很少笑”的现状，都会迷惘。“我真的要在这里工作吗?”“我真的要面对这些特殊孩子‘张牙舞爪’吗?”“我什么时候才能做出点教育成绩呢?”如何让教师内心强大起来十分重要！学校需要一种精神。

二、吕凤子教育思想的启示

吕凤子一生立志办学，虽生于乱世，亦矢志不渝，毁家捐资办正则。其身上独有的家乡情怀、仁者情怀、教育情怀每每让教师感叹不已。他办正则从女校起，“为同胞女子谋自立之基础”；他教女工，创正则绣，使得“女子无才便是德”成为笑谈。这一扶助女子自立的办学宗旨，与当下坚持自立自强的特殊教育一脉相承，都在引导弱势群体自强不息。

吕凤子说：爱者，顺之本，争所依也。这就启迪我们特殊教育要更能顺应学生的发展，满足学生的特殊需求。学校要从满足特殊学生的特殊需求出发，“为每一个孩子的生存与发展服务”。让孩子们“学会生活自理，不给、少给别人添麻烦”，“掌握生活技能，努力做最好的自己”。

“教师要成为美的表现者，要在美的境界中发现道德境界。”吕凤子告诉我们：“把受教育者当作成就自己的工具，那就是人间绝大罪恶。”“善无不美，美无不善。”于是，教师们知道自己的人生价值所在：不断提升自我，德才兼修，为特殊儿童服务，做学生、家长、教育同行、领导、人民群众心里的最美教师，成为“美的表现者”。教师应该因为学生而美丽。

吕凤子说：孩子在学校学习要尽显“生趣”，即是生命、有情趣。针对孩子的教育，吕凤子提出了“就异成异”的原则，他说：“最合理教育云者，即穷异成异，穷已成己之谓。”在吕凤子亲自谱写的《正则校歌》里，对学生理想的校园生活作了美好憧憬，就是要通过一系列活动，让每一个学生尽量发展各自不同的个性，尽量挥洒生命的活力。是啊，即便特殊儿童长不成参天大树，做小草也应有生命的绿色。

三、吕凤子教育思想的实践

（一）培育仁者情怀，打造自强教育

我们走近吕凤子，就是从“正则绣”项目的引入开始的。正则绣，给了民国女人平等与自立，也给了今天的特殊学生自信与自强。它不仅是一项职业技能，更多的是对弱势群体“天生我才必有用”的启迪和自强不息精神的唤醒。我们结缘“正则绣”，最大的收获不是解决了部分学生的就业问题，而是让更多的教师走近了吕凤子，从他的办学、教书、绘画经历中，汲取生命的力量，明白了自己工作的意义。从事特殊教育，必须要有大爱情结、大师情怀。正如吕凤子告诉我们的：“人生应该是爱、美、力的结合和真、美、善的统一。”“能绝一切私欲。”所以特殊教育虽然投入大，回报小，付出多，掌声少，但我们还是必须坚持，因为孩子们需要我们。唯有坚持热爱、勤奋、坚守、宽容的心境，坚持静下心来关爱特殊孩子，潜下心来提升特教技能，责无旁贷面对特教岗位，心平如水面对社会偏见，才能享受这一片天地的宁静、安详、美丽。只有认可特殊教育事业高大上，特教教育工作者才能自强不

息、自得其乐。

学校创办二十几年来，从无到有，从弱到强，从服务聋哑学生到服务智障儿童，特教人面对着重重困难，但从不退缩，创新进取，建校舍、添设备、建职高、做项目、搞康复，始终坚持真善美的哲学追求，坚守立足公益、自我完善、服务社会、善行天下的事业信仰。为了特殊学生，教师们努力着。音乐教师说："能够通过自己的辛勤付出让残障孩子感受到艺术的无穷魅力是我的执着追求和人生目标"，结果学生手语舞蹈节目成为丹阳市中小学生文艺汇演保留曲目。美术教师说："孩子们很可爱，一定可以通过他们的小手，在线条与色彩中创造美的世界"，结果学生烙铁画与正则绣作品在省内外都小有名气，陈娇娜同学代表中国参加在韩国举行的世界残疾人技能大赛，充分展示了中国残疾人身残志不残的专业技能和迷人风采。学校也因坚持打造"自强教育"的学校特色，被评为镇江市特色学校建设Ⅰ类学校。

（二）实施顺本干预，构建生活课程

建构实用、合适、有特色的生活化课程体系，是顺本干预的关键。实用，就是能落实，能操作，可执行。合适，就是能切合特殊学生的实际需求，切合特殊学校的实际状况，切合特殊教育的发展趋势。有特色，就是要有独特思考，有优势项目，有个性教师，有特长学生。生活课程设置坚持缺陷补偿与潜能开发的有机结合，坚持国家课程校本化与校本课程品牌化相结合的原则，以"生活适应"为核心，以国家课程方案中的生活语文、生活数学、生活适应为基础，从"我的生活"，到"学校生活"，到"家庭生活"，再到"社会生活"，对学生的生活进行系统化、全方位的干预。

生活课程在项目内容安排上坚持先易后难，从学生个体生活走向集体生活，从日常生活认知走向日常行为养成。低段学生以"我的生活"为主。一年级结束，学生要基本能通过"生活自理关"；三年级结束，学生要基本能通过"行为正常关"。中段学生以"学校生活、家庭生活"为主。引导学生进一步认识自我、认识家庭、认识社会，进一步巩固日常生活习惯，进一步训练学校、家庭生活技能。高段以"社会生活"为主。更多地引导学生走进社区去体验、走进社会去实践，进一步适应社会生活，熟悉社会职业分工，尝试增加生活技能课程，引发学生对职业技能的兴趣，奠定职业技能培训的基础。

生活课程在实践上坚持知行一体，从校内走向社区，从学校走向社会。一是把握课堂，依据国家课程在生活养成教育方面的要求，直接选用或参照上海版、浙江版教材开发相关学科教材，课堂教学重在进行生活教育引导；二是立足校园，利用宿舍、食堂、厕所等生活设施设备，筹建生活情景模拟教室，引导学生学会生活自理；三是走进社区，通过构建校外爱心联盟，让学生在商场、菜市场、超市、医院、银行等生活实境中进行实战，从而学习生活、学会生活。在此基础上，加强整合，开发校本生活系列课程，如“我会……”系列课程、“校园生活指南”系列课程、“社区实践”系列课程、“交通安全教育”系列课程等。

（三）倡导善念人生，发展美丽教师

以生修德，奠定美丽教师的生命底色。吕凤子在《正则校歌》中写道：“唯生无尽兮爱无涯。”又说：“我们要热爱学校，才能把学校办好，要热爱学生，才能把学生教好。”吕凤子主张的“爱无极、美无涯、仁无尽”的思想，让教师们充分认识到特教远离功利的本质属性，认识到做特教其实就是在做善事的根本实质，也让教师们明白：只有捧起一颗爱心，用欣赏的目光、用期待的心情去呵护，才能让孩子们在学习中展现出他们独有的那份美丽。于是，“零拒绝、零距离”成了必然，“呵护学生、研究学生、服务学生、欣赏学生、成就学生”成为常态，“以生为本、因材施教、素质教育”成了现实。教师们面对学生时，个个都是班主任，能走近他们的世界；面对家长时，个个都是好朋友，能体谅对方的不易；面对同事时，个个都是好伙伴，能懂得合作，相互支持；面对社会时，个个都是宣传员，能坦然应对，赢得尊重。

为生养才，提升美丽教师的专业素养。如果说“爱心、耐心、专心”是教师从事特殊教育的心理基点，那么“专业、职业、敬业”就是教师发展特殊教育的事业追求。“不做护士做医生，不做保姆做专家”，面对那些已经让家长、医生以及普校教师感到困惑甚至无奈的特殊儿童个案，特教教师要敢面对，能解决，有效果，用“出手不凡”来尽显“教育特种兵”的江湖地位。教师养才气，秉承吕先生“穷已成己”的原则，就是让教师结合自己的优势、兴趣、特长，结合学校的需要、特教发展的趋势，合理规划自己专业发展的方向，落实自身“才”与“力”的培养。学校根据教师个性化的发展规划，搭台子、架梯子、给路子、出点子，助推教师修才气。校本培训坚持请进来、走出去的策略，坚持全员、主动、个性化的原则。专业培训涉及心理、感觉统合、言语、语言、康复技能、课程改革、个别化、蒙台梭利、学生评量等方面。养培结合，力求人人都成为最美的自己，或胜任一门个训课程，或掌握一门职业技能，或擅长一项专业本领，或考得一种资格证书。

（四）坚持穷异成异，培养生趣少年

从个体出发，落实个别化教育。一是粗检定策略。从新生入学的第一天起，询问“病史”，查验“病历”，观察行为，聆听故事，尽可能地了解每一个

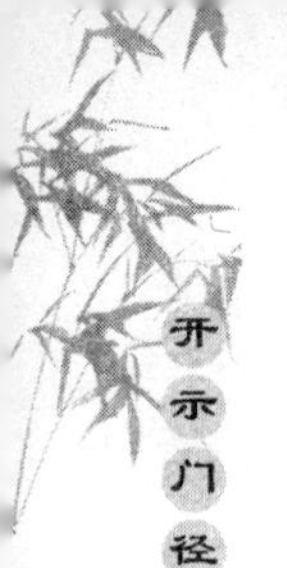

学生，了解每一个家庭，记录每一个学生的情况，记录每一点希望。这就为确定恰当的培养策略奠定了基础。二是精检定起点。利用专业评量工具，通过师生互动，从认知能力、语言能力、动作能力、社会适应能力等六大领域对学生进行测评，了解残联程度，明确缺陷补偿与潜能挖掘项目。三是方案定课程。根据每个学生不同的教育需要，充分发挥小班化的优势，尽量为每一个学生量体裁衣，量身订制学生课程；充分利用教育资源，根据学校地源优势、师资状况、学生需要，选择、整合、开发、生成校本课程，开发个训课程。

从群体入手，加强活动性体验。一是丰富节日活动。上半年有艺术节，下半年有体育节。一年两节，与学生的运动保健、艺术休闲课程有机结合，融实践、展示、评比于一体，注重过程性与趣味性。二是强化社团活动。组建铬铁画室、乱针绣坊、水鼓乐园等学生社团，坚持职业技能与兴趣特长相结合，坚持职业康复与行为养成相结合，用艺术的魅力感染学生。三是加强社会活动。构建“特殊教育”社会协作支持体系，组建特教“爱心联盟”，通过大胆地走出去，自信地引进来，整合政府部门、大小企业、社会团体、家长群体、实践基地等爱的力量，开展各种校内外综合实践活动。过马路、去超市，坐公交、去市场，到医院、进银行，让学生在活动中提升能力。

四、效果呈现

在本土教育家吕凤子教育思想的引领下，“满足特殊需求，做最美教师、育生趣少年”，“学生先天不足，后天养成尚好”，“我们不能提高学生的智商，我们可以改变学生的行为，我们可以改变学生的心情”等办学理念已经被教师所接受。自强不息的学校精神正在影响着每一个教师。

转型后的校本课程建设正在有序进行，加大个训课程，增加康复科目，建设学生社团，为学校下一步全面推行“个别化教育计划”(IEP)奠定了基础。

学生艺术社团参加丹阳市中小学文艺汇演，多次荣获一等奖，2008 年薛彩娟老师更是携其聋哑学生参加了北京残奥会的开幕式表演。

学校还先后被评为江苏省特殊教育现代化示范学校、江苏省残疾人先进集体、镇江市信息化先进学校、镇江市收费规范学校、丹阳市精品管理学校、丹阳市文明单位……社会对学校工作的满意度正逐年提升。

感谢吕凤子先生，感谢他指南针式的特殊引领。

（吴志斌　执笔）

践行凤子思想　实施“本真教育”

丹阳市丹凤实验小学课题组

一、问题的提出

1. 吕凤子的教育思想是本土教育改革和发展的宝贵资源

吕凤子是丹阳人，是我国伟大的美术教育家，他在20世纪40年代提出的办学“学生观”、“教师观”、“人生观”，在素质教育的今天仍然有相当超前的时代性和较强的适用性。尤其是吕凤子一生办学教育思想的精髓“教育的最根本目的，就是培养合理儿童”、“让教师成为美的表现者”、“穷异成异，穷己成己”、“人生制作即艺术制作”，给世界、给中国、给丹阳留下了宝贵的文化遗产和精神财富，它是我们丹阳特有的资源，值得我们丹阳的教育工作者在教育教学实践中继续发扬光大。

2. 学校“民间艺术”传统需要吕凤子教育思想的提升

一所历史悠久的学校往往形成了优秀的办学传统，办学传统维系着学校教职工对学校的认同，也影响着社会对学校的认知。学校原为云阳第二中心小学，由丹阳城郊的城东、城南、城北等8所小学组成，辖区包围丹阳城区。从1986年至今，学校一直把民间艺术教育作为突破口，开设的民间艺术活动课程形式多样、五彩缤纷：有体育型的，如踢毽、花样跳绳等；有艺术型的，如民间器乐、龙灯、舞狮、腰鼓、马灯、荡湖船、链响舞等；有劳技型的，如风筝、编织、叶贴、纸工、泥塑等。学校曾先后举办过15届民间艺术节，省电教馆为学校录制的手工制作系列专题片《校园奇葩》在中国教育电视台和江苏教育电视台播放，学校编写的《工艺》教材由省教育出版社出版，2010年学校被授予丹阳市唯一一所“镇江市民间文艺传承学校”。经过20多年研究探索，学校形成了民间艺术研究的基本思路，在民间艺术的研究上有了良好的氛围基础、师资基础和理念基础，民间艺术教育已经在学校师生、家长社会中间扎下坚实的根基，成为学校对外宣传和展示的一张名片。

然而，学校的民间艺术教育还没能真正面向全体学生，更多的还是部分教师、部分学生参与其中，与“素质教育是面向全体学生的教育”，“素质教育是促进学生全面发展的教育”，“素质教育是促进学生个性健康发展的教

育”的要求还有很大的差距，还需要通过践行吕凤子“教育是每个人应该享受的福利”的教育思想来进一步提升。

3. 学校“本真教育”发展需要吕凤子教育思想的引领

当下的小学教育还是更多注重学生智力因素的发展，教育还缺乏对学生个性的关注、生命的关注、生活的关注、生存的关注，学生在学校里不能充分享受到童年的快乐。我们的民间艺术教育还是更多地注重学生对民间艺术技能的学习，而不注重对学生的文化渗透和道德品质的培养，忽视了学生创造力的培养。

吕凤子说，“现在特设这个教育处所（指学校），希望能使这处所成为人间爱的源泉”。“我们现在做的事，就是启蒙祛敝的事。启蒙祛敝，爱的芽便可发荣滋长。”“以爱蒙真”是学校实施本真教育的核心，“感恩”、“快乐”、“自主”、“创造”是“本真教育”学的四个教育生长基点，“感恩”是做人之根，“快乐”是养心之本，“自主”是为学之方，“创造”是成才之源。我们实施“本真教育”，就是希望通过吕凤子教育思想的引领，把民间艺术学习转化为对民间文化的传承，变对艺术技能的学习为接受民间文化的熏陶，变少数人的游戏为全体师生的参与，变民间艺术兴趣活动为民间文化课程开发。

鉴于以上认识，我校从学校本身实际出发，紧跟时代步伐，在丹阳本土教育家吕凤子教育思想的引领下，在传承学校传统特色的基础上，开展了《本土教育家思想引领下的“本真教育”的实践研究》课题研究。

二、基于吕凤子教育思想的“本真教育”内涵解读

“本真教育”与“吕凤子教育思想”一脉相承，“本真教育”以吕凤子“我们要从爱完成每个自己”的思想为引领，以“以爱蒙真”为核心理念，通过民间文化的传承教育，在传承中践行吕凤子思想，在践行中实施本真教育。

1. 以爱蒙真

教育是爱的事业。吕凤子认为，教育就是“爱无涯、茁其芽”。他在《正则校歌》中给我们描绘了一幅和谐校园的美景：生生不息的校园充满爱，鲜艳的花儿到处盛开，教师全心培育学生，学生个性得到充分发展，这就是充满欢乐和生机的正则学校，她就像秋月的光华，多么的美啊！这既是吕凤子对办学理想的憧憬，也是他作为校长对师生成长的道德关怀和对教师育人职责的要求。

何为本真？李贽《李温陵集·童心说》曰：“夫童心者，真心也。若以童心为不可，是以真心为不可也。夫童心，绝假纯真，最初一念之本心也。若

失却童心,便失却真心;失却真心便失却真人。人而非真,全不复有初矣。”何谓蒙真?《易·蒙》:“蒙以养正,圣功也。”孔颖达疏:“能以蒙昧隐默,自养正道,乃成至圣功。”朱熹曰:“盖言蒙昧之时,先自养教正当了,到那开发时,便有作圣之功。”

本真教育的核心理念“以爱蒙真”正是继承和发扬了吕凤子“爱无涯、茁其芽”的教育思想,用爱的力量来蒙发学生之“童真”,教师之“本真”,课堂之“归真”。

2. 本真儿童

学校的一切工作归根到底都是为了学生的健康发展。“把儿童当成儿童,培育合理儿童”是吕凤子提出的学生观。吕凤子培育人才,主张“尊异成异”,他认为,“一切社会事业皆谋个别人生在和谐状态中各尽其生,各成其异”。他十分重视这种异,按照每个人的个性与才华,促进其有所成就,便是“成异”。追求使学生的发展,“合乎自身发展,达到知行合一”;“合乎社会发展,达到情景合一”;“合乎自然发展,达到天人合一”。在充分强调人的全面发展的同时,丝毫不忽视尊重人的个性发展。

什么是“本真儿童”,什么样的儿童就是“本真儿童”,我们概括为十六个字,即“能跑会跳、能歌会舞、能剪会画、能说会写”。“能跑会跳”就是身体素质要达标,“能歌会舞”就是要有各种才艺,“能剪会画”就是通过民间艺术活动提高动手能力,“能说会写”就是具有较强的口语交际和书面表达能力。我们希望通过民间文化中的儿童游戏项目,激发学生参与热情,让儿童在游戏的过程中寻求快乐。

3. 本真教师

吕凤子是个完美主义者,“艺术制作止于美,人生制作止于善”,“让教师成为美的表现者”是吕凤子的教师观,他理想中的教师应该是“能鉴赏认识一切己之异”。教育要能群异并存,不能成此蔑彼,教育者既要成为艺术家,能鉴赏一切的异者,又要成为哲学家,能通达一切异者。能建立好“三谋”(谋安宁、谋幸福、谋快乐)秩序的教师,也就是能建立适应学生发展的良好环境和秩序的能手,这样才能高效地完成教育教学任务。“能绝一切私欲”是杜绝一切私欲的教育奉献者,“能以血泪洗涤一切罪恶”是充满正直、正气的守护士。以上四点,概括为一句话就是教育者要拥有“无穷的爱”、“无极的仁”、“无尽的美”。培养本真儿童,塑造“有道德情操、有生活情趣、有书卷情怀”的本真教师是关键,让教师在亲近民间文化的过程中,感受民间文化草根性、本真性的文化内涵,让教师以本真的心态去面对课堂、面对

儿童,用自己的本真影响儿童本真的成长。

4. 本真课堂

吕凤子认为:“最合理教育云者,即穷异成异,穷己成己之谓。”穷异成异、穷己成己的教育,在吕凤子看来是最合理的教育。“穷异成异,穷己成己”就是要我们充分认识自我和他人,在教与学中最大限度地开发教与学的潜能,对所有具有不同差异的人,都要“祛其私”、“尽其爱”,不能“成此蔑彼”。

本真课堂就是我们努力追求的“自然课堂”,就如同吕凤子对中国画的理解:“画者化也。就画的本身说叫道化,就画的状态说叫梦化,就画的形态说叫物化。就志心而入于道而合于道,或忘己而合于天说叫我化,总括说叫自然化,又叫以天合天。”本真的课堂就是要顺应儿童天性,合应教育理性,适应学科个性,本真课堂应该是师生快乐的、自然的,充满生命关怀的课堂,应该是以学生发展为本的课堂。“自然课堂”就是快乐的课堂,让师生在游戏中教学,在研究中生长。课堂游戏化、游戏生活化,让学生在自然轻松的课堂中经历学习生活,产生独特的情感体验,激发思维碰撞的火花,畅谈发自内心的体会。

三、思考与实践

(一)我们的思考

教育是文化的自我摸索、自我生产。“本真教育”是要让学生在民间特色文化的经历中回归本真,让学生回归本真生活,让学生有一个完整的、美好的童年。

小学教育是给学生完整的本真童年。一个人的童年是否快乐,对于一个人的一生是很重要的,拥有快乐童年的儿童更有可能拥有幸福、快乐的一生。孩子的天性就是喜欢玩耍、游戏。我们关心自己的孩子、自己的学生就应该给他一个完整的童年,让他慢慢地接受熏陶、汲取养料、逐步成长,这样他的童年才是快乐的、完整的、幸福的。

教育即影响,就是文化的自我摸索和自我生产。一个人的成长史,就是受别人影响的历史。人不会无缘无故地成长,人的气质不会无缘无故地形成,如果让一个人从出生就把他和人类隔绝,我们很难相信这个人能成长为真正意义上的人,狼孩的产生就能充分说明教育对人在成长过程中的影响力。

由于儿童生活在现实世界中,他们接受的教育应与儿童自己的生活紧密相关。把民间文化中的各项具体项目与学校教育教学进行有效整合，就能为学生成长创造空间，为学生的学习生活找到兴趣点，而教育就应从儿童的兴趣出发，从儿童的本真点出发。

基于吕凤子教育思想的"本真教育"就是：以教育家吕凤子"我们要从爱完成每个自己"的思想为引领，以"以爱蒙真"为核心理念，通过民间文化的传承教育，改变教师传统的教学观念，改革课堂传统的教学模式，让师生一起"浸润"在民间文化之中，让课堂"归真"、教师"本真"、学生"童真"。

（二）我们的实践

1. 建构民间文化本真教育社团模式，开发校本民间文化课程体系

（1）建构校级、年级民间文化社团模式

学校通过学生自主申报、教师申请，建构校级、年级民间文化社团。校级民间文化社团利用固定时间、固定场所、固定教师，开展具有学校和地方鲜明特色的民间文化活动，如舞龙、舞狮、小丹剧、剪纸、篆刻、花样跳绳等。年级社团根据年级组教师和学生特点，普及性地开展学生喜闻乐见的民间文化活动，如泥塑、刺绣、编织、象棋等活动。校级民间社团形成两级梯队，着重于学生技能的提升和进行展示活动；年级民间文化社团则强调人人参与，面向全体学生，着重于学生自主、个性的培养。

（2）建构民间文化特色班级模式

各班在班主任的组织下，师生共同商议，确定本班的民间文化特色项目，确定中队特色创建的口号、活动的形式，利用晨会、班队活动、综合实践活动课开展民间文化活动。并以主题活动相串联，制定学期计划，进行月评比活动，每学期末各班之间开展综合交流，通过"民间文化集市"的形式让学生交换自己的劳动成果，达到"班班有特色，个个都参与"的目的。

学校通过民间文化教育社团的建构，让学生能跑会跳，能歌会舞，能剪会画，能说会道，"穷异成异"。

2. 构建"本真课堂"教学模式，回归课堂教学的本真

吕凤子先生的"穷异成异，穷己成己"就是要我们充分认识自我和他人，在教与学中最大限度地开发师生的潜能。本真的课堂应该是师生快乐、自然、游戏、生长的课堂，应该是以学生发展为本的课堂。"自然课堂"就是快乐的课堂，让师生"在游戏中学习，在研究中生长，在生活中发展"。游戏不仅仅是简单地玩，游戏也有规则，游戏中也有很多智慧。教学即游戏，儿童在游戏的状态下，更能在本真的状态下表达，更敢说、会说，做到"说什么话，写什么文，做什么人"。

围绕“自然课堂”，学校每学期都以四周为一个研究周期，确定了“游戏性学习”、“研究性学习”、“合作学习”等主题，开展本真课堂校本教学研究，第一周全体教师围绕每月主题进行理论学习，第二周由执教老师进行课堂教学试教，学科中心组成员参与听课并针对试教课情况提出合理建议，再由执教老师对教案调整，第三周由上课老师围绕“教材解读、教学主张、教学设计、研究过程”四个方面进行说课和上课，第四周同学科老师上教学反思课。本真课堂校本研究活动，促进了教师的专业成长、学生个性素质的发展。

3. 打造本真的校园文化，做到“以爱蒙真”

追求开放向真的物态文化。一是开展师生读书活动，“以文养心”。读书滋养底气，思考增加灵气，挥笔自有生气。在学校师生中广泛开展读书活动，以培养师生的心灵，增长师生的心智，唤起师生的心声。二是努力营造优美的校园环境文化，宽阔的绿色草坪，碧水荡漾的听风池，高标准现代化的运动场，让师生课间能够在校园中愉快地徜徉，尽情地游戏，放松心情，培养情操。

追求有序向上的制度文化。学校树立“制度守护校园，文化发展学校”的理念，让制度真正贯穿于学校工作的始终，从而成为学校的一种文化，促进学校本真教育健康、有序、向上的发展。

制度的坚守就是让更多的人都有归属感、成就感，就是让儿童感受到教师人文的深远影响，就是让学校洋溢着人情韵味，就是让学校的精神不能丢。通过制度的约束，将教师逐渐从他律引向自律。通过制度的规范，使教师规范自己的言行，提高自己的能力，提升自身的素养，从而成为具有“高尚情操”、“生活情趣”和“书卷情怀”的本真教师。通过不断的教育引导，切实提高全体教师的文化底蕴，“熏”出好学生。

追求高雅向美的研究文化。吕凤子说，“一切美的产生，是人间互爱之所至”。学校设立了“琦瑞教师写作奖教金”，开展各种教师论文撰写研讨会，促进师生去思，去研，去写，做到“以写育人”。

写作是个人体验很强的实践活动，“能说会写”是一名好教师通向优秀教师的必经之路。教师写文章，无论是论文、案例，还是散文、诗歌等，于己是一种倾吐，可以提升生活与生命的质量；对学生又是一种示范，一种影响，一种熏陶，一种无声无痕的教育。让学生在民间游戏、戏剧等活动引导下，在轻松愉悦的课堂教学环境中，激起写作的兴趣，因为有各自独特的生活经历、独特的主体体验，所以能用自己独创的儿童语言，写出自己独特的心灵感受：做过什么，就写什么；看了什么，就写什么；听到什么，就写什么；想到什么，就写什么；读了什么，就写什么。这就能让儿童在“我的语言中成长”。

4. 建立新型和谐的师生关系，促进师生共同生长

新课程的核心理念是“以学生发展为本，让学生参与是新课程实施的核心，尊重学生，还学生学习的自由。优化教学环境，加强交流与合作”。因此，在校园里建立平等交流与互动的新型师生关系，是促进学生本真、自然成长的关键因素。在本真课堂中，我们努力营造“互相尊重有碰撞，互相学习有挑战”的师生关系，学生要尊重教师，教师更应尊重学生的人格。教师与学生相互尊重，学生才能自由地生长。但尊重不是不管，尊重不是不问，师生在课堂上要有思维的碰撞，在相互学习的过程中互相挑战，激起思维的火花，这样的课堂才是充满乐趣、充满关爱的课堂。通过“碰撞”与“挑战”，师生共同提高，共同发展。

四、收获与成果

1. 课题研究促进了学生学习方式的改变

教育要以学生发展为本，本真教育就应当体现和突出学生的发展，改变传统的学习方式，创造新型的儿童学习方式，回归顺乎儿童本真的学习。

亲近自然的学习：生活中无时无刻不在接触着科学，大自然是孩子们智慧的永恒源泉。把孩子带到民间的社会生活、自然环境中去，让孩子在调查、访问、游学的过程中充分运用自己的多种感官去感受民间生活、感知大自然，使孩子在大自然中陶冶性情，快乐学习，快乐成长。

亲身体验的学习：教学即游戏，儿童在游戏的状态下，更能在本真的状态下表达，更敢说、会说。让儿童在民间游戏、戏剧等活动引导下去体验，创设轻松愉悦的课堂教学环境，让儿童在参与过程中观察、反思和分享，从而对自己、对他人和环境，获得新的感受和认识，并把它们运用到现实生活中去。

同伴探究的学习：课堂要回归本真，就要创造轻松、愉悦、快乐的“游戏课堂”，让儿童“在游戏中探究，在研究中生长”。让儿童相互之间在探究的过程中经历学习生活，产生独特的情感体验，燃起思维碰撞的火花，畅谈发自内心的体会，充分展示儿童自身的潜能。

信息化的主题学习：随着信息化的推进，教育技术和网络技术逐渐被深度整合应用到教学中。信息化条件下的新型学习方式可以极大地丰富儿童的学习资源，提高儿童学习的兴趣，使愉快学习变成现实。例如，开发教育游戏使儿童享受快乐学习，引发儿童的好奇心，激发儿童的幻想，激励儿

童去探索；开展微博学习，将网络融入儿童的学习，提升了儿童的兴奋度，锻炼了儿童的逻辑思维能力、合作交流能力、解决问题的能力。

2. 课题研究促进了教师教育理念的更新、行为方式的转变

以“培养合理儿童”思想为引领，让儿童走进民间游戏，在游戏中培养“本真儿童”。

苏联著名教育家苏霍姆林斯基曾说，游戏是点燃儿童求知欲和钻研精神的火种。民间游戏是儿童成长过程中不可缺少的精神营养。游戏是儿童的主要生活，他们在游戏的过程中寻求快乐，在游戏中快乐地成长，享受的是一种没有功利的、真正快乐的本真的童年过程。让学生在课间玩游戏，在课堂上做游戏，通过“读书月”、“午间休闲读书俱乐部”读游戏、编游戏，在游戏中学习，在游戏中成长，让他们“戏”中有所悟，“戏”中有所获，并在游戏的情境中自由地表达。

以“美的教师”思想为引领，让教师亲近民间文化，以文化塑造“本真教师”。

民间文化是一种“自娱自乐型”的文化，是一种植根于民众之间的草根文化。所有人都在不经意之中受到了民间文化的熏陶。让教师亲近民间文化，就是要让教师感受民间文化草根性、本真性的文化内涵，让教师以本真的心态去面对课堂、面对儿童，做“有道德情操、有生活情趣、有书卷情怀”的本真教师，用自己的本真影响儿童本真的成长。

以“穷异成异，穷己成己”思想为引领，让师生踏入“游戏课堂”，在快乐中追求“本真课堂”。

本真的课堂应该是师生快乐的、自然的，充满生命关怀的课堂，应该是以学生发展为本的课堂。“游戏课堂”就是快乐的课堂，让儿童在游戏中学习，在研究中生长。游戏不仅仅是简单的玩，游戏也有规则，游戏中也有很多的智慧。轻松的课堂，能让学生快乐地经历学习生活，产生独特的情感体验，进而燃起思维碰撞的火花，畅谈发自内心的体会。课堂教学要做到“真实、朴实、有效”。所谓真实，就是课堂教学要以生为本，真学、真问、真思、真悟、真练、真会、真爱。所谓朴实，就是教学风格要朴素，不哗众取宠，不让一些时尚的东西冲击课堂。所谓有效，就是课堂教学要讲究实效，一堂课下来，学生要有收获，要有明显的提高。课堂教学要少一些浮躁，多一些精彩。

3. 课题研究促进了师生的共同成长

三年多来，学校教师的精神状态有了明显提升，学生素质有了明显提高，本真教育成绩显著。先后有 80 多篇学生习作在全国、省市级刊物上发表，50 余人次在全国、省市级绘画、演讲、故事、科技、体育等活动中获一、二

等奖;学校史必先老师的先进事迹先后被丹阳、镇江和江苏省的多家媒体报道,她也先后被评为丹阳市先进德育工作者、2011感动丹阳十佳新人新事、丹阳市劳动模范、镇江市十佳班主任。以史必先老师为代表的“必先精神”已经成为丹阳教育又一道亮丽的风景,成为丹阳市师德建设的闪亮名片,同时在“必先精神”的感召下,涌现出了一批优秀教师,他们在读、思、写的过程中不断丰厚积淀,提升自我。一年多来,有60多篇教师论文在《小学教学研究》《教育参考》《江苏教师》《语文世界》等省级以上刊物发表,在江苏省“蓝天杯”教学设计评比中,我校有陆晶华等34位教师获奖,其中一等奖9人,二等奖56人,三等奖23人;有5位教师荣获第六届“蓝天杯”赛课一等奖,5位教师获华东六省一市赛课一、二等奖,2位教师在江苏省赛课中获奖。

4. 课题研究促进了学校的品牌特色建设

课题研究,在促进教师成长的同时,也促进了学校的特色和品牌建设,学校先后被确立为“中央教科所全国农村小学作文教学实验基地”、“全国作文教改实验学校”和“江苏省和镇江市艺术教育传统学校”。2013年学校课题《小学民间文化教育的实践与研究》是镇江市小学中唯一被江苏省教育科学研究所确立的省级重点资助课题。学校是镇江市民间文化传承基地、丹阳市丹剧艺术传承基地、丹阳市篆刻艺术推广基地。2014年丹阳市中小学生文艺汇演学校荣获团体一等奖,四个单项均获一等奖。近年来,学校还先后获得“全国和谐德育先进实验学校”、“江苏省绿色学校”、“江苏省健康促进学校银牌”、“江苏省实施素质教育先进学校”、“江苏省千校万师支援农村教育工程先进学校”等殊荣。

“人生制作即艺术制作”,教育不仅是传递文化,更是要把人教育和培养成富有德才爱、真善美的人。“本真教育”正是在吕凤子教育思想的引领下,以“以爱蒙真”为核心理念,传承民间文化,培养本真儿童,塑造本真教师,追求本真课堂,为培养富有“故乡情结、现代眼光”的新一代文化人,为实现“居家门口的品牌学校、南部新城的明珠学校、丹阳教育的凤凰学校”的美好愿景不断实践、前行。

(陈跃红　钱辉球　执笔)

爱和美：幼儿园里的正则团队

——吕凤子精神引领下的教师团队的成长

丹阳市正则幼儿园课题组

一、爱和美：我们再出发

百年凤子，百年正则。1921 年，丹阳才俊吕凤子兴办正则，其中，就有正则幼稚园。历经百年，几易其名，从正则幼稚园，到江苏省丹阳师范附属小学幼儿园，再到正则幼儿园；一路走来，我们正则团队，对吕凤子精神的追随没有变，对“爱和美”的教育理想追求没有变。

2015 年，幼儿园整体搬迁，面积变大了，设施完善了，面向未来，我们憧憬着、期盼着。但是，离别故地，我们依依不舍，这里的一草一木，都讲诉着成长的故事，都记录着欢乐的时光，都承载着正则团队一代又一代的梦想。

再出发，只要追随吕凤子精神，继承和发展吕凤子思想，只要拥有“爱和美”的正则团队，我们就能继承吕凤子的百年荣光，我们就能再创正则的历史辉煌！

二、爱和美：吕凤子的启示

（一）“学生观”——培养合理儿童

“培养合理儿童”是吕凤子提出的学生观。他说：“我们负的最大责任是指导儿童学习，做合理的儿童。”

所谓“培养合理儿童”，可以从三个角度去理解：一是要“合理自身发展，达到知行合一”，即学生自身个体发展该做到的，和自己身心力所能及能做的，要达成一致；二是要“合理社会发展，达到情景合一”，即学生美好追求想做的，和社会发展规则中可做的，要达成一致；三是要“合理自然发展，达到天人合一”，即学生人性化发展要做的，和自然规律下允许做的，要达成一致。

吕凤子指出，在培养时，“应时刻注意他们的身体的发育而祛其障碍，时刻注意他们情意的偏向而指导、辅导助其发展，并教以怎样学怎样思的方法”。“时刻注意他们整个心的活动，是否不绝地循合理的途径在进展，抑已止于过程中一点，而防其所执的病。如已有所执，而亟设法导发起爱异及好奇情绪，恢复其健康”。

吕凤子的“学生观”给我们的启示：要把儿童当儿童看，不要随意拔高或降低。儿童有着自身的发展规律，教师的最大责任是指导。教师应时刻注意儿童的身体的发育、情意的偏向及整个心的活动，即我们常讲的认识学生、了解学生。这是实施教育的前提。

（二）“教师观”——美的表现者

“教师应成为美的表现者”是吕凤子的教师观，其含义颇深。吕凤子理想中的教师是这样的：“能鉴赏认识一切己之异”。“能建立容一切己之秩序”。“能绝一切私欲”。“能以血泪洗涤一切罪恶”。

吕凤子对美的教育，有自己独特的见解，他认为：“我们要爱一切己，不仅爱自己”。“我们要从爱完成每个自己”。“我们要从事表暴爱的力量”。“我们要鉴赏一切，认识一切”。“我们要在美的境界中发现道德境界”。

从吕凤子办学的这些言行中，可以清楚地看到，要成为爱和美的表现者，必须达到“四有”，即好心要有好能（能力）；好心要有好行（行为）；好心要有好形（形象）；好心要有好报（效应、评价）。

吕凤子的教师观给我们的启示：教师是立校之本。学校要注重教师队伍建设。对教师的评价不仅要关注教师的“能”，还要关注教师的“行”，更要关注教师的“形”。这也是教师自身发展的完美目标。有“爱”才有好教育。教师要爱校，要爱生，更要爱自己。教师要有能力。例如，吕凤子在建立良好教育教学秩序时，确立了“三谋”。其中涉及教师的组织能力、激励能力、自制能力等。

（三）“教育观”——穷异成异，穷己成己

“穷异成异，穷己成己”，是吕凤子的教育观。吕凤子在《论美育》中指出：“最合理教育云者，即穷异成异、穷己成己之谓。”穷异的意思是充分了解他人，发展他人，激发不同人的生命潜能，培养创造力。成异的意思是使不同的个体均能取得成功。穷己的意思是充分了解自己，发展自己，激发自己的生命潜能和创造力。成己的意思是尽己所才，尽己所能，使自己获得成功。

吕凤子的教育观给了我们很多启示：每一个人都是一个世界，人有不同的个性与才华，这就是异。我们的教育就是要针对学生的“异”，施以教育，促进他们有所成就。要想“成异”，首先需要从“尊异”开始，承认学生的差异性，认定万异并存，即美之所在，即善之所在。要想成异，我们还要“就

异”,走近学生,亲近学生,了解学生,认可学生,包容差异,善待差异。教育的目的不仅仅为了促进学生的发展,也为了自身的完善与发展。教师也要“穷己成己”,这就是我们讲的教师的专业成长。差异是一种教育资源。我们既要承认差异存在的客观性和差异给统一的教学带来相当大的困难,又要看到差异在教学中的积极意义。例如,在班级教学中不同水平的学生之间在认识水平上的矛盾,通过共同活动、相互启发可得到较好的解决,优秀生可为暂差生提供智力刺激,暂差生学有榜样,从而加快学习活动的进度,学得有效;而优秀生在给暂差生辅导帮助的过程中也使自己的学习更加巩固,并进一步深化。要成异,我们还要讲究方法。一是教学中对学生学习目标、教学提问、教学练习及指导等进行适当分层,适应学生间的差异,使每一层次学生都能获得成功,取得发展。二是加强“互动”,组织多形式的交流,使“师—生”、“生—生”、“生—教学媒体”、“人—教学环境”相互影响,产生教学共振,达到良好的教学效果。尤其要加强同质小组和异质小组的活动,让他们共同学习、探索、讨论,互相启发,互相帮助,共同发展。

吕凤子的思想为我们爱和美的团队建设指明了方向,我们将牢记吕凤子给我们的启示,在爱和美的道路上前行。

三、爱和美:我们在行动

(一)个人修炼——团队建设的奠基

在充分审视优缺点的情况下,我园根据实际情况制定了合理可行的2014—2017年“十二五”三年发展规划,提出了坚持以文化办园为中心,以课程改革为重点,以队伍建设为根本,以课题研究为抓手,以特色建设为平台,完善幼儿园内部管理,顺利做好幼儿园迁建工作,构建具有本地特色的幼儿园的新要求、新目标。形成园长室、教务处、艺教处、教科室、后勤处、保健处等为一体的目标规划实施管理网络,制定园级实施计划、工作室各条线实施方案、教师个人发展规划,并把规划分成若干个时间段。建立发展规划实施监督小组,根据教师的规划结合“缤纷工作室”进行各项规划目标的实施工作,帮助教师实现个人发展规划的目标。除此之外,我园还完善各项考评制度,并分阶段进行评价,适时总结、调整,保证阶段目标的完成。目前,我园共有镇江市学科带头人1名,镇江市骨干1名,丹阳市学科带头人11名,骨干教师队伍在逐年壮大。

(二)缤纷工作室——团队建设的阶梯

吕凤子坚持认为:“成谓相成,非独成。成未有独成。”他非常注意优秀教师群体的形成。为了培养优秀的教师团队，我园开展了行之有效的“缤纷工作室”的活动：紫色空间工作室，主要成员是行政人员，主要通过参观培训、听专题讲座、案例分析和自我学习夯实文化底蕴，提升研究和管理能力。红色家园工作室，其成员是35周岁以上教师，主要培训内容是定期接受幼教顾问的指导，开展“悟课”、“命题说课”、“命题论文”等活动，提升课题研究能力和案例、论文等撰写能力。绿色频道工作室，其成员是35周岁以下教师和转岗教师，定期接受幼教顾问的指导，以“三教六法”为主，勤学苦练，掌握教学技巧；通过“磨课”、“案例剖析”、“微格看课”等活动，提升课堂驾驭能力。每年年终进行各活动室初级、中级、高级、金牌教师评比活动，并进行相应的奖励，缤纷工作室活动使每个教师都能在自身原有水平上获得最大限度的发展，让教师由“被培训”变为“要培训”，不断推进幼儿园教师队伍的专业化发展。

随着办园水平的提升，我园的展示交流活动越来越多。为了在各项活动中更好地展示幼儿园理念和教师保教水平，幼儿园成立了智囊团，由教学经验丰富的几位骨干教师组成，成为教师团队的坚强后盾。有了重大活动，智囊团就挺身而出，出谋划策，收集资料，策划方案，研讨教材，确定目标，接下来就是听课评课，一次不行两次，两次不行三次，就连语言、表情，动作等都精心设计，一次次修改，一回回试教，直到活动满意为止。

“人在一起不是团队，心在一起才是团队”，“让正则幼儿园因我的存在而感到幸福”。为了这句承诺，我们正幼人互相竞争，互相欣赏，互相合作，彼此温暖，一起奋斗，每一个“我”都成了“我们”。

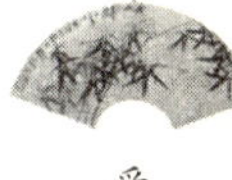

（三）研修基地——团队建设的视野

我园被江苏省教师培训中心授予全省唯一的“江苏省幼儿教师研修基地”称号，开拓了幼儿教育教学的新思想、新方法、新模式，展现幼儿教育的新亮点，为教师的成长成才搭建了舞台。至今我园已成功举办了8期，一共展示了50节教学活动，开展了20次讲座交流，得到上级领导和幼教同行的高度赞赏。

（四）课程开发——团队建设的锻造

“尊异成异”是吕凤子给我们提出的教育要求，更是我们在实施教育过程中要遵循的原则。正则幼儿园在时代的变迁中有着自己独特的文化积淀，什么样的课程适合正则的孩子，这就需要我们在园本化课程的建设上有自己独特的思考。我们组建了课程开发团队，专家组、年级组、教研组齐发力，把《3～6岁儿童学习和发展指南》作为理念指导。我们首先对幼儿园一日活动各个环节进行了梳理，将国家课程园本化以及和原创课程相融合，重新整理出了幼儿园的课程结构和内容，同时聘请专家顾问跟踪指导，对教师的教育理念、教育行为进行引领和提升，教师能更好地把握好课程观，在课程的不断完善和开发中，我们的教师做到了眼中有孩子，心中有教育；孩子也变得更加自主，个性得到了最大的发展。

（五）游戏精神——团队建设的魅力

《3～6岁儿童学习和发展指南》中指出，“幼儿园以游戏为基本活动”。游戏是儿童产生高级心理现象的重要源泉，是儿童社会化的重要途径。游戏也是幼儿的天性，是符合学前儿童年龄特点的一种独特的活动形式。在幼儿园里，游戏已成为有目的、有计划的教育活动。我们逐渐认识到游戏是幼儿有效的学习手段，是幼儿最喜欢的活动，对幼儿的教育起着重要的作用。

游戏的核心就是“玩”，我们从领着玩—陪着玩—跟着玩，逐步改变教师的定位，也逐步培养了幼儿自主游戏的能力，同时在游戏中建立了一种亲密的师生关系。

四、爱和美：我们在收获

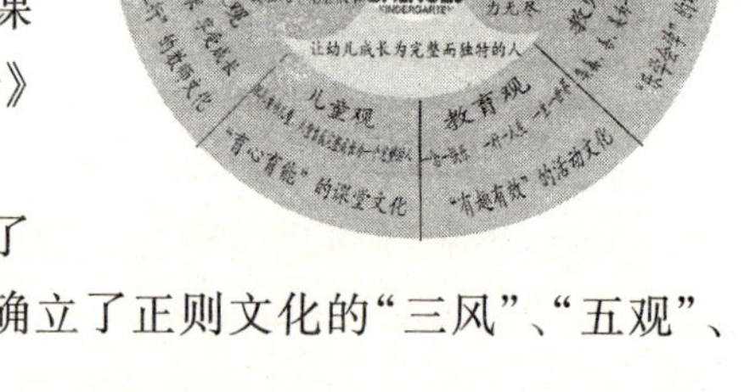

（一）正则文化

“尊异成异”是吕凤子给我们提出的教育要求，更是我们在实施教育过程中要遵循的原则。为此，我们组建了课程开发团队，共同编写了《正则的声音》《零点的爱》《花开的声音》丛书。

以“爱和美”为主线，我们还梳理了幼儿园的园训、办园理念以及途径等，确立了正则文化的“三风”、“五观”、“八支柱”。

（二）幼儿成长

吕凤子说，“人生制作即艺术制作”，“艺术制作止于美”。他认为，教育的人文使命是让受教育者在爱和美的熏陶下成为一个全面发展的“完人”。在这个理念的引领下，我们申报了省十二五规划课题《以“泥塑”为载体的“爱和美”课程的开发研究》，幼儿园组建了课题组，认真学习理论，讨论课题计划，并与相关研究专家取得联系，学习经验，形成比较完整的总课题研究方案。通过反复的讨论研究，课题组将泥工课程规划为主题篇、节日篇和家园篇三大部分。我们以“泥”为抓手，通过这个抓手让孩子拥有一颗温暖的心、一双发现美的眼睛、一个良好的习惯，这正体现了我们幼儿园的办园目标。

同时，我们还把课题结合在主题里，教师根据孩子的年龄特点，选择新颖、有时代特征的主题，结合各领域的教学目标，以点带面，以泥工的形式进行演绎。例如，小班的饼干总动员、美丽的饰品；中班的昆虫变形记、帽子畅想曲；大班的阿福、魔幻西游，等等，让孩子们在活动中，体会心灵深处的爱和美。

（三）团队成长

“缤纷工作室”系列活动的开展，有效地促进了我园教师团队的成长。其中，60 多篇文章在核心期刊上发表；115 篇在省级刊物上发表；587 篇论文在省市级以上获奖；3 名教师在全国幼儿教师优质课大赛中获得一等奖；10 人次在江苏省各类教学活动评比中获得一等奖；68 人次对江苏省公开教学观摩；51 人次在镇江市赛课中获奖或公开教学展示；195 节教学活动在丹阳市获奖与展示。我们的教师在“反思—实践—再反思”中转变教育理念，她们了解孩子的需求，寻找最适合的课程，开展有效的师生互动，成为集真、善、美为一体的反思实践者。

（四）品牌缔造

1. 社会声誉稳步提高，学校发展硕果累累

在各界领导的关心支持和全体教职工的共同努力下，正则幼儿园形成了自己的办园特色。我园先后获“全国儿童画擂台赛”集体一等奖 2 次，“全国百佳特色网站”、“江苏省第五届幼儿绘画大赛优秀组织奖”、“江苏省优秀和谐班集体”、“镇江市教科研先进集体”3 次，并被评为镇江市“绿色学校”、镇江市“平安校园”、镇江市“语言文字规范化”学校、镇江市幼儿园游戏活动设计集体教研奖、镇江市幼儿园优秀自制教玩具一等奖、镇江市童话节优秀组织奖、镇江市科技先进学校。

2. 办园质量逐年提高，示范作用初步显现

正则幼儿园作为《指南》首批示范园，以开放的思维方式，以“示范、辐射、吸纳”为指导思想，积极发挥着示范辐射作用。我园先后 21 次接待来自于全国基础教育论坛代表团、江苏省教育厅、江苏省财政厅、江苏省基教处、江苏省教育学会、国家行政学院、苏州新区幼儿园、南京高淳实验幼儿园、扬州市教育局、镇江市市政府、镇江市组织部、丹徒上党幼儿园等各级领导教师来园观摩。3 次在江苏省幼儿园办园经验交流中作介绍，并被省评估院

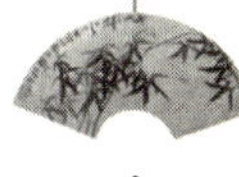

委派帮扶，获“江苏省帮扶先进集体”。6次对镇江市级进行经验介绍，42次在丹阳市公开讲座。我园还被江苏省教师培训中心授予全省唯一的“江苏省幼儿教师研修基地”称号，被丹阳市教育局授予“学前教育校外辅导示范基地”称号。我们在与跨省市、跨区、跨园的一系列交流互动中，不断提升本园的思维研究特色，同时，在交流中汲取他人的经验成果，真正达到了双赢。

3. 校园文化多姿多彩，师生共建和谐校园

我园注重校园文化的建设，我园的办园文化被江苏省《名幼儿园》录用；我园开展的“正则画”、“正则绣”、“正则鼓”等活动已成为幼儿园的特色亮点，多次被《中国教育报》、江苏教育电视台、镇江电视台等媒体报道，艺术成果分别在《幼教新天地》《生活教育》《幼儿教育导读》《江苏教育研究》《镇江教工》杂志上专刊介绍。我们还通过开展“中秋情”、“感恩母亲节”、“亲子花灯”、“我的新园”等系列活动，丰富了幼儿的学习生活，提升了教师综合素养，形成了良好的校园文化氛围，促进了幼儿园精神文明工作再上一个台阶。

追求卓越的成绩不是我们工作的最终目的，孩子的发展才是我们努力的终极目标。在吕凤子精神的引领下，我们把正则团队的建设和促进幼儿完整成长紧密地结合起来。我们始终相信：种下的一颗颗“爱和美”的种子，最终将收获一片森林！

（吴益斐　戴苏莉　执笔）

自然生长　静待花开

——“尊异成异”的幼儿启蒙

丹阳市云阳幼儿园课题组

一、问题与现状

在教育的喧嚣、浮华、功利面前，总有人守着让教育回归应有之义、应然之态的痴心，执著地行走在追问、追寻教育本质和规律的路上。

幼儿教育的任务是幼儿生长的启蒙，它不同于高等教育的专业性，也有别于中小学教育的基础性，为此，我们提出：“自然成长，静待花开。”

“静待花开”，有多难？审视和剖析当前的学前教育，着眼于我们的服务对象——幼儿，绝大多数独生子女的身份，众星拱月般的家庭成长环境，难以避免地产生以自我为中心的心理和行为；着眼于我们对幼儿实施教育的合作者——家长，越来越关注子女的教育问题，对子女的成长寄予很高的期望，难以避免地出现心浮气躁、揠苗助长的心态和行为；着眼于幼儿园自身的教育实践，也会因为对儿童世界认识的不足，难以避免地存在着很多似是而非的东西，让我们所提供的自认为精彩的、优质的教育游离于幼儿园教育的应然之外。

“自然生长”，何以可能？如何以儿童的生命自然为基础，如何有效地应对客观、内在存在的诸多问题，让我们的幼儿园教育更为合理，让我们幼儿的生长更为自然，我们一直在摸索前行。教育的回归，最为重要的是以儿童为本的原点和归宿。“尊异成异”教育是著名教育家吕凤子和谐教育思想的一个明显的特点，就是在充分强调人的全面发展的同时，丝毫不忽视尊重人的个性发展。我们吸收本土教育家的思想精华，把握当前宏观层面关于学前教育的要求，提炼了“自然生长”教育理念，即以充分尊重幼儿身心发展规律和自然天性为前提，通过提供合适的、本然的生长环境，并以生态的、伦理的方式，使外在的教育影响和幼儿内在的发展需求和谐融合，促进幼儿个体生命自由、健康生长。遵循规律、合乎自然、顺应天性，是“自然生长”教育理念的核心。在这个理念指导之下，我们进行了操作层面的研究与实践。

二、"尊异成异"思想解读

(一)"尊异成异"原文概述

"尊异成异"教育是著名教育家吕凤子和谐教育思想的一个明显的特点,就是在充分强调人的全面发展的同时,丝毫不忽视尊重人的个性发展。人有不同的个性与才华,这便是"异","一切社会事业皆谋个别人生在和谐状态中各尽其生,各成其异。"承认、尊重、呵护每个人的个性与才华,即承认每个人应该成为每一个人,是之谓"成异"或"成己"。

(二)教育家的做法

吕凤子在《论美育》一书中提出:"最合理驾驭云者,即穷异成异、穷己成己之谓。"他认为,承认每一个异或每一个己不能离开同时并存的一切个异或一切个己,因此要先让学生理解其中含义并树立这样的信念:一是己即异;二是自己与一切个己之关系;三是谋成一切个己即所以成自己。因此,在美术教育上他是"尊异成异"的,不主张模仿抄袭;在思想上他是"缘异穷异"的,不主张囫囵吞枣,而要懂得穷理尽性,自立门户。

(三)教育家思想的启示

从哲学的角度剖析"尊异成异"教育思想,他涉及人才观、教师观、学生观、教学观等多个方面,人才的优与劣、教师能力的强与弱、学生的好与差、教学水平的高与低等,都应该从"尊异成异"的角度辩证地去看待,并落实到我们的教育行为上去。

1. 个体教育,尊异成异——注重个体差异,尊重个性发展,因材施教

吕凤子说,"我个人绝对尊重个人的异,成就个人的异,你们在修养上必须穷物之理,局人之性,而后心物冥和,才能有所创意"。他认为,每个人都是一个世界,都有不同的个性与才华,按照每个人的个性与才华,促进其有所成就,便是"成异"。也就是说,教育者要能充分地了解他人,发展他人,激发不同人的生命潜能,培养创造力,使其他所有不同的个体均能取得成功。教育孩子不是修剪花木,为求整齐划一,必须把特别突出的、醒目的枝条剪去。恰恰相反,我们要做的是积极关注孩子们身上凸显出来的个性,帮助孩子们认识到自己的与众不同之处,不断寻求协助成就与自我成就的教育方式,为社会输送有用的人才才是教育的根本目的。

2. 创新教育,成异成己——自主创新,展现自我

吕凤子经常这样教导学生:"想作为一个画家,一定要懂得自尊、自重和自信这三件事,才能跳出前人的样本,不会墨守成规,一成不变地去抄

袭。”“每个人的思想意境各不相同，我的画永远属于我的，你们无论模仿得怎么像，还是我的东西，与你们无涉。你们应该画你们自己的，发挥自己，成就自己。”由此可见，无论是作画还是读书，吕凤子都引导学生们以求变为契机，不断创新，展现自我。我们的教育也要做到引导孩子发现自己的特长，帮助孩子发挥自己的特长，鼓励孩子在自己的特长上有所成就，促动孩子能以己之长去回报社会、服务社会。

3. 人才教育，缘异穷异——求同存异，百花齐放

吕凤子在思想上是“缘异穷异”的，不主张囫囵吞枣，而是要懂得穷理尽性，自立门户。他经常这样对学生说：“作画的是我自己，我是为自己而画。为了取悦于人而画，既不自由，也极不愉快，因此也画不好。”事实上，人云亦云只会禁锢人的思想，并养成点到为止、不愿深究的学习习惯。在教育过程中，我们总是引导学生要学会举一反三，要积极开动脑筋，勇敢表达自己独到的见解。与此同时，我们还要摒弃统一答案的弊端，多给学生创造发表独到见解的机会，增加多项选择，减少单项选择，允许异议的产生，包容思想上的争执，这样我们才能看到百花齐放、百花争鸣的美丽场景，才能得到真正意义上的人才。

三、“尊异成异”教育思想的实践

（一）“尊异成异”的继承与发展

1. 幼儿方面

将社会学角度的“己”与“异”发展成为教育方面的启蒙，做到基于差异，通过差异，继而达成差异。第一，注重幼儿能力的全面发展。第二，尊重幼儿的个性发展：鼓励幼儿发挥个体的创造才能，并在遵循宇宙普遍法则的基础上，各造其极（穷异）。并按照每个幼儿的个性与才华，促进其有所成就。第三，确实做到尊己尊异，尊一切己尊一切异：引导幼儿知道我有自己，别人也有自己，我尊重我的自己，也要尊重别人的自己。

2. 教师方面

为了达到“尊异成异”这一幼儿启蒙教育的目标，成立尊异成异的专业团队，促成教师有个性的专业发展。在持续主动的研究实践反思再实践中，找到教师在尊异成异教育中的定位，以尊异成异教育的理念为指导，教师在实践过程中，更多地注重幼儿个体的观察研究，将学习、生活、游戏等多方面的教育有机整合，从中发现幼儿的个性特长，创造性地开展幼儿个性发展教育，打造一支具有较高科研水平及创新能力的教师团队。

（二）“尊异成异”教育实践的实施措施

1. 自然生长：“尊异成异”的启蒙愿景

幼儿园是幼儿自然生长的家园，吸收“尊异成异”教育思想精华，把握当前宏观层面关于学前教育的要求，我们提炼了“自然生长”教育理念，即以充分尊重幼儿身心发展规律和自然天性为前提，通过提供合适的、本然的生长环境，并以生态的、伦理的方式，使外在的教育影响和幼儿内在的发展需求和谐融合，促进幼儿个体生命自由、健康生长。遵循规律、合乎自然、顺应天性，是“自然生长”教育理念的核心。

在“尊异成异”理念指导之下，针对不同年龄阶段幼儿的特点，我们分别制定相应的研究计划，采取了相应的工作措施，使不同年龄层次的幼儿都得到自然成长。

（1）小班以“学习篇”和“案例篇”为主要形式开展研究活动，其中“学习篇”分为自理之能力、玩具之创意、学习之兴趣、乐器之使用、互帮之乐趣、游戏之快乐、活动之规则、艺术之美妙八个方面；“案例篇”也有我会架椅子、我会穿衣服、我会折纸小鱼、我会收拾玩具，我会看书、我会洗手、我会排队、午睡静悄悄八项。

（2）中班将“跟踪观察”与“实践活动”相结合，对幼儿进行跟踪式的观察记录，寻找幼儿的优势所在，并通过生活活动、特色活动、课堂活动等各种活动给幼儿提供展示自我的机会。

（3）大班的“快乐生活篇”让幼儿在活动中自己制定规则，“积极乐学篇”将学习的权利交给幼儿，让幼儿成为学习的主体。

2. 教师的专业成长：个性的“共同体”

如同幼儿一样，教师与教师之间也存在着“己”与“异”的现象，教师除了要深刻地理解“尊异成异”的含义，笃信“尊异成异”教育理念，更要从自身做起，真正去实践这一教学理念，在实践中不断提升个人专业素养。因此，每位教师根据自己的优势与劣势、自身专业发展目标等，制定了个人专业发展规划。幼儿园也针对每个教师的“异”，及各人的专业发展需要，以“师徒结对”的形式成立了教师“个性共同体”，可以是一对一的，也可以团体与团体之间的，让教师与教师之间互相搭配、异质碰撞，达到实现自身价值、达成目标发展的专业发展目标。

一是教科研共同体。该团体中的老师理论水平高，科研经验丰富，善于总结，勤于写作，他们可以带领其他教师开展“小课题研究”、“班本特色教学研究”、“教育个案和教育笔记等反思性研究”等系列小专题研究；

开展两周一次课题研讨活动、一月一次头脑风暴式话题研讨活动等形式多样、内涵丰厚的研讨。另外，还指导教师学习撰写教科研论文，成立论文审核小组，对教师参赛论文进行把关，促进审核成员及教师双方撰写论文能力的提升。

二是教学共同体。在课堂教学方面还需要提升的教师，就以课堂教学为载体，定期上教学研讨课，请课堂教学经验丰富、表现力强的老师做指导，听课、点评、研讨，再上课，再研讨，在一次次活动中，提升课堂驾驭能力。

三是艺术共同体。有些老师在艺术领域是独树一帜的，幼儿园开展幼儿美术作品展、广场绘画、家园艺术节、庆六一文娱汇演等活动时，这些老师的表现就非常突出，他们充分发挥艺术共同体的辐射效应，带动更多的老师参与到活动中去，在自身特长得到展示的同时，也使其他老师得到了锻炼的机会。

四是管理共同体。有些老师，也许他们的课堂教学能力不突出，撰写论文也不擅长，舞蹈动作不够优美，但是他们有很高的班级管理能力。幼儿一日活动有条不紊，班级电子资料清晰明确，家长工作细致周到……针对他们这些方面的特长，幼儿园开设专题讲座，请他们介绍管理经验，交流管理心得，其他老师得以学习与借鉴。

五是信息技术共同体。这些老师电脑知识丰富，能制作多媒体课件，能进行音乐剪辑，能处理电脑常见故障，他们就是幼儿园信息技术运用的领军人物。幼儿园利用业务学习时间，请这些教师做专业的信息技术培训讲座及操作示范，不断吸收有兴趣的教师加入到团体中来。

每个共同体不是完全独立的，在大活动来临时，各个共同体的老师汇聚到一起，各显神通，优势互补，可以碰撞出更艳丽的火花。例如，在青年教师参加基本功竞赛或教学比武时，各个共同体就汇聚到了一起，教科研共同体和教学共同体负责磨课，信息技术共同体负责课件，艺术共同体负责教学具，大家集思广益、献计献策，为参赛教师保驾护航。在幼儿园开展大型亲子活动时，共同体的合作精神得到更好的体现，组织策划由管理共同体的老师负责，活动项目、材料准备交给了艺术共同体的老师，信息技术共同体的老师保证了活动的音响效果，教科研共同体的老师承担了所有的文字工作，在活动中，一个更大的共同体形成了，大家群策群力，为达成一个共同的目标精诚合作。共同体让老师展示了自己的“异”，看到了别人的“异”，用自己的“异”去帮助了别人，也通过别人的“异”激励了自己，在“异”与“异”的碰撞中，得到了优势互补，共同成长。

3. 生成课程：自然生长的轨道

课程是践行理念的核心载体，离开课程，理念就没有了赖以生根的土壤。源于“尊异成异”教育思想，我们生成了“自然生长”教育理念，在“自然生长”教育理念的指导下，我们以促进幼儿体、智、德、美各方面协调发展为核心，围绕科学启蒙、尚美启蒙、生活启蒙进行了园本课程的设置和开发。在课程的开发上，我们尤为重视课程的生成性。我们常说，兴趣是最好的老师，自觉是学习的动力，让人抽着鞭子在后面赶的人是被动的，这样的学习是没有多大效果的。正如古人所说，“授之以鱼不如授之以渔”，对饥饿的人，直接给他食物不如传授给他获取食物的本领。教育学生也是一样，塞棉花式的教育会引起学生的“消化不良”，高压式的教育也会引起学生的反感与抵触。我们认为，对幼儿而言，生活就是课程，因此我们积极提倡教师走进儿童世界，以幼儿兴趣为前提，设计源于生活而又高于生活的活动，生成丰富的课程，让儿童变被动为主动，并引导他们知道自己需要什么、想要成为什么等。

我们的教学不拘泥于教材，教师们抓住每一个突发事件，不放过幼儿的一个个奇思妙想，生成了许多幼儿感兴趣的、能激发幼儿学习欲望的课程，如《会飞的……》《各种各样的绳子》《会变的……》等等。这些课程有的是幼儿自己的发现，有的是主题活动中的插曲，但无一不是来源于身边、来自于自然。正是这些非预设的课程，让我们的孩子更加主动、积极、自觉地加入到探索未知的学习行列中来，不断寻求大自然的“异”、学习方法的“异”，以及自身学习能力的“异”。

4. 环境构建：体现尊重、顺应、引导与成就

其一，以师幼关系为主要内容的人际氛围。我们认为，教育应该以儿童生命自然为基础，而在现实当中，教师的主体意志遮蔽作为儿童发展起点的生命自然的现象比比皆是。教育的影响是不可逆的，没有重新来过的机会，因此，我们要求教师在面对那些还无法准确表达自己意愿的、幼小的、鲜活的生命时，必须怀抱敬畏之心，多一份教育的谨慎与节制。更重要的是，应该有更多的儿童视角，走进儿童世界，从了解到理解，从尊重到成就，使我们所提供的教育更贴近儿童教育的本然。在师幼关系中，爱心、耐心固然重要，而尊重、理解也必不可少。教师们通过加强与家长、幼儿的面对面沟通；利用班级博客、幼儿园网站、校信通、家园 QQ 群等通信手段与家长进行远程互动；关注留守儿童；在提高幼儿的交往能力等多方面开展了丰富的活动，使师幼关系更趋和谐。

其二，幼儿置身其中的物态环境。这既是对幼儿的引导，也是对幼儿的促进。我们把握“求真、向善、立美”的总体要求，坚持“有心设计、无意感染”的原则进行了园所、班级文化环境布置。在此过程中，我们着力体现了环境的开放性和适合性。所谓开放性，是指环境应该成为幼儿学习生活中密切关联的、不可分割的部分，并能让幼儿随时融入，在融入之中探索，始终保持着好奇的天性；所谓适合性，是指环境要符合儿童的审美、需要、兴趣，符合儿童的身心发展规律。幼儿浸染于开放的、适合的环境之中，不断地认识、接纳自我，提升、完善自我，从而自然自由地快乐生长。在幼儿园的走廊、过道以及更多的室外墙面上，我们用照片展示了幼儿活动的精彩瞬间，用图片表达了幼儿的心声，用作品展现了幼儿的能力；在每个教室里，教师们布置了主题墙饰，为幼儿和家长开辟了家园共育的小天地，展现了家长与孩子共同学习、共同成长的心路历程。

5. 混龄活动：比家还家的影响

现在的家庭独生子女居多，在家里孩子没有同伴玩耍，大多数时间是一个人看电视，一个人玩游戏，好吃的好玩的都是他一个人的，造成了很多幼儿自私、霸道、以自我为中心的不良习惯。教育家蒙台梭利将自己创办的幼儿园称为“儿童之家”。她认为，儿童有一种与生俱来的“内在生命力”，教育的任务就是激发和促进儿童内在潜力的发挥，使其按照自身规律获得自然和自由的发展。事实上，幼儿园就是一个大家庭，这里有像妈妈一样的老师，有大中小班不同年龄的兄弟姐妹。在幼儿园里，幼儿可以看到许许多多不同于自己个体的“异”，感受到包括生活、运动、学习、语言表达等形形色色的“异”，因此，幼儿园开展了一系列“混龄活动”，将“尊异成异”教育思想渗透其中，展现幼儿园这个大家庭的魅力，让其给幼儿带来比家还家的影响。

混龄活动之一：有趣的晨间活动。以往的晨间锻炼都是以班级为单位，一个班一块场地，各玩各的，互不干扰。而我们的混龄晨间活动中，打破了这一传统玩法，将幼儿园室外场地划分为三大主要区域，提供适合大中小不同年龄层次幼儿活动的器械，这样我们就能看到大班和小班的接力游戏，中班和大班的合作游戏，小班和中班的互助游戏等。活动中，弟弟妹妹的敬佩赞叹让大的孩子自信心倍增，哥哥姐姐的礼让照顾，让小的孩子感受温暖，幼儿从中学会了分享，懂得了帮助弱小，体会了兄弟姐妹之间的亲情与友情。

混龄活动之二：图书共读活动。我们经过调查，了解到每个幼儿家里都有许多闲置的图书，教师们鼓励幼儿，发动家长将家里闲置的图书带到幼

儿园，组织了幼儿图书共读活动，让不同年级段的幼儿坐到一起，大的孩子带着小的孩子一起看书，给弟弟妹妹讲述书上的内容。哥哥姐姐拿出看家本领认真地讲，弟弟妹妹竖起耳朵仔细地听，场面异常温馨。我园的混龄活动远不止这些，另外还有入园时的情绪安慰，进餐时的互相帮助，区域游戏中的分工合作等。若想让幼儿园成为真正意义上的"儿童之家"，幼儿园的混龄活动还有待于进一步开发与实践，寻找更多的有利于儿童健康成长的活动模式，让这个"家"给幼儿带去更加积极健康的影响。

6. 同伴游戏：自然生长一起玩

玩是幼儿的天性，他们在玩中学习，在玩中成长，玩什么，怎么玩，如何把"尊异成异"融入玩中，让玩变得更有意义，是老师们一直探索的课题。"我也能当师傅"就是通过幼儿之间的"师徒结对"活动，尊重幼儿的特长，提供机会让幼儿在玩中成就自己的特长，并用自己的特长去帮助别人。活动是这样的：以某一项目为活动内容，如拍球、歌唱、穿衣、画画等。活动前测试，师生共同选出可以当师傅的人选，并将还需要帮助的幼儿列入徒弟名单，然后每个师傅挑选自己的徒弟，开始一对一帮助活动。活动期限根据项目内容具体设定，有的为一周，有的则需要两至三周。期限满时，再在集体中做一次测试，大家共同评价师傅与徒弟的表现，根据师傅的指导态度和徒弟的练习态度及提高水平，评出星级师傅与星级徒弟，还有最佳师傅、最佳徒弟和最佳组合，最高级为三星级。

7. 亲子活动：自然生长的更大家庭

对于每个家长来说，别人家的孩子就是"异"，平时他们看不到别人家孩子"异"在何处，更无法比较出自家的孩子有哪些"异"。形式多样的亲子活动，可以帮助家长了解自家孩子与别人家孩子不同的"异"，从而逐步建立起呵护自家孩子的"异"，尊重别人家孩子的"异"的育儿观念，接受并配合实施"尊异成异"教育。对于幼儿来说，亲子活动让幼儿园成为他们生活学习的大家庭。

一是将亲子活动贯穿在幼儿的一日活动中，开展"我爱我家"、"我是妈妈的小助手"等教育活动，让幼儿学会自己的事情自己做，懂得关心他人。借助开展亲子手工制作、亲子游园、亲子演唱会、故事会等活动，充分为幼儿提供展示自己的机会，让家长进一步了解孩子的成长情况。

二是根据年龄特点开展以娱乐性、竞赛性、智力型为主的亲子游戏：

小班亲子运动会。小班与亲子班学生在学习方式上最大的区别是没有家长陪同，他们能够离开家长的庇佑独自学习、活动。家长们也由于脱离了集体教育的现场，对孩子在幼儿园的学习生活了解不够。还有许多家长由于工作关系，每天早出晚归，一周中很少见到孩子，渴盼亲子情的愿望日益强烈。亲子运动会为家长和孩子们搭建了一个良好的亲子平台，每年都组织开展小班幼儿亲子运动，全体小班幼儿和家长们欢聚一堂，班与班之间开展竞赛，气氛热烈，其乐融融。精彩纷呈的运动会项目涵盖内容极为广泛，有见证幼儿成长的穿衣服比赛、智力抢答，有体现亲情的找爸爸、给妈妈化妆，有全家参与的家庭项目。通过运动会，让家长和孩子、老师有了近距离的接触，孩子们感受到了在幼儿园大家庭中竞技的快乐，家长们不仅体会到了孩子的进步和快乐，也看到了老师们的辛苦和不易，使家长在工作之余有了信任、放心与轻松。

中班亲子游园。游乐场是孩子们甚至成年人最喜欢去的地方，在那里人们可以愉悦身心、放松心情。与小班幼儿相比，中班幼儿的活动水平、游戏水平、自主性、主动性、想象力等多方面都有了明显的提高，他们需要更为充实的活动空间，需要不断拓展游戏空间，需要安全宽松的探索环境，需要更大更多的表达与创作的空间。针对中班幼儿的这些年龄特点，老师们把游乐场搬进了幼儿园，每个班级内容不同，幼儿和家长可以随意进入任何一个班级参与活动。例如，有的班级以智力活动为主，有猜谜、脑筋急转弯、科学探索、数字接龙等；有的班级以竞技活动为主，凑齐几对家庭开展竞赛；有的班级以技巧训练为主，如吹气球、夹弹子、手工作业等；生活馆里家长可以跟孩子一起包饺子、做汤圆，当场做当场烧当场吃；艺术馆里家长与孩子同台演出，你方唱罢老师登场，演员敬业、观众文明。每个班级之间的过道上还设有精彩的内容，如投篮、保龄球、迷宫等，玩累了还有休息区，坐下来喝点水继续投入到下一个活动中去。整个活动的主角是家长和幼儿，教师成了名副其实的服务者，为他们提供材料，给优胜者发放奖品，维持秩序，讲解规则，笑脸相迎，拱手相送，让每个家长和幼儿都能带着奖品和对下一次活动的期待尽兴而归。家长们在这样的大家庭中与孩子一起动脑筋、一起动手、一起比赛，体验了天伦之乐，增进了亲子之情。

大班毕业典礼。大班幼儿面临着幼儿园毕业，进入下一个成长乐园，幼儿园三年的学习生活令家长难忘、令孩子不舍、令老师回味，毕业典礼成了孩子们特殊的告别仪式，几百名幼儿全体登台亮相，每个人都有展示的机会，每个人都分享了喜悦与感动。幼儿代表讲话表达了对老师谆谆教导的感谢，对家长浓浓爱心的感激，对自己未来成长的展望。“三句半”、“武术操”、“印度舞”、“动感迪斯科”、“英语歌曲联唱”等不同形式的表演节目的

逐一登场,让家长们看到了孩子在幼儿园三年的进步与成长,感受了老师们三年的辛勤付出。这是孩子们人生中第一个毕业典礼,它成了幼、小衔接的桥梁,他们将从这里出发,昂首挺胸满怀自信地迈向未来。

三是开展“亲子美文共读时光”活动,给亲子提供共处共读的机会,帮助更多的家庭科学、合理地进行幼儿阅读启蒙教育,提升亲子阅读的水平。

首先了解家长的意愿,向每一位幼儿的家长发放了精心设计的有关“美文共读时光”的调查问卷,主要涉及:家长对亲子绘本阅读的理解以及参与意向;活动的时间、内容、参与人员和形式;家长可提供的共享书籍;我园的举办意图和目标。

然后制定“美文共读时光”的亲子约定。我们通过教师拟定约定,家长园地公示及家长会讨论,制定了《“美文共读时光”活动守则》,凸显家长、孩子、老师“互主体性”地位,以“平等交流”、“互助合作”、“支持鼓励”为原则,对家长和老师以及孩子在“美文共读时光”中的言行做了具体的规定。

其次是科学完善的家长前期指导。亲子绘本阅读中,家长是和孩子互动的灵魂角色。因此,为了帮助家长能顺利地开展活动,我们通过博客、QQ群、校信通、家长园地、“美文共读时光”专栏等途径向家长介绍亲子阅读的相关事宜,例如,亲子阅读中家长的态度与情绪;读书的基本习惯和规范;如何更能吸引孩子的兴趣;幼儿阅读的多种表现形式等。

在此过程中,幼儿园成了集阅读与休闲为一体的家庭式阅览室,家长对亲子共读的重要性有了更深的理解;能更理性、科学地陪伴和指导孩子阅读,指导能力得到了显著提高;亲子关系更加紧密,增进了父母和孩子之间的情感交流,家庭关系更加和谐;幼儿语言能力发展显著,性格更阳光积极,情绪更加稳定,意志品质更加坚强。

四、成果

1. 探索了自然生长的幼儿启蒙道路

从群体来看,儿童世界有儿童世界的法则,儿童自有儿童的语言,因此,我们应该包容儿童类似于“说哭就哭、说笑就笑”、“贪嘴好吃”的行为方式;从个体来看,每一个儿童都有他的独特性,有其独特的内心情感世界,因此我们运用“尊异成异”教育思想,尊重儿童不同的性格、兴趣、能力倾向。同时,我们认识到教育的过程是促进个体社会化的过程,因此允许孩子有脾气,也要教会孩子学会控制情绪;我们鼓励孩子尽情玩耍,也要让孩子在游戏之中慢慢接受规则。总之，让儿童在“天性与习惯”之间找到平衡，进而释放出无限的“自然生长”的潜能。在师生共同努力之下，我们制定了《云阳幼儿园3~6岁幼儿行为指南》，让幼儿从小就懂得礼貌、尊重、团结、互助，在和谐氛围中获得发展，在快乐环境下自然生长。

2. 构建了自然生长管理模式

我们认为，无论对教师还是幼儿，管理都不应该只是约束和限制，而应该有更多的引导和促进。我们坚持“宽容不放纵，温和而坚定”的风格，将“自然生长”的教育理念运用于管理，探索实施了制度化和人性化有机结合的管理模式。管理的制度化，表现为依法治校，按章办事。我们本着“淡化强制，突出引导，不断激励”的原则，对学校的规章、制度、考评细则作了全面的修订和完善，真正让制度成为促进师幼发展的平台。而管理的人性化，着重体现于民主管理、情感管理、文化管理等方面，其中最为重要的是，我们尽一切努力为师幼提供了充分而自由的时间与空间。在制度化和人性化有机结合的管理当中，老师在“自主与制度”、幼儿在“天性与习惯”之间找到了平衡，进而释放出无限的“自然生长”的潜能。

3. 幼儿成长更加自然

经过小班一年的培养和锻炼，孩子们在各方面都有了进步，从不敢自己一个人上厕所，到能看标记图正确入厕；从不会独自洗手，到能看步骤图正确洗手；从不能坐下认真参加集体活动，到能安静坐下参与大家的活动；还有些孩子从被动等待别人帮助，到主动去帮助别人。这一系列的改变，让他们对自己有了新的了解和认识，相信后期的活动会更激发他们内在的动力，变得更自信、更能干。

中班针对每个孩子的不同个性和特长开展的丰富多彩的活动，使幼儿在绘画、音乐、语言等不同的领域都得到了发展，自我服务能力在提升，入厕、洗手、倒水秩序井然，穿脱衣裤娴熟自然，正所谓百花齐放，争奇斗艳。这样的活动有利于幼儿特长的发挥，有利于幼儿自信心的建立，激励了幼儿的上进心，促进了幼儿之间的互助与合作，促使幼儿之间建立起和谐的同伴关系、朋友关系，懂得了帮助别人就是帮助自己的道理，坚定了“我也能当师傅”的自信心。让幼儿之间的“己”与“异”自然相得益彰。

大班精彩纷呈的活动让幼儿学会了尊重别人的劳动，乐意帮助别人，养成了与同伴合作游戏的好习惯。孩子们在班集体生活中能主动帮助比自己困难、弱小的孩子，并且发动家长帮扶班中生活困难的孩子，给他赠送学习用品、衣物等生活用品，体现了同伴之间的互助、友爱。在活动开展期间，家

长们还是比较支持的，能积极配合老师完成各项任务，比如收集各类小故事，让孩子听会并大胆在集体中讲述，班上继而开展“小小故事家”的竞赛活动等。在大班毕业汇报活动中，幼儿积极参与方案的制订、主持人的选拔、节目的排练、演出等，孩子在充分展示自己才艺的同时，能欣赏同伴才艺，做到真正的尊己成己。

4. 教育模式多元化

吸收“尊异成异教育”的合理内核，以幼儿“自然生长”为前提，将“尊异成异”教育与家庭、社会、人事等相结合，开放主体参与，与家长、社区、幼儿园、教师、各个社会团队等共同参与研究实践，获得家长的配合，使单一的幼儿园教育与家庭教育、社区教育形成合力，更注重目标的完整性、内容的整体性和方式的整合性。

5. 发展愿景更丰富

以“尊异成异”教育思想为指导，创设“自然生长”教育环境，构建“自然生长”教育管理模式，设置与实施“自然生长”教育园本化课程，建立“自然生长”教育评价机制。以充分尊重幼儿身心发展规律和自然天性为前提，促进幼儿个体生命自由、健康生长。建设一支团结、奋进、求实、创新的教工队伍，形成园本特色和园所品牌，全方位提升保教水平，扩大办园声誉，保持幼儿园在丹阳幼教届的领先地位。

（韦云华　陈迎　执笔）

在传道中创新

——继承和发展吕叔湘教育思想的行动研究

丹阳市行宫中学课题组

一、问题的提出

曾有来学校视察工作的领导这样评价："这是一所有着优秀传统的老区学校，有一群传统的老师、一群传统的学生，用最质朴的方式传承着教育的生命。"从此，学校被深深地打上了"传统"的烙印。

"季子故里，诚信九里。"行宫中学位于丹阳西南角的延陵镇行宫村，这里位置偏僻，经济落后，是丹阳的"边区"，是茅山老区的一部分。然而，这里民风淳朴，尊师重教，老区人能吃得了别人吃不了的苦，能忍受得了别人耐不住的寂寞。延陵九里还是季子故里，诚信之风吹遍乡里人家。建校伊始，老区教育的先辈们就提出了"尊道、明理"的校训，树立了"办人民满意的教育"的目标。依托传统，传承传统，几十年来，"尊道、明理"的校训一直在传承，学校的一批又一批老师一直在践行着这样的教育理念，在老区贫瘠的土地上默默地坚守，用着最最传统的教学方式——多讲多练，硬是打出了老区教育的旗帜，创造出老区教育的辉煌。从以前考取中专的人数和比例在全市农村中学中首屈一指，到近年录取重点高中的成绩名列前茅，可以说，我们在传承传统的过程中形成了行宫中学自己的传统。

然而，大规模的城市化进程，超常态的新农村建设，时代在发展，社会在进步，理念在更新，老区群众强烈呼唤更加优质的教育，"传统"正面临着前所未有的挑战。随着城区教育规模的不断扩大，尤其是教育环境、条件远比农村学校优越，教育设施、设备远比农村学校优越，大量优质生源不断流向城里，许多骨干教师接连调离。现在学校的学生不仅大多是独生子女，多数还是留守儿童和外来务工人员子女，有的娇生惯养、自我意识极强，有的行为习惯较差、自我管理能力较低，有的学习无人过问、几乎处于"放养式"状态。不少教师出现明显的职业倦怠现象，满足现状，工作积极性不高，责任心不强，缺乏敬业精神，更谈不上奉献精神，创新意识不强，甚至受一些因素影响，有的年轻教师也在个人专业发展方面舍弃了目标。以培养学生创新

精神和实践能力为核心的素质教育正在深入实施，而身处“传统”中的我们，“转身”却非常缓慢、艰难，抛开城区初中不说，环视周边，一些学校异军突起，风景不再这边独好……学校的发展跌落到低谷，在一次会议上，教育局的一位领导意味深长地说：“你们学校是传统教育的典型！”初听似褒扬，细细咀嚼，个中滋味实难言传。“传统”一词怎能带有一种别样的味道？

“传统”不应是落后的代名词，我们要在传统中创新，将教育的传统贯彻到底。

用什么创新？如何创新？我们的努力是：借助本土教育的传统！丹阳人杰地灵，文化底蕴深厚，教育的传统浓厚，尤其近现代以来，涌现出一批文化教育大家，像马相伯、吕凤子、吕叔湘、匡亚明、戴伯韬等，他们都提出了精辟的教育教学理念。本土教育家的思想、精神，正是我们改革和继续推进学校教育教学的理论依仗和动力，学校力图以吕叔湘的教育思想为指导，在教育教学管理中实践创新，来展现老区教育的新辉煌。

二、吕叔湘教育思想的启迪

吕叔湘是我国当代杰出的语言学家、教育家、翻译家，是近代汉语语法研究的开创人，汉语语法学的奠基人之一，是推进语言规范化和普及语文教育的实践家。他学贯中西，博古通今，热心事业，治学严谨，在语言学研究和教育教学等方面，无论是指导思想还是研究方法，都走在时代的前列。

针对学校办学现状，我们梳理了吕叔湘教育思想中的相关内容，其教育思想为我们审视教育的传统，并在传统中创新提供了精深的理论指导，主要体现在以下几方面：

1. 学校办学要因时因地制宜，教师要立足岗位，增强责任意识

1987年，在丹阳市中全体师生大会上，吕叔湘提出了四字赠言，即“求真，能贱”，而这四个字正是其学术精神的集中体现。“求真”，即实事求是追求真理的科学精神，严谨务实的作风，真诚为人的处世态度。“能贱”，即不轻视卑微工作，将学术与运用并重，通过切实的细微工作来实现宏愿，也是平凡低调的处世态度。只有“能贱”，把自己当作平凡人，不辞卑微工作，不计个人得失，才能求真务实。所以，“做人要做正直的人，有理想的人，有事业心的人”。“求真，能贱”可以说是吕叔湘为人为学的显著特点，也应是我们学校教育的宗旨和教师、学生个体发展的方向。

2. “定法不是法”，课堂教学要讲求方法

吕叔湘认为，课堂教学要做到“精、实、活”。

精：是指“少而精。少讲，精讲”。吕叔湘在谈“怎么教”时，主张正确做法是“三个字：‘少而精。少讲，精讲。’”讲的要击中要害，学生哪个地方不懂，不太理解，就给他讲一下，点一下。学生懂的呢，就不讲。

实：吕叔湘在《校训铭》中提到：“求真，能贱。”这里的“求真”，就是实事求是追求真理的科学精神，就是“实”。这个“实”字，吕叔湘一生都在身体力行，他严谨务实，实实在在地待人，切切实实地说话，扎扎实实地做学问，因而他的成就也是结结实实的。所以，课堂上也要讲个“实”字，还要“实”得聪明。

活：这是吕叔湘“语文教育改革观”的精髓，更是吕叔湘教育思想的精髓。

吕叔湘认为，教学方法最重要的一点就是“活”。他说：关键在于一个“活”。——如果说一种教学法是一把钥匙，那么各种教学法上还有一把总钥匙，它的名字叫作“活”。吕叔湘说的教法活，是指要符合学科规律，在教学过程中，活教规律，活学规律。采用随机应变的方法，要让学生感到学有所用，并且会用。要教会学生动脑筋，积极思维。

3. 教育教学要发挥学生的自主性

吕叔湘说：什么叫作教育？教育就是诱发学习者的积极的、主动的努力。在教学活动中，教师起什么作用？就是“教”学生“学”，主要不是把现成的知识交给学生，而是把学习的方法教给学生，学生就可以受用一辈子。最重要的一点是调动学生的主动性、积极性，把以教师讲为主变成以学生学为主。因为，技能的获得要通过学生的活动，教师是无法包办代替的。教师要培养学生主动学习的能力和习惯，让学生学会自己去“拿”，只有这样，才能让学生体悟到学习的乐趣，才能让每个学生的学习潜力都能充分发挥出来，才能真正提升教育教学质量。

4. 学校发展要注重文化建设，尤其要发掘地方文化

在应黑龙江省教育学院邀请为“注音识字，提前读写”实验报告会题词时，吕叔湘写了这样的题词：“你识字，我识字，要识汉字，先识拼音字。你说话，我说话，会说方言，会说普通话。你作文，我作文，作文要做现代文，做人要做现代人。”

作为语言学大师，吕叔湘力主推进语言的规范，倡导现代意识，却依然强调“会说方言”，这不仅是希望保护语言的多样性，更体现了吕叔湘对地方文化的重视。一个国家、一个民族的崛起，必然伴随着文化的崛起。国家民族不仅要有实力，而且要有魅力。这种魅力是文化的魅力、精神的魅力。文

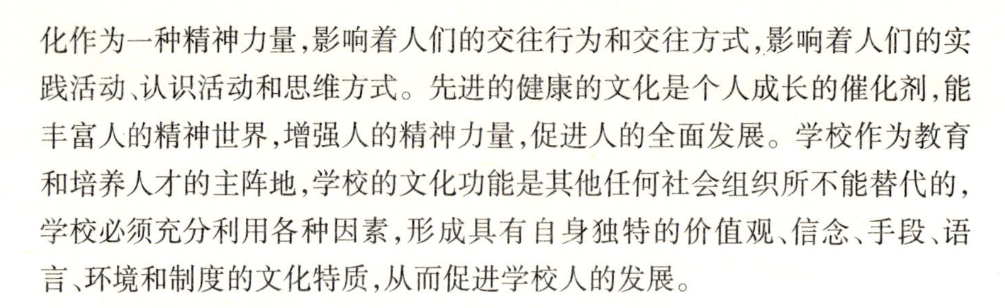

化作为一种精神力量，影响着人们的交往行为和交往方式，影响着人们的实践活动、认识活动和思维方式。先进的健康的文化是个人成长的催化剂，能丰富人的精神世界，增强人的精神力量，促进人的全面发展。学校作为教育和培养人才的主阵地，学校的文化功能是其他任何社会组织所不能替代的，学校必须充分利用各种因素，形成具有自身独特的价值观、信念、手段、语言、环境和制度的文化特质，从而促进学校人的发展。

三、思考和实践

作为一所老区学校，在新形势下，我们需要不断地结合自身特点，运用吕叔湘教育思想指导学校教育实践，以继承优良传统，又发展创新，我们主要从这样几方面着手：

（一）大师精神：提升人生境界

吕叔湘的一生是无私忘我的一生，是严谨务实、开拓进取的一生，是著作等身、成果斐然的一生，有太多的方面值得后人学习。校长室以“我眼中的吕叔湘”为主题，组织教师深入学习、了解吕叔湘及其教育思想，重点研讨了吕叔湘文化救国的爱国情怀和社会责任感、科研治学的严谨态度和求真精神，以及扶植后学的坦荡胸襟和高尚品格，并联系、分析当前教师特别是学校教师的职业现状，引导教师审视自身言行、增强责任意识、展现教师形象。并借此契机，邀请教育局和教师发展中心的专家、领导，定期对教师进行职业道德方面的培训，组织开展青年教师师德演讲比赛、师风民意测评等活动，依据《教师职业道德标准》制定了《行宫中学教师职业道德行为规范具体评价要求》，并纳入教师绩效工资考核中。

此外，学校还不定期开展教育教学理念的专题讲座，组织学习了《新课程标准》《中学教师专业标准》等读本，要求制定教师专业知识学习计划和个人发展规划，通过教研活动、教案评比、教学竞赛、新老结对、名师引领等形式，促使教师不断反思总结教学得失，锤炼打磨教学技艺，感悟升华教学理念，进而提升教师专业能力。学校积极创设平台，鼓励教师参加学历进修和各类专业知识、教育教学理念的培训以及各级论文评比、赛课活动等，使教师在不断培训和锻炼中成长。

（二）261 自主课堂：提升教学质量

课堂教学是学校教育教学的基本形式，新课程理念强调教师教学行为和学生学习方式的转变，强调使每一位学生都能有效地学习，使学生的个性特长得到尽可能充分的发展。然而，学校目前的课堂教学，低效现象依然存在，传统的、被动的、单一的接受式学习在教学中仍居主要地位，学生的创新意识和实践能力依然被制约着，得不到培养和提高。

如何促进教学的有效性？我们积极组织教研组长、备课组长等骨干教师认真研究吕叔湘"精、实、活"课堂教学思想这一精髓，进而提炼、具体发展为"目标精，过程活，效果实"的课堂教学理念；又先后选派教师近至丹阳六中、远至杜郎口中学及昌乐二中等学习、交流，借鉴他们先进的教育教学理念、做法，建立、完善了我校的"261 自主课堂"教学模式。具体体现为：

"精"——目标精。我们要求教师备课时，目标不宜多，"少则得，多则惑"，甚至一节课就是一个目标，做到"一课一得"。当然，不同的科目有不同的特点和要求，不同的教师也有不同的执教风格，还要考虑班级学生的学情等。

"活"——过程活。"活"就是要讲求教学的艺术性、生动性，教师要目中有"人"，课上要师生互动，生生互动，让学科教学深入人心，润物无声。"活"还指学生的思维被激活，情感被激起。具体来说，课堂之"活"可以体现在：引入含活势——带着兴趣、带着问题；形式求活泼——方法多样化、手段现代化；气氛要活跃——情意共鸣沟通，信息反馈畅通；探索有活力——思维有深广度，见解有创新度；结尾留活意——留着激情、留着悬念。

"实"——效果实。教师要做到：教学目标要基本达成，学生要积极主动参与课堂，不同层次的学生都能获得提高，检测反馈的结果令人满意等。

"261 自主课堂"——"261"，是把一节课 45 分钟分成 9 个 5 分钟：前 2 个 5 分钟分组交流、展示总结，中间 6 个 5 分钟巩固新知、展示拔高，后 1 个 5 分钟当堂检测、总结反馈。当然，三段教学过程的时间管控由教师根据课堂实际情况和需要进行机动调整，同时，课堂教学还应延伸到课前和课后。自主课堂，是要在课堂教学中充分发挥学生的积极性、主动性和创造性，通过学生自己独立的分析、探索、质疑来分析问题和解决问题，从而实现预期的学习目的，完成学习任务。教师在课堂上主要起组织、引导作用，在立足"自主"的同时，还强调小组合作。

（三）季子课程：营造成长文化

学校地处香草河畔，季子故里。优秀传统文化积淀深厚的校外基地季子庙，红色德育基地贺甲烈士墓等，为学校提供了丰富的教育资源。针对当前社会道德滑坡、行为失范的现状，学校与小学的"季子诚信文化"教育进行有效衔接，着力研究季子校园文化，确立了"做人以诚信为本，读书以明理为先"的主题，努力推进季子文化校本化育人研究，为学校的自我发展提供了新的动力。季子文化校本化育人研究关注学生的全面发展，不仅注重学生

各门功课的均衡发展，而且注重培养学生贤良的品德行为，为学生的终身发展奠定了坚实的基础。

为此，我们将季子文化融入学校环境、课程、德育、社团、评价等方面，多渠道实施季子文化育人功效，提升学生思想素养，丰富学校内涵。

1. 发挥学校环境育人功能，将季子文化融入校园

布置好校园环境，让校园里的每一个角落成为育人场所。精心布置红枫园、香樟园、竹林、季子读书亭等，让每一处都彰显季子诚信、谦让、仁爱、博学的美德；用心布置教学楼，让每一面墙都展示季子的人格魅力，让学生感受季子的诚信文化，给学生潜移默化的教育。

2. 发挥学校课程育人功能，将季子文化融入课本

季子的事迹、思想，在历史典籍中的记载较为零散，我们收集、整理了一系列资料，进行了故事选编，开发编排了校本剧《三让王位》《墓树挂剑》等，还在此基础上编写了校本教材《季子魂》，并尝试与各学科紧密结合，在课堂上渗透诚信教育，展现季子诚信文化。

3. 发挥学校德育育人功能，将季子文化融入教育

德育教育要围绕季子文化，要落实到规范中，落实到行动中，通过晨会、班会、季子文化专题教育，借助星级评比、诚信之星评比、谦让之星评比、仁爱之星评比、博学之星评比，将“诚信、谦让、仁爱、博学”的“季子魂”，转化为“诚信、谦让、仁爱、博学”的“季子学风”，引导学生做“诚信、谦让、仁爱、博学”的“季子人”。

4. 发挥学校社团育人功能，将季子文化融入活动

加强学校社团建设，重视艺术课程，办好古诗文诵读社、话剧社（课本剧）、“金韵”广播站、江南民乐团、健美操艺术团、英语角（校内英语导游辞）、礼仪小组等，努力使季子文化融入社团活动中，让学生的才艺得以展示，让学生的思想境界得以提升。

（四）四精管理：建设现代化学校

学校教育教学涉及方方面面，千头万绪，依据吕叔湘教育教学思想，我们梳理整合各项工作，提出了“四精”管理理念，即“精实、精细、精活、精巧”，努力实现学生管理自主化，教学过程课内外一体化，积极推进学校特色发展。

1. “德育管理”——学校特色发展的基础

在德育管理上，我们采取“精细（活动）计划、精实（活动）内容、精活（活动）过程和精巧（活动）措施”等“四精”管理策略，重点是学生自主管理，用学生自主管理学生的体系来弥补教师管理学生的不足，来增强学生的自主

意识、人格魅力和主人翁意识，使学生自觉遵守学校的规章制度，不断完善自我，形成自主学习的自觉性、积极性和创造性。

(1) 政教处制订有效的"四精"学生自主管理方案，层层落实，在落实的过程中，根据落实效果的好差，进行方案修改，尽量达到行之有效。

(2) 政教处通过班主任推荐和学生自荐相结合，每班挑选一至两名学生志愿者，参与学校环境卫生、学生仪表、学生行为等各种管理活动的督查、评分记载。当然，学生管理者必须经过政教处培训后上岗。学生自主管理活动，既锻炼了学生管理者，也教育了学生被管理者。

(3) 政教处每周还要组织学生管理者座谈，了解学生的思想动态和督查中存在的问题，以便在今后督查中知道应注意哪些问题，从而弥补管理过程中的不足，不断完善学生自主管理模式。

(4) 学生督查员根据政教处督查评分细则打分记载，统计汇总，每天公布一次，帮助各班同学和班主任找出班级中存在的问题和差距，做到有则改之，无则加勉，以便有问题的班级及时解决班级中的问题，形成良好的班风。

(5) 班级内部也相应组织学生自主管理班级志愿者服务队，督查本班学生是否乱丢垃圾、浪费纯净水、浪费电力、爱护公物、学习作业等情况。班内的一切事情做到有专人负责，做到事事有人管，事事有人做，人人齐参与，个个争标兵。

2. "教学管理"——学校特色发展的根本

学校在教学管理上采取"精细计划、精实过程、精活课堂和精巧措施"等有效策略，倡导"课内外一体化"教学模式，通过"导学案"来整合学生在课内、课外的学习时间和各科作业量，合理安排学生自主学习，从整体上实现学生"减负"，使初一、初二、初三的课外学习时间、作业量分别控制在1.5小时、2小时和2.5小时左右，既保证学生在课外有事可做，又使学生乐得其所，使学生不厌学、不逃学，又能学到知识，锻炼能力。

我们用"四精"理念优化学校教育教学管理，让学校的发展能与时俱进，努力建设有特色的现代化的农村初中，"让农村孩子也能享受和城区一样的优质教育"。

四、初步成果

(一) 更新了教师教育观念，提升了教师素养

在吕叔湘教育思想的引领下，围绕"乐教"、"善教"、"以人为本"的理念，全校教师认真学习教育教学理论，积极开展教育教学研讨，乐于参加教

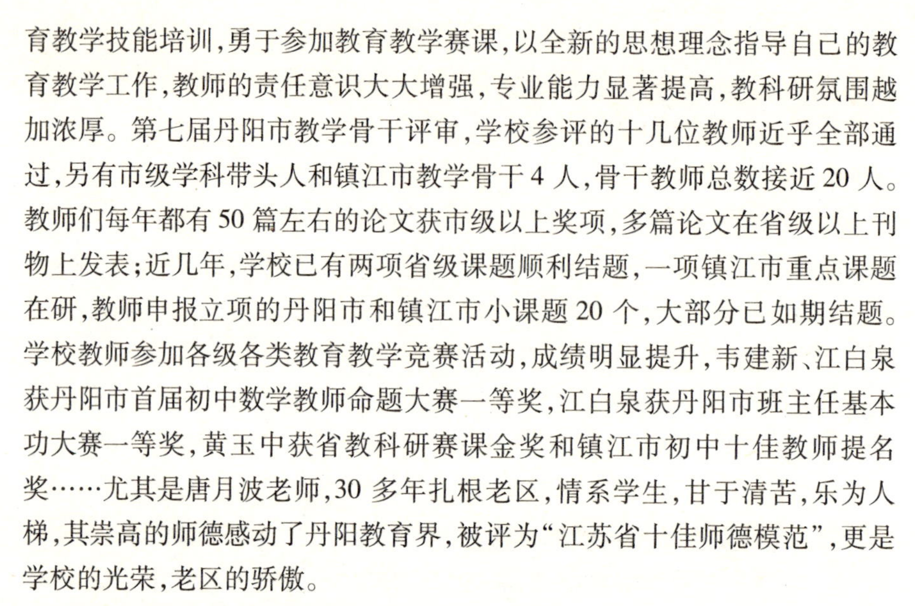
育教学技能培训，勇于参加教育教学赛课，以全新的思想理念指导自己的教育教学工作，教师的责任意识大大增强，专业能力显著提高，教科研氛围越加浓厚。第七届丹阳市教学骨干评审，学校参评的十几位教师近乎全部通过，另有市级学科带头人和镇江市教学骨干4人，骨干教师总数接近20人。教师们每年都有50篇左右的论文获市级以上奖项，多篇论文在省级以上刊物上发表；近几年，学校已有两项省级课题顺利结题，一项镇江市重点课题在研，教师申报立项的丹阳市和镇江市小课题20个，大部分已如期结题。学校教师参加各级各类教育教学竞赛活动，成绩明显提升，韦建新、江白泉获丹阳市首届初中数学教师命题大赛一等奖，江白泉获丹阳市班主任基本功大赛一等奖，黄玉中获省教科研赛课金奖和镇江市初中十佳教师提名奖……尤其是唐月波老师，30多年扎根老区，情系学生，甘于清苦，乐为人梯，其崇高的师德感动了丹阳教育界，被评为“江苏省十佳师德模范”，更是学校的光荣，老区的骄傲。

（二）形成了有效教学模式，提高了教学效率

学校推行“261自主课堂”，实行“三段六步”教学法，即第1环节：交流展示——预习展示，问题诱思；第2环节：巩固提升——突出重点，分层击破；第3环节：测评反馈——分层检测，总结反馈。教师在预设教学时，都注意留给学生充分自主学习的时间和空间，在教学过程中开始关注学生的学习方式与生成状态，极力营造民主、和谐、乐学的教学氛围，形成了课堂上师生互动、生生互动的生动活泼的自主、合作、探究的学习方式，从而从根本上改变旧课堂的教学模式，实现新理念倡导的生命化的课堂，在历次质量检测中，教学成绩稳中有进，受到了相关专家的肯定。

（三）建立了自主管理制度，发展了学生能力

一直以来，勤奋朴实是我们老区中学生的最大特点，学习上他们习惯于被动接受，不善于自我管理；老师们也是全天候“保姆”式工作，任科老师上完课，班主任就进班，相互配合，随时“补位”，希望学生“两耳不闻窗外事，一心只读圣贤书”，学生的才智和能力被压制了。依据吕叔湘相关学生观，要激发学生潜能，就要让学生学有所乐，充分发挥学生的主体积极性。

在教育实践中，学校逐步形成了学生自主管理的模式，鼓励学生参与班级管理乃至学校管理，涉及学习、纪律、卫生、活动等方面，并细化了操作的每一个环节，真正让学生“当家做主”。大多数学生学习上增强了自觉性、主动性，为人做事则敢于担当，取得了不俗的成绩，涌现出一批先进典型。陈敏、毛妍慧等获青少年五好小公民主题教育活动征文全国一等奖；韦英山获

中小学生金钥匙科技竞赛江苏省二等奖；谭佳、郦宇恒、蒋宇蝶等连获学生纵横码汉字输入比赛丹阳市和镇江市一等奖；张琰获青少年科技创新大赛初中组镇江市一等奖；黄茂芳获丹阳市中小学生田径运动会女子100米栏第一名；邓艳获丹阳市"少年向上，真善美伴我行"演讲比赛一等奖……还有谭鑫，身患再生障碍性贫血，能坚强面对，自强不息；在同学癫痫病发作的危急时刻，沉着镇定，勇救同学，入选"丹阳教育系统十佳新人新事"。更有年仅14岁的陶功顺，身受轻伤而毫不畏惧，跳水勇救两名落水儿童，被评为"见义勇为的好少年"，受到"丹阳市见义勇为基金会"表彰，《丹阳日报》等新闻媒体进行了专题报道，在社会上引起强烈反响……他们用行动诠释了新时期行宫中学学生的最美风貌。

（四）创新了学校管理理念，助推了学校发展

建校以来，学校一直沿循"尊道、明理"这一校训，"尊勤奋之道，明学习之理"，注重磨砺学生的意志品质，引导学生刻苦学习，勇攀科学高峰，但运用的教育理念、方法还比较传统。在新形势下，结合吕叔湘教育思想，我们对四字校训作了新的阐释：尊重自然、社会规则，遵循教育、学生发展规律，明察修身崇德事理，明晓为人处世道理。我们认识到，学校教育不应只限于课堂，不应偏颇于知识的传授，要让学生学会学习、学会做人、学会生活，为此，我们提出了"文化育人"、"生活教学"的理念。

以季子诚信文化为核心，我们创建了乡土传统与时代发展相融合的校本文化，注重学生兴趣发展和教育的生动性与形象性的结合，开发了丰富多彩的校本文化课程和实践活动，让学生在愉悦和形象中接受熏陶。我们还努力构建提升学生实践能力的新课堂和平台，引导学生走进生活实际，如帮助他们走进水产养殖基地和畜牧养殖基地，了解生态养殖和环境保护知识、常规畜牧病毒传播防治知识；组织他们走进工厂社区，感受家乡经济的发展，感受生活的美好温馨……这些活动既拓宽了学生的视野，积累了生活素材，获取了丰富的感性知识，又培养了学生健康、进取的生活态度，自我教育以及实践能力，使学生更好地了解生活、热爱生活。在此基础上，"精实、精细、精活、精巧"的"四精"理念，逐步明晰、丰富，形成了"四精"学校管理策略，成为学校发展的特色和新名片。

传统是创新的结果，创新是传统的创新！在传道中创新，行宫中学这所传统的老区中学，正焕发出新的活力！

（杭巍　黄玉中　执笔）

践行吕叔湘教育思想　培育“三畅”语言教育特色

丹阳市实验幼儿园课题组

一、问题的提出

《3 ~ 6 岁儿童学习与发展指南》指出：“语言是交流和思维的工具。幼儿期是语言发展，特别是口语发展的重要时期。”在儿童成长的过程中，0 ~ 3.5 岁是语言敏感期；3.5 ~ 4.5 岁是书写敏感期；4.5 ~ 5.5 岁是阅读敏感期。因此，抓住关键期加强幼儿语言能力的培养显得尤为重要。实验幼儿园立足语言教育，走科研兴教之路，历经了起步期、发展期、整合期和生长期的研究之路。起步期：(1999—2002 年)《利用文学作品培养幼儿讲述能力》；发展期：(2005—2009 年)《利用现代传媒手段培养幼儿语言素养》；整合期：(2010—2011 年)《亲近儿童文学，培养诗意儿童》；生长期：(2011 年至今)《全语言教育在幼儿园的探索和实践》。幼儿园以语言教育为基点研究了近 20 年，把课题研究做成了幼儿园的特色风景！如何在传承中创新，在创新中发展、在实践中完善，不断寻求新的增长点以获得更高层次新的建构，成了我们日前亟待思考的问题。鉴于以上原因，科学吸收吕叔湘教育思想的内核，创设真实的语言环境，提供实际运用语言的机会，发展幼儿语言能力以及相关各方面的能力就显得尤其有价值。

二、吕叔湘教育思想的引领

丹阳市实验幼儿园创办于 1912 年，是本地区的一所百年名园，深受吕叔湘教育思想的影响。实验小学、吕叔湘中学分别是吕叔湘读书和教育生涯的起点，因而他对丹阳教育事业充满感情，始终念念不忘。实验幼儿园和丹阳实验小学是一个大家庭，吕叔湘的教育思想和精神一直激励、指引着幼儿园发展。吕叔湘教育思想的精髓在于“精、实、活”三个字。精，是指“少而精、少讲，精讲”。实，吕叔湘在《校训铭》中提到：“求真能贱。”这里的“求真”，就是实事求是追求真理的科学精神。活，这是吕叔湘“语文教育观”的精髓，更是吕叔湘教育思想的精髓。他认为，成功的教师之所以成功，是因为他把课教活了。如果说一种教学法是一种钥匙，那么，在各种教学法上还有一把总钥匙，它的名字叫作“活”。我们把吕叔湘的上述思想理念运用到全语言教育上。

1. 教育引领

在吕叔湘提出的语文教学方法观中他明确指出：学习语言的一般过程是“模仿—变化—创造”。“教学，就是教学生学，主要不是把现成的知识教给学生，而是把学习的方法教给学生，学生就可以用一辈子。”我们在全语言教育中，反对“保姆式”、“填鸭式”的传统教学模式，主张让幼儿“做中学”，让幼儿积极动脑，活动体现“精、活、实”的特点。

2. 目标引领

幼儿阶段学好口语，可以为幼儿的生活和社会需要服务，为学好书面语言打下良好的基础。幼儿阶段要掌握一般的语音、语法、语汇和短句，积累丰富的语言素材，能正确、熟练地运用语言并逐步内化为一种习惯。语言修养进一步提高，抽象思维能力、分析理解能力等得以发展。

3. 内容引领

幼儿阶段要清晰准确地说好普通话，以口语为路径，及时进行口语训练，开展文学、讲述、阅读等各种语言活动，掌握一定的语法，掌握正确的口语表达方法。学习“活”的方法，幼儿语言内容的学习与幼儿的生活、游戏相结合。

4. 方法引领

教师要注重自身和作品的示范作用，通过正确的模仿和反复的实践，妥善处理好讲和练的关系，提供机会让孩子在情境中主动地多讲、多说、多实践；学习语言的一般过程是模仿—变化—创造，教师的任务是指点幼儿模仿什么，怎么模仿，检查幼儿实践是否正确、是否熟练；运用活的方法，激发孩子的兴趣，采用丰富多样孩子喜爱的方式，让孩子主动学习和建构。语言学习不能只靠课内，还要依靠课外，鼓励孩子多读书。

三、我们的思考

吕叔湘的教育思想既博大精深，又浅显易懂，对实验幼儿园的价值引领、文化培育以及课程建设都具有很强的指导作用，也需要在教育实践中进一步挖掘、提炼、融合、创新。

1. 将“求真能贱”与“真爱和智慧”深度融合

通过专题讲座、科研沙龙、演讲比赛等多种形式，引导教师深入理解“求真能贱”的本质内涵，深入理解“倾心于孩子的今天、着眼于孩子的未来”的办园宗旨，进一步丰厚“用真爱守护童年，用智慧润泽心灵”的办园理念，传

承和弘扬“关注每一个”办园精神，并体现在园本课程实施和一日生活的各个环节，体现在每一个教师和幼儿的成长，让每一个幼儿都能够“畅想、畅玩、畅言”。

2. 将“龙虫并雕”理念与全语言课程有效衔接

将有教无类、因材施教、分层教学的理念体现在全语言教育中，注重幼儿语言能力的全面发展；注重语言学习与其他活动的全面整合，除了专门设计语言教育活动以外，将幼儿语言的学习融合在日常生活、游戏活动之中，渗透在社会、健康、艺术、科学等各个领域的学习活动之中；注重全面发展幼儿的综合素养，从素质教育的高度出发，以语言能力的全面发展促进幼儿人际交往能力、积极的自我概念以及智力等方面素质的综合提高。

3. 在各项育人活动中全面渗透“精、活、实”理念

以“一日生活皆课程”的理念为指导，从幼儿的身心健康发展出发，优化各个环节并赋予其教育意义，互相渗透，真正做到保中有教，教中有保。紧扣“课程游戏化”的核心理念，聚焦幼儿在活动中的“游戏愉悦性”，让幼儿在丰富的游戏化环境中“自愿、自主、自由”地发展，努力实现师幼共成长。观察了解幼儿的真实需求，保障幼儿游戏的权利，为幼儿提供游戏的条件，尊重幼儿游戏的意见，让幼儿成为活动的主人。以“因地制宜、就地取材”为原则，对园内外环境资源、物质资源、社会专家和网络信息资源、幼儿生活体验和主题教育话题等各种资源，进行本土化调整和资源开发。在课程实施过程中，丰富多媒体课件资源库的建设，与家庭社区密切合作，持续开发“家长志愿者助教”的特色课程。

四、我们的实践

幼儿期是语言发展，特别是口语发展的重要时期。幼儿语言的发展贯穿于各个领域，也对其他领域的学习与发展有着重要的影响。鉴于以上原因，根据吕叔湘语文教育观并科学吸收全语言教育思想之“全方位、多角度地培养儿童全面语言能力”的内核，我们逐步形成了课程观、课堂观、学习观等，创设真实的语言环境，提供实际运用语言的机会，发展幼儿语言能力以及相关各方面的能力。

（一）在全语言教育中体现吕叔湘教育思想的课程观

我们视儿童语言发展和语言学习为整体，建立整体课程观，将课程和儿童的实际生活融为一体，全方位、多角度、多途径地对儿童进行全语言教育，形成活动区、一日活动、集体教学的渗透性、融合性课程。在课程实施的过

程中，我们以吕叔湘教育思想的“精、实、活”为基准，让幼儿园语言教育特色在幼儿园的办园过程中时时处处有体现，让“畅玩、畅想、畅言”落实在孩子的各种活动之中，使“语言教育”的办学特色愈益亮化。

（二）在全语言教育中体现吕叔湘教育思想的课堂观

吕叔湘很形象地把教学比作演戏，学生是主角，教师是配角，但又同时是导演。他认为，教学最重要的一点是调动学生的主动性、积极性，把以教师讲为主变成以学生学为主。幼儿园语言教学活动的形式丰富多样，有讲述活动、谈话活动、听说活动、文学活动和早期阅读。在集体教学活动中，我们选择贴近生活、文质兼美、幼儿感兴趣的文学作品，帮助幼儿理解与欣赏文学作品的画面、内容和意境，通过“玩一玩、说一说、学一学、编一编”，将语言教学从单一的集体教学的形式向语言系列活动转换；为幼儿创设多途径表演、表现和迁移运用的情境与条件，让幼儿在朗诵、讲述和表演游戏中加深对作品的理解与体验。通过这样的活动，让孩子们主动参与语言活动，让他们在敢说、想说、能主动说的情境中逐步学会正确地说，学会连贯地说，学会生动地说，真正体现了吕叔湘语言教学观中的“精、实”二字。

（三）在全语言教育中凸显吕叔湘教育思想的活动观

吕叔湘着重强调，要及时对学生进行口语训练，要教育学生，把话说得清楚，说得有条理，有头有尾，让人毫不费力气就听得明白。我们贯彻吕叔湘教育思想的一个重要做法就是时刻关注幼儿生活，在幼儿一日生活中发展幼儿语言，将幼儿语言的学习突出一个“活”字。

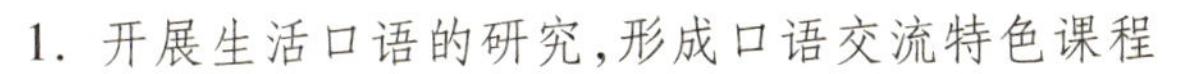

1. 开展生活口语的研究，形成口语交流特色课程

从小班孩子刚入园开始的“你好”、“我要……”、“请你帮帮我，好吗”到大班幼儿的“新闻发布会”、“我喜欢的动画片”等话题讨论、讲述，从幼儿年龄特点出发设置话题，让孩子想说、会说、规范地说。

2. 睡前倾听内容的优化

我园从 2008 年开始就一直坚持不懈地开展午睡倾听活动，由此也形成了我园的午睡倾听内容园本教材。经过 6 年 2 个轮回，我们在午睡倾听内容的选择上也做到了更优、更美。

3. 潜移默化的生活童谣浸润

童谣以它幽默风趣、朗朗上口的特性被孩子们乐于接受。我们将《刷牙歌》《小妞妞照镜子》《五步洗手歌》等与幼儿日常生活有机结合起来，更好地发展幼儿语言的连贯性和优美性。三者结合，形成幼儿园、家庭、社会沟通的有利于幼儿语言能力全面发展的教育环境。

（四）在全语言教育中体现吕叔湘教育思想的学习观

吕叔湘曾经说过，任何技能都必须具备两个特点：一是正确，二是熟练。要正确必须善于模仿，要熟练必须反复实践。技能的获得要通过学生的学习获得，教师是无法包办代替的。众所周知，幼儿园是“以游戏为基本活动”，游戏是促进幼儿学习与发展的重要途径，让幼儿“做中学”、“玩中学”，学得开心、主动学习也是吕叔湘的语文素质教育观。因此，我们不仅重视幼儿一日生活中的语言教育，也关注幼儿游戏活动中的语言教育。

1. 角色游戏活动

幼儿在角色游戏活动中出于对各种角色之间联系的需要，幼儿相互之间要自然地进行对话，从一开始角色之间的相互问好，结伴游戏，到逐步商讨解决游戏中遇到的难题。例如，小五班的“娃娃菜场”游戏。幼儿从开始的相互问候“你好”到中间的“你想买××××”、“我想买××××？”，最后是交往语言的运用“谢谢你”、“再见”，孩子们在游戏中发展了口语交往能力。其次，教师以角色身份加入到孩子们游戏中，以自身规范的语言，如正确的发音、清楚的咬字、结合情景使用丰富、恰当的语言等来拓展游戏内容，让孩子积累更多的语言经验，从而促进幼儿语言能力的发展。

2. 探索性游戏活动

探索性游戏活动包括益智区、科学发现区、玩沙玩水、种植饲养等。每个班都有自己的动植物饲养区，孩子们每天给小苗苗、小花浇水、施肥，给小乌龟洗澡、换水、喂食物等。每天早晨入园，孩子们都认真观察小动物和植物的生长情况，并用简单的图画符号等写好观察日记，让幼儿在写写画画的过程中体验文字符号的功能，培养书写兴趣。

3. 建构游戏活动

幼儿根据自己的想象、意愿进行构思、构造、表现出物体的形态。每天各班幼儿根据活动安排表，在我们的建构天地，开心搭建。活动中，幼儿与幼儿之间就游戏过程、游戏搭建的构想、游戏材料的创新使用进行语言的交流，这在无形中培养了孩子的讲述能力。而教师有意识地引导幼儿说一说建构物体的主要部分及外形特征，启发幼儿用丰富的语言进行描述，让幼儿充分体验语言交流的乐趣。

4. 语言区域游戏活动

语言区域游戏的开展为幼儿创造了语言表达、交往、运用和学习语言的机会，是实施语言教育活动的重要环节之一。根据幼儿语言发展的目标，我们将语言区域游戏划分为以下几个内容：讲述、阅读和表演。

讲述活动区。我们结合已经进行过的主题活动或文学活动，制作相应的故事场景，如故事操作盒，将有关的情节、角色等制作成图卡和背景等，供幼儿自由地摆一摆、讲一讲；另外，还有故事围裙，提供丰富的图片，图片背后贴有子母贴，幼儿可以穿上小围裙，选择需要的图片，在围裙上贴一贴，讲一讲自己喜欢的熟悉的故事等。

阅读区。老师们将“悦读”融入阅读。创设宽松舒适的环境，幼儿根据自己的兴趣需要，选择图书，选择自己喜欢的方式（独自阅读、合作阅读）；选择不同的坐姿（坐在地毯上，靠着软软的靠垫，或抱着喜欢的毛绒玩具，也可以伏在桌子边阅读），一切都以“幼儿为本”而设置。

表演表现区。表演表现区分为角色扮演和故事剧场。对于刚入园的小班幼儿，重点是帮助幼儿尽快适应幼儿园的生活，结合此目标，小班组的老师开设了娃娃家、生活区等与家庭氛围相似的区域游戏，创设家的温馨，让他们感觉像在家一样自由、温馨、熟悉，从而尽快喜欢上幼儿园，激发他们的表达欲望；中班幼儿正是开展角色游戏的黄金阶段，根据幼儿的年龄特点，中班组的老师创设了医院、理发店、超市等角色区，让幼儿在游戏中尽情扮演生活中自己熟悉的角色，让他们在与同伴的沟通交往中，不断丰富自己的语言；对于大班幼儿则多创设一些表演能力和表达能力较强的区域活动，如实幼新闻播报、今日剧场、开心聊吧等，让丰富多样的区域活动更好地激发幼儿表演、表现的欲望，从而发展幼儿的语言能力。

（五）在全语言教育中体现吕叔湘教育思想的个性观

作为语言学大师，吕叔湘对语言有一种高度的敏感性，尤其是对他从小就熟悉的母语——丹阳方言，作了深刻、细致的研究。因此，我们抓住孩子的兴奋点，选择贴近幼儿生活的方言进行了细致的研究。从单音节的正确发音到词汇的正确运用，及时纠正幼儿的发音错误；接着运用方言儿歌的好记易诵、朗朗上口来培养孩子的方言语感；最后利用区域游戏投放关于有代表性的丹阳建筑、丹阳风景和丹阳特长的图片，让幼儿用方言来进行简单的介绍，让幼儿感受语言的魅力。

五、我们的成果

实验幼儿园传承优势，以发展的眼光不断创新活力办园的增长点，依托课题研究，将单一的语言教育特色向幼儿园文化建设、教师队伍建设以及幼儿的全面发展拓展。

1. 促进了幼儿的发展

由于有了良好的语言环境、丰富的语言发展平台、教师有意识地引领，幼儿的语言表达能力明显增强，积累了大量的语言素材，提高了完整、生动表述的能力。活动中，孩子们敢于用不同的语言做个性化的表达，善于调动已有经验大胆表达自己的想法；他们喜欢阅读，喜欢思考，喜欢提问，喜欢质疑，喜欢表演；他们活泼、主动、大胆，有良好的个性品质。

2. 教师的教育能力得到提升

我园几乎每周都在进行着不同层面的语言教育活动研究，而且教研活动覆盖到每个班级、每个老师、每个幼儿。从教材的选择、分析、把握，目标的制定，活动环节的预设，活动课堂的动态生成，教师对孩子的及时鼓励和评价等方面展开研讨，不断提高教师的教学实践能力。通过研究和实践，教师的专业素养得到明显提升，特别是我园教师的语言教育意识、对教材内涵的理解和把握能力、对语言课堂的组织能力得到增强。通过研究，我们可以感受到教师成长的足迹：三年中，我园有1名教师参加江苏省“《早期教育》新视野杯”论文语言交流，2名教师参加省级语言活动展示，1名教师在语言活动赛课中获省级一等奖，16名教师在镇江地区进行了“名师送教”的语言教学活动，16篇关于语言教育方面的文章在国家级、省级刊物上发表，百余人次的语言教育论文在省、市级论文评比活动中荣获一、二等奖。

3. 形成了较为完善的园本语言教材和语言教学资源库

通过十几年的研究和实践，我们将近年来优秀语言教学活动设计进行了汇总，有小、中、大班的《口语交流活动设计》园本教材，有《甜甜的梦——睡前故事选编》，有《图画书亲子阅读导读》，也有即将出版的《畅玩 畅想 畅言——幼儿园语言文学启蒙成果集锦》等，这些教材的编制为我园后续的实践和研究打下了坚实的基础。并且，我园的现代信息技术运用已经成为丹阳市幼儿教育的一大亮点，教师共自制语言FLASH课件达359件，与教学内容相关的动画素材达344件，形成了比较完善的小、中、大班教学资源课件库。

在未来的实践中，我们将坚持吕叔湘语言教育思想的研究，坚持传承和创新吕叔湘的“龙虫并雕”精神，为幼儿园的语言特色教育发展拓展更为广阔的前景。我们将荡起思想与实践的双桨，继续畅游在“三畅”语言特色教育的海洋！

（吴晓梅 景艳华 执笔）

教学玩合一，地方游戏“嗨”起来

丹阳市新区幼儿园课题组

一、问题的提出

一走进新区幼儿园，跳入眼帘的是彰显特色的玩石，石头上写着鲜红的“玩”字；转身“回归幼儿世界，尽显儿童本色”的游戏墙上，那一幅幅民间游戏的情景唤起了多少人童年美好的记忆；再往里走，园训“爱孩子，慧天下”；办园宗旨“游戏精神，快乐童年”；培养目标“爱玩、会玩、一起玩，爱问、会问、大家问”以三原色呈现出来，不禁让人眼前一亮。

十年磨一剑。建园于1998年的开发区幼儿园，发展到2012年，更名为新区幼儿园，总占地面积达14340平方米，是一所集美化、绿化、儿童化于一体的现代化幼儿园。幼儿园拥有中高级职称教师4人，镇江市学科带头人1人，镇江市骨干教师4人，镇江市教坛新秀2人，丹阳市学科带头人5人，丹阳市骨干教师20人，在编在岗教师100%已经获得专科文凭，90%已经获得本科文凭。这里，一切都是新的，从设施到理念；这里，一切都在成长，从幼儿到教师。如何再创辉煌？我们盘点我们的优势和弱项：优势，开发区充满了活力，经济在腾飞，文化在交融，多种游戏形式并存；弱项，教师的专业水平低，年轻教师多，成为幼儿园发展的瓶颈。路在哪里？我们借助本土教育家思想的引领，通过地方游戏的课程开发和实施，实行教学玩合一，在保教实践过程中，促进教师专业发展。

二、教育家思想的引领

教育要培养什么样的人？吕凤子给我们以很大启示，就是要“促进人的全面发展”，就是要培养“合理儿童”。他强调，要通过美育的实施，让学生在心灵、身体和道德等方面全面发展。他特别强调，要“时刻注意他们整个心的活动”。合理儿童，对于幼儿园来说，就是合理幼儿，而游戏对于幼儿身体、语言、智力、情感、社会性等各个方面的发展都有着非常重要的作用，所以游戏是培养合理儿童的有效途径和载体。

幼儿园的教育应该是怎样的？本土教育家戴伯韬是陶行知最初的十三

弟子之一，他一生追随陶行知，实施生活教育，给我们很大启示。“生活即教育”、“社会即学校”和“教学做合一”，是陶行知生活教育理论的三个基本命题。陶行知指出：“生活教育是生活所原有，生活所自营，生活所必需的教育。教育的根本意义是生活之变化。生活无时不变，生活无时不含有教育的意义。”“教学做合一”，提倡学生去做，在劳力上劳心，手脑并用，在行动中思考进而产生新价值。如果说，中小学教育是教学做合一，那么，幼儿园教学就是教学玩合一。

幼儿园的发展依靠教师，幼儿教师如何获得专业成长？吕叔湘的“求真能贱”给了我们很多启示。“求真”就是追求真理，就是要放开眼孔读书，身体力行，力求用科学精神改造思想，规范言行，练就本领，务实创新。“能贱”就是立定脚跟处世，能脚踏实地，志存高远，甘于平凡，甘为马前卒、铺路石，能耐住寂寞，心存安静，乐于清贫，方可成大器。这与《3～6岁儿童学习与发展指南》中有关教师专业成长的要求不谋而合。吕叔湘提倡重视“方言”，启发我们要重视地方游戏，要通过教学玩合一，在保育教育的实践过程中，引领幼儿成长，和幼儿一起成长。

三、我们的思考

新区幼儿园经过“十一五”课题回归幼儿世界：通过对“地方文化主题游戏活动开发的研究”这一课题的扎实研究，形成了浓厚的“玩”文化。课题研究成果获镇江市教科研成果一等奖，全国多家媒体都给予了报道。原江苏省教育厅副厅长胡金波到丹阳调研，曾两次到幼儿园来参观，看到我园充满童趣的地方游戏，由衷地评价：“这才是孩子们需要的生活。”现今，地方特色文化主题游戏活动已成为我园特色，我园于2013年被评为“丹阳市特色学校”示范校。“十二五”期间，我园将继续打造独具一格的“玩”文化。与此同时，幼儿教师既要为了孩子做好一日保教工作，也要不断继承、学习和创新，与孩子一同成长，因而我们提出了“教学玩合一”的核心理念。

四、我们的实践

（一）玩什么：地方游戏的课程开发

丹阳文化底蕴深厚，丹阳的眼镜、皮鞋、锯片、石刻、天仙配等已然成为丹阳闪亮的名片，丹阳的本土文化已然植入幼儿的心灵。我们充分挖掘这些资源，依据儿童身心发展的需要，围绕儿童的兴趣开发了系列主题游戏。

1. 地方文化主题的开发

幼儿的生活非常切实地根植于他所处的文化土壤，而日常生活则是文化的浮现。每一种文化都有它自身存在的价值和内涵，都是不可多得的教育资源。于是在各年级各班紧紧围绕主题开展单元、系列活动，经过制订方案→实施主题→环境规划→区域创设→反思总结→集编成册六个步骤，我们开发了《小眼看丹阳》《丹阳人家》《美味的丹阳小吃》《足行天下》《眉目生辉》《丹阳的桥》《农家养蚕乐》《曲阿茶》《风筝翩翩飞》《红红火火丹阳年》十个主题活动，每一个主题均融合语言、艺术、健康等领域的课程以及结合主题相对应开设的若干区域游戏。

2. 地方文化游戏的开发

（1）眼镜、皮鞋、饮食文化和角色游戏的融合

各个地方的特色大多体现的都是工业主打产品与餐饮文化，而这两种文化都含有交往、交流买卖的角色元素。这样的文化中有商业和家居的氛围，在其中挖掘角色游戏的资源是有科学依据的。所以，我们开发了地方小吃、地方特色商业，让幼儿融于家乡特色氛围中，体验游戏的社会性。丹阳有全国最大的眼镜市场，丹阳是皮鞋之乡。我们挖掘家长资源、地方特色资源，开发了以"丹阳眼镜"、"丹阳皮鞋"为主题的角色游戏。师生参观眼镜市场、皮革城后，我们的"小小眼镜店"、"皮鞋店"就正式开张了。我们还从幼儿的兴趣点出发进行了筛选，将丹阳小吃与角色游戏有机融合，开发"美味丹阳"等系列角色游戏。孩子们在游戏中进一步了解、感受饮食文化，发展动手能力、语言表达能力及交往能力，也进一步激发了孩子对家乡饮食文化的热爱。

（2）天仙配、丹剧文化与表演游戏的融合

中国的传统文化，尤其是地方艺术文化需要代代相传，如果将艺术文化与表演游戏相结合，肯定是珠联璧合的创举。表演游戏如今在幼儿园中已走向萎缩，借传承地方文化振兴表演游戏是个契机。但传承地方文化只能从粗浅、简单、易学、易演入手，才能让幼儿兴趣不减与不灭。

丹阳民间文化丰富多彩，民歌民谣、民间传说等，为人民群众所喜闻乐见，广为流传。其中董永与七仙女的传说、白龙娘娘的传说已跻身于省级非物质文化遗产之列。丹阳啷当即丹剧，更有显著的地域特色。这些地方文学、地方戏剧来源于生活实践，来源于幼儿周围的人和事，贴近幼儿的生活，是对幼儿进行教育的好素材。我们将丹阳民间文学、戏剧和表演游戏有机结合，选取具有游戏情境和益智内容的童谣、传说、戏剧，以情境表演为载

体,让幼儿在玩中理解、体验民间文学、戏剧的内容,开发了以"天仙配"等为主题、以丹剧为表演形式的表演游戏。

(3) 丹阳桥、亭、塔文化与建构游戏的融合

建构游戏可以有效地培养和发展幼儿的创造力。幼儿自由自主地运用建构材料到一定的阶段时,就会产生构建整体块面的需要。此时,教师就可以适时介入提供最好的思路与建议,将地方特色建筑的照片给幼儿充当参照物,并适时引领幼儿去现场观摩观察建筑的宏伟气魄与建筑特征。

丹阳有着悠久的地域文化,家乡古建筑、家乡新变化等都蕴涵着无穷的教育资源,丹阳的桥、亭、楼、塔都给孩子们留下了深刻的印象。建构游戏是孩子们乐此不疲的游戏,丹阳的古今建筑为孩子们的建构游戏提供了丰富素材,常常看到孩子们用一些简易的玩具拼搭云阳大桥、万善塔等。于是,我们将丹阳古今建筑与建构游戏有机地融合在一起,开展了以"家乡的桥"、"家乡的楼"为主题的建构游戏,发展了孩子的动手、合作、创造等能力,同时培养了孩子爱家乡的情感。

(4) 本土民俗、技艺与体育游戏的融合

踩高跷、滚铁环、跳皮筋、跳竹竿、舞狮、舞龙、荡花船等民间体育游戏,随着岁月的流逝,也渐渐远离人们的生活,处于游戏边缘状态。这些珍贵的民间体育游戏是丹阳人民几千年智慧的结晶,是一种文化积淀。它不仅深受孩子的喜爱,还能有效弥补层出不穷的网络游戏、各式各样大小电动玩具以及一部又一部电视剧的文化内涵的不足,使现代幼儿的生活增添蕴含着传统文化元素的亮色与绿色。

我们重拾儿时记忆,走访民间,刨根问底,搜集整理了一系列民间体育游戏,让这些珍贵的游戏回归绿草如茵的操场、回归孩子的世界,让民间体育游戏重新焕发绚丽光彩。孩子们在阳光下、操场上滚起铁环、踩起高跷、跳起皮筋、舞起龙灯、荡起花船……三三两两尽情地玩耍。在玩耍中,孩子们开怀大笑,既锻炼了身体,启迪了智慧,陶冶了性情,又培养了协助、合作、动手、交往等能力。

(5) 本土桑蚕文化与养殖游戏的融合

我园地处开发区,是个城乡接合部,放眼望去,一望无尽的田野绿意盎然,葵花盘盘、稻谷飘香。农民们在忙着春耕、采茶、喂蚕、秋收……绿色的田野散发出诱人的魅力,是孩子们最最向往的地方。我们带幼儿走进田野,开发了田野课程《蚕宝宝》、绿色游戏"养蚕"等。

春末夏初,在我们的"养蚕"区,小朋友给蚕宝宝采来桑叶,并根据蚕的

生长周期切成大小不等的叶条。在小朋友细心的照料下，蚕宝宝一天天长大，孵化、蚁蚕、四次蜕皮、结茧、成蛹、化蛾。在小小的放大镜下，在小朋友的记录表中，蚕的一生精彩奇妙。小朋友们还在游戏区制作大大小小的草龙，为蚕宝宝结茧创造良好条件。走进田野，走进绿色，小朋友们在游戏中感受生命、绿色、爱，感受丹阳茶文化和丝绸文化的魅力。

（二）怎么玩：地方游戏的课程实施

当前，幼儿园的游戏活动往往成为教师开展活动的工具，而丧失了其本来的意义，游戏常常成为教师控制下的教学活动。教师也就由组织者和引领者变为导演者和控制者。在游戏活动中，教师总是有意或无意地改变着幼儿自主游戏活动的走向，干扰甚至中止幼儿正在进行中的游戏活动，影响幼儿游戏的情绪或改变幼儿原先自主游戏的设想，最终导致幼儿创造欲和愉悦感的消失。要打破这种格局，提升教师的理念，让教师角色归位，就必须让教师真正成为游戏活动的组织者、观察者、引导者。这意味着幼儿教师在游戏开展过程中首先具有引领的作用，但这并不意味着教师必须控制游戏开展的节奏和游戏活动的各个环节。

1. 合理利用游戏材料，做运筹帷幄的组织者

作为游戏活动的组织者，教师必须为幼儿营造安全、愉悦、宽松的游戏活动环境，让幼儿在宽松和谐的气氛中能够按照自己的能力和意愿自主选择游戏内容和活动伙伴，主动进行探索与学习。同时，游戏活动的教育功能主要是通过幼儿与活动材料的互动来实现的，材料的巧妙投放更是游戏活动的重要内容。因此，教师要心灵手巧，从环境和游戏材料着手扮演好幼儿游戏的组织者。

（1）教师要善于创设标识性游戏环境

所谓“标识性”环境，是教师和幼儿因地制宜，根据某种约定俗成的学习生活习惯与规则而创设的环境。它有明确的指示和隐形助教的作用。例如，在区域游戏时为了控制进区的人数，教师可在区域的入口处粘贴若干脚印图案或在班级设置进区卡，提醒幼儿自己判断是否还能够参加该区域活动。再如，为协助小班幼儿收拾游戏材料，教师可将玩具实物照片和图片贴在指定收藏的位置上，让幼儿一目了然。

（2）教师要把握材料投放的尺度，吸引幼儿持续兴趣

材料是支持幼儿学习的支柱。在游戏开展的过程中，教师在游戏材料的投放上往往只求“多”和“新”，而没有考虑区域材料投入的目的性、计划性，既不能把材料一股脑儿全部投入进去，也不能过于频繁地变更材料，否

则很可能招致放纵幼儿片刻的兴奋;应分期分批地投放与按计划不断地更新材料,从易到难,从简单到复杂,数量要适宜,新旧材料、成品半成品的比例要恰当,要创造性地使用材料,不断提高幼儿主动参与的欲望与逐步深入探究的兴趣。

(3) 教师应善于“变废为宝”,能够挖掘材料的多元价值

在游戏活动中,昂贵精致的或是要花费大量时间制作的材料不一定就是好材料,相反,以幼儿发展为本、经济适用、方便快捷、高效省力是教师选用材料时应有的基本观念。为此,教师应充分挖掘现有材料的可利用因素,将材料稍加改动变成幼儿所需要的学具或玩具。例如方便面盒子,在老师的手中有时变成手工游戏中的收纳盒,放着小朋友的操作材料;有时摇身一变成了建构区内建筑工人头上戴的安全帽等,这些都需要教师有足够的智慧和想象力,变废为宝。

2. 全面观察幼儿游戏,做别具慧眼的观察者

观察是走进幼儿内心、了解幼儿需要的重要途径。只有通过观察,教师才能了解幼儿发展所处的水平。教师根据幼儿的需求和水平来设计游戏活动,调整游戏活动,指导游戏活动,才能真正实现以幼儿为本、一切为了孩子的教育理念。相反,离开观察的游戏活动的组织可以说只是成人的一厢情愿,离开观察的游戏指导也是盲目的指导。因此,观察是教师在游戏活动中角色归位的灵魂,是教师充当游戏活动组织者、引导者的前提。

(1) 教师应事先观察,捕捉幼儿的兴趣点

“兴趣是最好的老师”。教师作为游戏的组织者、支持者、观察者,在设计、开展游戏之前要把自己变成孩子,深入幼儿世界、细致观察幼儿的言行,了解幼儿的内在需要、不同兴趣爱好和潜在的发展可能,做幼儿心声的倾听者。寻找并发现幼儿近期的爱好、兴趣点,敏感地捕捉有价值的生长点,借助游戏的土壤使之生根发芽。例如,冬天午餐后我园一楼小班幼儿有坐在操场上“晒太阳”的习惯,一位老师一次偶尔发现相邻的3位小朋友借助小椅子玩起了“开火车”的游戏,不一会儿车厢由3个变成5个,最后竟变成长长的一条,孩子们个个玩得神气活现,兴奋不已。于是,该班开设了区域游戏“小小火车开来了”,在这个生成游戏中,教师引导幼儿加入红绿灯、对号入座等环节,巧妙自然地拓展丰富了游戏。

(2) 教师应全面观察,把握游戏的适宜性

在游戏全面开花后,教师要就本班开展的游戏进行全面观察。观察的内容包括:游戏的布局是否合理,是否考虑到动与静的结合、开放与封闭的

结合、独立与组合的结合;区域之间有没有相互干扰;游戏材料的投放能否引起幼儿的兴趣,材料的投放是否合适,兴趣的持久性;尤其是创造性游戏中幼儿生活经验的积累是否能很好地支撑幼儿游戏;是否存在有的区域很"火爆",而某一区域却异常冷清。此时,教师要对游戏全方位观察,并适时进行适当调整,以促进幼儿的全面发展,促进幼儿个性的张扬。

(3) 教师应深入观察,抓住介入的最佳点

作为游戏活动的引导者,教师要有"火眼金睛",眼观六路耳听八方,有目的有计划地深入游戏中。教师只有在充分观察的基础上,才能对游戏做出正确的判断,才能抓住介入的最佳点。例如幼儿在游戏中遇到困难时,同伴间有矛盾冲突时,游戏材料对幼儿失去吸引力或生成新的兴趣点时,教师应有的放矢地引导,既不破坏游戏的自发性和创造性,又使游戏得以延伸,同时帮助幼儿获得发展。

3. 与幼儿多元互动,做机智聪明的引导者

在细致深入的观察的基础上,教师还要以敏锐的思维对幼儿的反应做出直觉的判断,并进行机智的引导。有时以玩伴的身份与幼儿互动,有时巧妙引导幼儿间的互动,有时借助材料的暗示,有时以教师的身份引导游戏的深入开展,真正做到有时是良师,有时是益友。

(1) 教师应学会横向平行互动

当幼儿对某一游戏活动缺乏兴趣,或出现困难时,或对新材料没法驾驭时,教师以玩伴的身份参与游戏,目的在于引导幼儿模仿,教师起着暗示指导的作用,这种指导是隐性的。例如,教师提供了雪花片等插塑玩具,有的孩子只插了一种就没兴趣了,这时教师可利用这些雪花片组装出滑梯、坦克、汽车、火箭等,开阔幼儿的思路,孩子们便又会活跃起来,并掌握新本领。

(2) 教师应善于开展纵横交叉互动

幼儿遇到困难或不知所措、缺乏目标时,教师用一两句简单的建议性提示帮助幼儿明确想法,可以促进游戏顺利开展。例如,玩"医院"游戏时,药房药品用完了,孩子们的游戏便卡壳了,没法往下进行。这时教师可以追问:"药都从哪里生产的?"接着还可以提示:"我们一起在药房旁开个制药厂,生产各种各样的药吧。"引导孩子们自己动手用橡皮泥来捏造药丸,孩子们的兴趣便又一次被激起。如此,教师的一句提示不仅解决了"卡壳"的问题,而且引导幼儿的游戏向更深层次发展,玩得更精彩。这便是有效的纵横交叉互动。

(3) 教师应会利用材料暗示互动

当幼儿对某一游戏缺乏兴趣时,或对某一游戏缺乏经验支撑时,教师可投入一些特征鲜明的材料暗示幼儿游戏可以怎么玩。例如在"医院游戏"中,幼儿玩了一阶段后,出现视觉疲劳,对游戏的兴趣逐渐减弱。此时,教师在"外科"投放一些"绷带"、"夹板"等,并增设"输液室"、"放射科"等,这时孩子们会假装骨折,医生便会让患者去拍片子,给患者上夹板等。新材料的投入起到了暗示作用,激发了幼儿新一轮兴趣,可以促进游戏在互动中深入开展。

(三) 教学玩合一:我们共成长

蹲下身子,用孩子的眼光去观察世界,用孩子的心去体味人情,你才能真正走进孩子心里,你才会懂得怎样带领孩子成长。教师要从孩子的发展和知识建构出发,创设有效的教学过程,以知识为基础、发展为目标、游戏为载体,促进幼儿的智慧学习,处处体现以幼儿为主体,和孩子一起成长。

1. 切合层次,培养有梯度

教师培养要切合不同层次的现状与需求,力求因人而异。既要按照教师自身领域的制高点进行分层培养,一课多研,以教促研,以研促学,以研促评;更要为不同年龄的教师制定相应的培养目标。对于新教师,要帮助他们把主要的精力用在钻研教材、熟悉教法、寻求活动开展的有序操作和有效控制上。对于中青年教师,要帮助他们在教育教学的有效性上下功夫,开展行动研究,围绕课题参与教育科研,撰写有价值的教育教学论文。对于老教师,应引导他们利用其丰富的经验和特有的优势,做好"传、帮、带",帮助青年教师较快成长。历年来,我园一直坚持园长上观摩课,拔尖人才教师上示范课,老教师上特色课,三年教龄内教师上模仿课,而一年教龄内教师上汇报课。实践告诉我们,只有让不同层次的教师都找到自我发展的可实现目标,才能实现教师群体良性的生态发展。

2. 情景再现,培养有标度

《3~6岁儿童学习与发展指南》强调:"要珍视游戏和生活的独特价值,创设丰富的教育环境,合理安排一日生活,最大限度地支持和满足幼儿通过直接感知、实际操作和亲身体验获取经验的需要。"以幼儿发展为前提的一日活动的组织更能考验一个老师的组织能力与艺术水平,更是践行吕叔湘"能贱"人生观的最好体现。将幼儿一日常规中的每个环节分解,教师扮演各种角色,如教师扮演幼儿和家长,再现晨间接待环节。其他教师观看后,对这个环节中存在的教育契机、价值取向、不足与问题、解决途径等进行研讨,借此给每个老师合理安排幼儿一日生活的参照,尽可能地将教育的价值发挥到极致;同时这样的方式也给每个教师提供了学习、参考、借鉴的机会。

3. 务实有效,培养有效度

要使教师的培养回到务实的平台上,就要实实在在地以“有效”作为出发点和归宿。为了加强教师培养工作的有效性,相应的管理办法也必须到位。例如,我园每个年段的每个主题都要进行课程审议,老师们在审议时提出适合幼儿发展的适宜的内容和学习性区域游戏如何设计,然后再进行主题活动教学;每月进行一次观察记录评比,新教师实行双向手动备课。

4. 游戏化课堂,培养有准度

(1) 教育游戏化

在学前教育,真人的教育就是要以儿童为中心,遵循儿童身心发展的规律,让幼儿在属于他们的童年中健康、快乐、本真地成长。秉承吕叔湘教育要“求真”的精神,我园确立“玩中学”教育理念,引领全园教师以课题为抓手,全力打造“玩”味十足的幼儿园文化。活动教学有情境,有游戏,有知识,有快乐,有探索。教师要恰当把握游戏区域的确定、场景的创设、材料的投放、区域的互动,从而让幼儿徜徉在“玩”的世界中,玩转地方游戏,在玩中乐,在玩中学,在玩中成长。

(2) 教育生活化

教育家吕叔湘说:“教育半是科学,半是艺术。”自古以来,人类就在大自然中进化、生存和发展。把幼儿艺术性地引入大自然,最能引起幼儿的好奇心和探究兴趣。我园在后院开辟了一块园地,名叫稻草人乐园。乐园里有菜园、果园、桑园、梅园等,蔬菜绿绿葱葱,树木枝繁叶茂,水泥路蜿蜒曲折,灵巧可爱的葡萄架更是景色迷人。每个班的老师和孩子们管理一块地、一棵树、一株花等,幼儿在地里种菜、拔草、浇水、施肥,劳动着,实践着,玩着,学着,体验着大自然的神奇,品尝着劳动的快乐。这种实践性培训,促使“教育生活化”,同“教育游戏化”一样,成了我园教师的意识自觉和行为自觉。

(四) 我们的成果

1. 编织了一个因人而异的教育梦想

每一个教师心中都有一个美丽的教育梦想,都有一幅七彩的教育蓝图,而整天与花朵般美丽的幼儿在一起的幼教老师,心中的梦想更天真,更绚烂。让美梦成真,缺少的正是时机,正是适宜的土壤与温度。回归幼儿世界——地方文化主题游戏活动开发的研究给新区幼儿每一位爱孩子、慧天

下的教师点燃了激情,创造了机会。我思,我想,大家在为自己设计的游戏天地构思;我玩,我乐,大家在为自己主导的游戏乐园陶醉;我淘,我藏,大家在为自己发现的快乐游戏寻觅。从本土游戏中从发现,从开发设计中生成,从观摩评比中提高,一点点的智慧星火燃烧起来,一点点的构思愿望圆满起来,新区幼儿园的特色园本课程就像春天花园的繁花一样美不胜收。

2. 收获了一个地方游戏的无价金矿

回归幼儿世界——地方文化主题游戏活动开发的研究对于新区幼儿园的领导和教师来说,无疑是一条矿脉,沿着它找寻挖掘,我淘,我藏,宝藏越来越多,收获了地方文化主题游戏活动开发的宝藏。到地方民俗风情文化中淘宝,再根据儿童身心发展的特色,融合生成,集成开发了地方主题文化游戏的园本课程,收获了地方文化主题游戏活动研究的宝藏。行政领导带领教师,在课题的感召和推动下,潜心研究,撰写了一批科研论文,不断在幼教报纸杂志上发表,收获了幼儿身心发展的宝藏。孩子们在百玩不厌的游戏世界里尽显童真,快乐成长,收获了幼儿园特色发展的宝藏。“地方文化主题游戏活动”正在成为我园特色建设的响亮品牌。

3. 建成了一所欢乐愉悦的儿童乐园

让儿童享受童趣,开开心心地玩要,快快乐乐地嬉戏。这里的孩子没有孤独感,玩具就是他们亲近的伙伴,没有寂寞感,游戏就是他们不厌的课程。从扭捏揉捶的泥塑造型中过足童年的玩瘾。从一日三餐的饮食文化中感受家乡的美食乐,包饺子,蒸包子,打酱油,烧大麦粥,孩子们早早学习厨艺。从家乡的巧手绣、剪裁、刺绣、缝纫中,培养心灵手巧的裁艺。从传统走向现代,融入地方产业发展转型的因素。美目生辉,眼镜小市场尽显丹阳眼镜制造销售的发达。足下生辉,皮鞋小市场反映了丹阳皮鞋之乡的繁华。融入生活的因素,让孩子们融入本土的元素,在游玩的过程中认知家乡的民俗民情,感受家乡的土特名优物产。我玩,我乐,玩不厌,乐不够。经过几年的经营,幼儿园既复原了丹阳一些具有代表性的儿童游戏,又构建了反映丹阳现代产业发展的系列游戏项目,组建了从古到今、充分展现地域特色的儿童游戏天地,建设了一个儿童地方主题游戏文化的民俗馆。

4. 锻炼了一支协同科研的教师队伍

科研对大多数幼儿教师而言,似乎很高深,很陌生,很遥远。但是因为课题的推进,一个开题仪式就是一次向教科研摸索的动员会,一次专家的报告会就是一次不可错过的学习机会,一个子课题就是一块必须啃下来的硬骨头。向专家学习,向书本学习,向同行学习,互帮互学,互相鼓励,他们依据粗线条的框架开始美丽的附着，开始大胆的自我生成。学会了查资料，学会了做材料，学会了找案例，学会了交流讨论，学会了写论文，学会了组织各种科研活动，教师们的教科研意识和能力得到了提高。

随着一个个省级课题研究的深入，我们收获了教师专业成长的宝藏。顾丽琴、杨霞、朱燕芬、王辉被评为镇江市中青年骨干教师，汤红霞被评为镇江市第一批教坛新秀，王辉、朱迎春被评为镇江市十佳教师……这些都佐证了课题研究对我园教师专业成长的引领与助推作用。

在本土教育家吕凤子、戴伯韬、吕叔湘教育思想的引领下，通过扎实、深入的课题研究，地方游戏在我园“嗨”起来了，我园教师的专业成长也随之快起来了。我们将继续沿着这条“科研兴园”之路阔步前行。

（朱迎春　执笔）

田园口语：为了记忆中的百草园

——吕叔湘教育思想在幼儿口语教育中的继承和发展

丹阳市运河中心幼儿园课题组

“不必说碧绿的菜畦，光滑的石井栏，高大的皂荚树，紫红的桑葚；也不必说鸣蝉在树叶里长吟，肥胖的黄蜂伏在菜花上，轻捷的叫天子（云雀）忽然从草间直窜向云霄里去了。单是周围的短短的泥墙根一带，就有无限趣味……”

这是鲁迅先生在散文《从百草园到三味书屋》里对自己童年生活的回忆。孩童时代的鲁迅拔何首乌毁坏了泥墙，将砖头抛到间壁的梁家，站在石井栏上跳下来，雪地里按照闰土父亲传授的方法捉麻雀，听阿长妈妈讲美女蛇的故事……一个妙趣横生的童心世界令无数孩子无限神往。

百草园去哪儿了？

没有一个孩子不喜欢这样的“百草园”，但纵观现在的教育，孩子的百草园去哪儿了？越来越多的家长追求功利化贵族化的教育，更多的孩子被关在围墙里，坐在教室里，以知识的获得为追求，以所谓的不让孩子输在起跑线上为借口。宝贵的童年被淹没在追求智力和成绩的功利性的环境中！

以幼儿口语教育为例，口语的学习在幼儿园存在教得低效、学得无趣的现象。教师大多采用讲故事、读绘本、教儿歌等方式进行，内容、方式和孩子们的真实生活缺乏联系。多数孩子以方言为主要交流方式，一进入幼儿园就讲普通话，这往往会人为地割断孩子前三年的生活经验，让孩子的口语学习从零开始，不仅浪费了时间，而且违背了孩子的认知规律和学习特点。幼儿口语的学习方式主要是在真实的情境中体验学习，而教师却没有能够很好地为孩子们提供体验学习的时间和空间，这样很容易导致孩子们在幼儿园没有自信，没有快乐，自然也就找不到心中的百草园。

教育家思想启示

如何让幼儿口语教育回归百草园，体现出幼儿童年的游戏特征、生活特征，让孩子们的口语学习在快乐的游戏生活的情境中交流和发展。我们从丹阳本土教育家吕叔湘的教育思想中汲取营养，寻找着幼儿口语教育回归百草园的钥匙。

教育家吕叔湘就口语训练的重要性指出：语文就是语言和文字。这里的语言指的是口语，文字就是书面语的意思。语言是文字的根本，儿童的书面语言是在口头语言的基础上发展起来的，要及时对孩子进行口语训练，要教育孩子：把话说得清楚，说得有条理，有头有尾，有条有理，让人毫不费力气就听得明白。

吕叔湘对于怎样教好语文也提出了明确的方法：正确熟练地“模仿—变化—创造”，指点孩子模仿什么、怎么模仿，检查孩子的模仿是否正确、是否熟练。教师要调动孩子们的学习热情，激发他们的学习兴趣，教学法的效果关键在一个“活”字。

对吕叔湘教育思想继承和发展的思考

口语是书面语言的基础，要及时对孩子进行口语训练，秉持让口语为适应日常生活需要、有效进行沟通的教育思想。在方法上，我们要坚持正确熟练的“模仿—变化—创造”，要调动孩子学习的兴趣和热情，运用“活”的教学方法。在吕叔湘语言教育思想的启迪下，我们深刻地认识到：幼儿时期，正是幼儿口语学习和发展的关键时期，我们更应该认识到这段时期口语教育的重要性，让幼儿园的口语教育从生活中来，为幼儿的生活服务，并能采用灵活的教育方法开展幼儿期的口语教育。

为了让幼儿口语教得有效、学得有趣，我们创造性地开展了“田园口语”的研究，以创设孩子们最爱的口语学习的“百草园”为突破点，努力探索让孩子们在和大自然的亲密接触中，在和社区周围环境的互动中，在和亲人朋友的交往中学好口语，让幼儿口语教育与幼儿生活相伴相生。

我们的思考与实践

我们运河幼儿园立足农村这块广阔的天地，开展“田园口语”教育课程，就是倡导以儿童为中心、以生活为中心、以活动为中心，返璞归真的真实的生活口语教育，顺应自然规律的绿色生态口语教育，追求自然本真健康的幼儿园口语教育课程。不断拓宽幼儿口语学习的新途径，让每一个孩子拥有一个快乐的口语学习的百草园。

能说会道快乐娃：“田园口语”教育目标

我们幼儿园的培养总目标：激发幼儿亲近自然、关爱社会的情感，对生活充满好奇好问的兴趣，初步具有自主探究解决问题的能力和乐于创造勇敢表现的能力，同时获得有益的学习经验、健康的生活态度、良好的生活习惯、独立的生活自主能力，促进其身心和谐发展，让孩子拥有一个健康快乐的童年生活。幼儿口语学习的目标与幼儿的成长目标相吻合，幼儿口语教育的目标与整个幼儿园教育的目标相吻合。由此，我们口语教育的目标定

位是：敢说、有的说、会说、喜欢说。

"田园口语"800句："田园口语"课程的建构

为了达到预期的口语教育效果，我们从本园所处区域农村乡镇特征、园所文化背景、幼儿口语特点及发展规律等方面入手，以自然美、民俗情、家乡亲三大主题为线索，形成主题式的立体的"田园口语"园本课程，创造性地编制了"田园口语800句"园本教材。

1. 自然美：在大自然的世界中学说大自然的语言

运河幼儿园的孩子，是一群快乐的小鸟。春天，第一朵花儿怎样开放，第一枝嫩芽何时萌发，第一只蝴蝶怎样飞舞，第一声春雷怎样响亮，他们都能看到、闻到、听到。夏天，他们和老师、父母一起到大绿树下乘凉，播种向日葵的种子，看看谁找到的蛐蛐更多，谁发现了雨后的彩虹。秋天一起品尝自己栽种、采摘的花生，金色的稻田就是一幅最美的图画。冬天的蜡梅特别的幽香，银装素裹的世界成了孩子们游乐的新天地。白天，孩子们可以整天待在树林里、田野上，爬爬树，用黑黑的乌泥做一把枪，捏几个自己喜爱的动物，到池塘边去钓钓鱼，下雨天一起快乐地踩水花。夜晚，孩子们在镇上的河边散步，寻找萤火虫的踪影，倾听风吹过树叶奏出的美妙的音乐……

在这样的过程中，孩子们美妙的大自然语言产生了：小班孩子会开心地说：小花，你好啊！毛毛虫，爬呀爬到树叶上。小雨点唱歌沙沙沙。中班的孩子会自己主动说：我从山坡骨碌骨碌滚下来，真好玩！大白鹅，摇摇摆摆真可爱，我来抱抱你！大班的孩子会说：朝霞不出门，晚霞行千里，春雨贵如油，种瓜得瓜，种豆得豆等生活中的谚语，看到萤火虫会惊叹，萤火虫点亮灯笼，变成会飞的小星星……

2. 民俗情：在有趣的民俗活动中学说民间的语言

民俗，是我们的传统文化，可以永远印烙在我们的记忆之中，我们挖掘具有乡土风情、民族特点的民俗活动，及时开展教育活动。一年一度富有地方特色的庙会活动到了，老师组织家长带着孩子们一起逛庙会，玩游戏。夏至到了，孩子们跟着父母到亲戚家做客。端午节、春节、中秋节等传统的和民俗息息相关的节日都成了我们开展"田园口语"活动的素材。庙会时节，孩子们会学着吆喝：我们的跌打药最有效，大家都来试试吧！周围有人结婚了，孩子们会说：他们家办喜事了！孩子们穿上虎头鞋会说：我穿上虎头鞋就会像老虎那样厉害了！端午节，孩子们会交流：我今天吃的是奶奶包的五角星粽子，你家有吗？过年了，孩子的祝福语言更加丰富生动：恭喜发财，福如东海，寿比南山……在民俗活动中，孩子们也掌握了很多有趣的歇后语，例如，黄鼠狼给鸡拜年——没安好心；隔年的皇历——过时了；千里送鹅毛——礼轻情意重；狗咬吕洞宾——不识好人心……

3. 家乡亲：在浓浓的乡情中学说交往的语言

农村和城市相比最大的优势是熟人社会，孩子交往的机会更多，我们充分利用这样的优势，创造性地开展走进家庭系列活动。孩子们每周开展一次串门活动，各班选择有代表性的家庭，有的四世同堂，有的住宅别墅富有特色，有的是爸爸妈妈有特殊才能。孩子们来到同伴家庭，听奶奶爷爷讲有趣的故事，大家一起分享妈妈制作的美食，请爸爸帮着修理玩具，小伙伴们还经常聚集在奶奶妈妈身边搓汤圆、摊饼子……

除此之外，幼儿园以园为单位或以班级为单位开展各种丰富多彩的家庭互动活动。春天到了，组织家长亲子旅游；收获的时间到了，开展南瓜节活动；稻子成熟了，稻草人制作大赛热火朝天。农村的孩子很少见演奏会，幼儿园组织家长和孩子共同开展打击乐活动；有的时候，妈妈们会带上自制的食物，到幼儿园聚会交流；家长们还参与孩子的科学活动，和孩子一起制作肥皂泡玩吹泡泡的游戏……

在这样的活动中，孩子们会主动表达诉求说：你好，我可以……吗？请你也到我们家去做客吧！爸爸，你真厉害，就像电视里的超人；我和爸爸做的稻草龙马上要到天上去腾云驾雾啦！妈妈做的红烧肉是我的最爱……

田园口语玩中学："田园口语"实施途径

玩是孩子的天性，游戏是孩子的生活方式，只有在快乐的玩的情境中，孩子才可能轻松愉悦主动快乐地学习和表达。因此时时玩、处处玩、一起玩，教学玩合一成为我们开展幼儿口语教育的最重要的途径。

处处玩中学：孩子们可以在大自然中尽情地玩，在邮局、医院等社区中快乐地玩，在小伙伴家中新奇地玩。在幼儿园里，孩子们随时可以打破班级年龄段互动着玩。甚至他们可以把自然带进幼儿园、带到游戏区玩。回到家里，孩子们可以继续和爸爸妈妈亲密地玩，和周边的小伙伴们一起玩。

为了打破以幼儿园为主阵地的单一的状况，我们还和当地村委会协作，和工厂、医院等互动，积极建立起田园口语教育基地。在蔬菜种植基地、工厂实践基地、树林游戏基地、家禽饲养基地、特色家庭互动等多个田园口语教育活动基地，都可以看到运河幼儿园孩子玩乐的情景。我们还积极发掘幼儿园内部教育资源，进行班级资源共享；让孩子们随时随地可以在菜地、草坪、户外体能场地、室内美术构建图书统感训练室、鱼嬉区活

动场地玩耍。

在游戏活动中，孩子们自发生成了他们自己的语言：我今天和大姐姐一起玩游戏了，姐姐真好！小妹妹不要怕，哥哥保护你；弯弯的蚕豆宝宝像小船；小番茄口渴了要喝水；这是我挑的野菜，比你多……

时时玩中学：晨间活动的时候孩子们玩各种各样的体育游戏，他们要介绍游戏的玩法，在选择器械的游戏的时候他们要表达自己的诉求。区域活动的时候，在和同伴的交往游戏中学说口语，在完成各种作品后用自己的语言介绍自己的作品。进餐的时候，他们分享着食物的美味；散步的时候，他们惊喜地和同伴交流自己的新发现；睡觉之前，他们闭上眼睛静静地欣赏文学作品，享受着故事儿歌带来的喜悦。在这些活动中，孩子们会说：我们来比一比，谁的小蜻蜓飞得远；我们女孩子加油，一定不能输给男孩子；这是你要的草莓蛋糕，请品尝吧；我把饭菜吃完了，我是好宝宝；我们不能大声说话，会把小鱼吓跑的……

一起玩中学：家长学校、《新田园小报》，让越来越多的家长参与到和孩子玩的过程中，家长和孩子们一起玩，用豆皮编螃蟹，用稻草进行稻草创意制作，用树枝共同制作一个个妙趣横生的工艺品，家长和孩子一起给作品起名字，把制作的过程说出来。军营中的战士、医生、警察、厂长、环卫所长、民间艺术家走进幼儿园，回答孩子们感兴趣的问题，带孩子深入到他们的工作单位观察实践。我们和文广新局联合开展“非物质文化遗产走进幼儿园”活动，让民间艺术家们和孩子们一起玩剪纸游戏，一起用语言分享自己的作品。

在这样的过程中，孩子们会说：我想做超人，像警察叔叔那样专门抓坏人；妈妈，我们用稻草给小女孩编个辫子吧！天上又没有路，飞机是怎么在上面飞的呀？树枝上有一个稻草屋，那肯定是小鸟的家……

我们的成果

经过近两年的思考和实践，我们的田园口语教育取得了一定的成绩，具体表现在以下几个方面。

1. 对吕叔湘语言教育思想的丰富和完善

吕叔湘语言教育思想，在幼儿园有了自己的理解和创新。吕叔湘的语言教育思想让教师在口语教育方面的专业发展有了很大的提升，老师能够更加按照教育规律办事，更加注重实践，关注田园、热爱乡村。通过研究，我们确立了幼儿阶段的口语教育目标，确立了口语教育和幼儿生活相连接的内容，创新开展了以自然美、民俗情、家乡亲为主题的田园口语实施途径，有力地推进了幼儿园口语教育的开展。

2. 幼儿口语教育的创新：改善了教与学的方式

通过田园口语活动的开展，教师的口语教学方式发生了很大的改变，由传授为主改变为让幼儿在生活中、在游戏中、在自主的需要中进行主动建构式学习。幼儿的学习方式由被动转化成主动，在发现中，在活动中，在交流中喜爱上表达，学会了表达，大胆地表达，孩子的自信心和积极性都得到了提升。同时，田园口语的开展丰富了幼儿园语言教育资源，构建了田园口语教材、口语交流园本课程、幼儿园生活儿歌集锦，促进幼儿园口语教育形式更加活泼，充满活力。

3. 幼儿的成长和幼儿园的发展

田园口语的开展让孩子置身在真实的生活情境中，在需要运用的环境里，提高了孩子口语学习的积极性。因为有了素材，他们便有话可说；因为环境宽松，他们就敢于表达；因为学会了表达，他们爱上了表达。在田园口语的实施过程中，孩子们主动获得了大量的口语素材，提高了语言的敏感性，养成了幼儿运用语言进行交往的积极态度和基本能力，口语表达能力得到了很好的发展。同时，口语能力的提升也帮助孩子获得了更多自信，孩子们的交往能力也得到了持续提升。

幼儿园以田园口语为出发点，向幼儿园其他领域以及幼儿园的文化内涵深化，逐步形成了新田园教育的园本文化，幼儿园核心竞争力持续提升。

幼儿百草园生活图景让人感动，它让每一个孩子拥有无穷的乐趣和无限回味的美好。为了我们孩子的现在和未来不再有遗憾，为了记忆中的百草园，让我们一起努力……

（袁玉清　执笔）

责任教师：大师精神引领的农村教师专业发展

丹阳市导墅中学课题组

一、问题的提出

农村教育的希望在教师，农村教育的困难也在教师。对此，我们体会尤为深刻。我校坐落在匡亚明故里，鹤溪河畔，江南水乡，文化古镇导墅，这里人文底蕴深厚，民风淳朴，才人辈出。学校曾经有过辉煌发展时期，但近几年，因丹阳教育发展的需要向城区中学输送了70多名优质教师，包括多名校长，学校中青年骨干教师、学科带头人流失异常严重，教师专业化整体水平提升的自然路径受阻。

农村教师专业发展的问题到底有哪些？通过自制问卷，对全校60多位教师从教师专业情意发展、专业知识发展、专业能力发展及专业发展影响因素等方面进行了问卷调查。教师队伍在专业化成长中因多方面原因存在诸多问题：近30%的教师对专业阅读的热情不高，专业阅读的习惯没有养成；近28%的教师理想缺失、动力不足、满足现状，工作积极性不高，责任心不强，缺乏敬业精神和奉献精神；占10%的老教师创新意识不强，缺乏学习新思想和参与教学改革的动力，出现明显的职业倦怠现象；年青教师缺乏教学实践经验，驾驭教学的能力相对偏低，得不到行之有效的学习和指导，专业化成长明显滞后。再加上农村教师条件艰苦，工作压力大，自我发展空间狭小，使教师专业化发展途径受阻。从不同阶段教师专业发展水平分析，呈现“低—渐高—最高—渐低—最低”的态势；从不同职称教师专业发展水平分析，教师专业发展呈现“低—渐高—高—低”的态势。诸多因素拉大了学校与城区学校之间的教育差距，也制约了农村教师队伍整体素质的提高，进而影响了学校的发展。

农村教师专业发展的路在何方？学校力图以本土教育家匡亚明的大师精神和教育思想引领教师专业化发展，促进学校跃上新的台阶。

二、匡亚明教育思想的启示

匡亚明的一生是无私无畏的一生，是献身教育、敢为天下先的一生，是著述不辍、生命不息的一生。实事求是、倚重教师、人才强校、创建良好校风、培育红专人才、创造良好条件、坚持勤俭办学等，是匡亚明教育思想的精髓。创新、创造、求实、超越则是其教育思想的核心内涵。他的这种崇高革命精神、高尚道德情操、务实工作作风和精辟教育思想，是我们学习和继承的宝贵财富，学校的发展正需要我们对这一至今仍然闪烁着真理和智慧的光芒的教育思想进行深入实践和思考。

匡亚明在他“办学立教十四则”中认为：要办好一所学校，关键在于要有一支政治素质高、业务能力强的教师队伍；学校的水平，主要取决于教师。没有枝就没有花，也就没有果。学校直接产生成果、培养人才的是教师队伍。“走一流师资与一流学科强校之路”是匡亚明教育思想的重要内容之一。匡亚明倡导“教授治校，教师第一”，学校只有拥有一批德才兼备的教师，才能办出一流的品牌学校、特色学校。

在匡亚明的校长意识中，最宝贵的是对教师的尊重。他以人为本，求才若渴；他唯才是举，不拘一格。他派人三下武汉，礼贤下士；他破格提拔青年学子，堪称“伯乐”。生活中，他与人为善；工作中，他严于律己。他一生身居高位，廉洁奉公，为发展我国教育事业鞠躬尽瘁。

针对学校教师专业化发展的现状，我们梳理了匡亚明教育思想中有关教师专业化发展的相关内容。匡亚明教育思想对教师专业化发展的启示主要表现在以下几个方面：

（1）匡亚明认为：要办好一所学校，关键在于要有一支政治素质高、业务能力强的教师队伍；学校的水平，主要取决于教师。学校直接产生成果、培养人才的是教师队伍。

（2）匡亚明曾说，“我想来想去，中国学问的精髓就是‘人学’，做学问就是‘做人’”。他的骨子里秉承着中国文化传统的精华，他怀有“天下兴亡，匹夫有责”的抱负，“民吾胞也，物吾与也”的襟怀，“无求生以害仁，有杀身以成仁”的气节，立定“三军可夺帅也，匹夫不可夺志也”。匡亚明一贯强调孔子思想，“提出了有独立人格、独立个性和独立志气的人的自觉”。他指出：“中国传统文化的价值在于围绕个人、人际关系和社会提出了一系列关于如何做人、个人修养和处理好人际关系”。他的思想真正继承了中国古来“治国平天下”的第一大事——“正人心，淳风俗”。人活一天总应工作一天，为人之道应是乐观加信心；谦逊和好学是人能成为正直而有成就人的美德。

（3）匡亚明重视教师队伍建设，重视教学质量提高，重视学术风气加

强。他号召并推动教师广泛开展教育教学研究，倡导青年教师在搞好教学的同时必须抓紧业务进修、提高和开展研究，要求青年教师每学期都要制定具体计划，包括读几本书、写几篇文章等内容，以此促进教师专业化发展。匡亚明认为，实事求是是治学的基本功夫；寻求真理，解决问题是治学的目的；持之以恒，锲而不舍是治学的方法。

（4）匡亚明坚持真理，实事求是，严于律己，工作严谨，对点点滴滴小事的高标准严要求，成就了他的伟大。他认为：一个人真正的乐趣，应该是精神上有理想，有追求，不断学习，超越自我，做一个读书万卷、治学有方、有学问、有远见的人。

农村优秀教师的变动，优质生源的流失，教师自身等多方面因素使教师专业化发展极不平衡。近几年随着外来务工子女、留守儿童等在学生中比例的增大（这些学生人数占全校总人数的50%以上），对农村教师专业化成长要求更高了，需要教师有更多的耐心、爱心、责任心，因此建设一支高素质专业化农村教师队伍，应该是发展农村教育的“重中之重”。

三、匡亚明教育思想的实践

如何以匡亚明教育思想引领学校教师专业化发展呢？

（一）责任文化：责任教师的定力

在20世纪末21世纪初，学校作为一所农村中学，在骨干教师和主要领导频繁调离的情况下，取得了非常理想的成绩，引起了不小的轰动。这究竟是什么发挥了作用？经过总结和提炼，我们得出了一个非常重要的结论，不是导墅中学的生源特别好，也不是导墅中学的教师特别优秀，更不是导墅中学的领导特别杰出，而是在这一块土地上孕育着一种精神，那就是“对学生高度负责”的学校精神。

但“对学生高度负责”的学校精神，还仅限于教师层面。要促进学校可持续发展，跃上一个新的台阶，学校精神应涵盖学校各个方面。于是，学校在有机融入了本土文化——匡亚明“尚文崇信”文化精神的基础上，提出了崇尚责任的学校文化：办负责任的学校，铸负责任的教师，育负责任的学生。

1. 走近大师，感受精神标杆

学校开展各种本土教育家匡亚明大师精神和教育思想专题研讨活动，让教师们在活动中走近大师，感受其精神内涵。学校开展了以“尚文崇信向我看，引领前行向前赶”为活动主题的匡亚明“尚文崇信”文化精髓大讨论。

校书记带领全校教师从为人，光明磊落，无私无畏；办学，以人为本，敢为人先；治学，质朴严谨，孔学泰斗三个方面感受匡亚明“尚文崇信”的伟大精神，感受匡亚明为振兴教育而献身教育的光荣的一生、革命的一生、追求真理的一生、光明磊落的一生。学校借开展以“我心中的匡亚明先生”为主题的读书交流活动，让教师们从匡亚明的一句话、一个举动中感受他的为人、他的无私、他的思想，青年教师在工会组织的活动中进行了演讲比赛。

学校围绕“学师德规范，树师表形象，关爱学生，敬业奉献”这一主题加强师德培训，教师要遵守职业道德；重点围绕匡亚明的教育思想及“崇尚责任”的学校精神开展研讨，教师要弘扬责任精神。“打造责任课堂，责无旁贷”、“追求有效备课促成高效课堂”、“崇尚责任意识，打造责任课堂”、“弘扬导中精神，打造责任课堂”、“强化责任意识，弘扬责任文化”、“学会生活，勇担责任”等主题活动的开展，让教师们明白要办好一所学校，关键在于要有一支政治素质高、业务能力强的教师队伍。

2. 对话大师，确立职业规划

学校要求每位教师以学习的态度、科研的态度深入学习伟大的教育家匡亚明及其教育思想，把其落实到自己的个人读书计划之中，深入感受匡亚明的为人、办学、治学等方面的态度、思想和精神。发挥学校网站、橱窗等阵地作用，每学期至少组织一到两次教师集中理论学习(或观看视频)，学习匡亚明教育思想及与教师专业发展相关的文章，了解匡亚明在探索社会主义大学办学规律中所进行的教育实践，体现出的富有特色的教育思想，了解匡亚明雷厉风行、细致周到的工作风格、工作态度。

学校结合《教师的幸福在哪里》等文章的学习、“做一个负责任的教师”专题讲座、教师个人读书计划、学科组每月学科知识学习等拓展教师专业知识，构建教师专业人格；组织学习义务教育课程新标准、《中学教师专业标准》等形成专业思想；通过学历进修、教研活动、校际交流、教师培训、写教学反思、经验总结等提升业务水平；通过“青蓝工程”传、帮、带，说课、教学比武，课例分析，同课异构等形式，让教师在活动中反思，在反思中改进教学，在改进中感悟教学，在感悟中升华对教学的设计和理解，进而提升教师专业能力。

3. 团队合作，融合责任文化

学校举行“责任文化”建设专项研讨会，加强团队合作，弘扬匡亚明教育精神和教育思想，丰富责任文化内涵。各部门将学校办学理念细化在学期工作计划中，各教研组将学校办学理念具体渗透到学科教学计划中。学校

邀请邹国和、丁双六两位专家到校与学校行政一起探讨责任文化建设。学校开展师德承诺、楼宇命名、责任课堂打造等活动，通过政策文本解读、专题研讨、榜样示范等多种途径，将匡亚明教育思想与学校崇尚责任精神体现在学校景点之中、楼道文化之中、班级建设之中、课堂打造之中等。大力宣传，长期倡导，使之逐渐形成学校共同的价值理念，并最终内化成教师日常的行为表现，显现为学生日常的责任言行。

“思想引领助成长，活动开展促发展”。课题组定期开展活动，总结理论成果，提炼匡亚明教育思想，将其与教师专业发展紧密结合起来。研究匡亚明教育思想与教师专业化发展的关系，提炼匡亚明教育思想的“教师观”、“学生观”、“教育观”，从而把弘扬崇尚责任的学校精神逐渐转化为教师发展的内在动力和精神支柱，打造责任课堂，形成责任群体，育成负责任学生。

（二）责任课堂：责任教师的实力

学校将匡亚明教育思想具体渗透到教师专业发展的各项活动之中，打造责任课堂，提升教师专业能力。

1. 责任目标

责任课堂，旨在构建较为完善的有效甚至高效的课堂教学模式，解决学校课堂教学中的一些问题，从而提高学校教学效率和质量。营造主体性新型课堂的学习环境，大面积提高学生学习质量，从而促进其个性的成长。以研促教，加快教师的专业成长，促进学校教师更新教育观念，树立高效教学观，逐步提高教师的整体素质和业务水平，进而优化课堂教学的各个环节，更好地为学生学习、发展、成长服务。

2. 责任集备

学校强调要学习匡亚明治学精神，在备课方面要勤、精、实。制定了学校集体备课制度，要求做到：四定（定时间、定地点、定内容、定中心发言人）、七备（备思想、备教材、备教法、备学生、备学法、备教学手段、备教学过程）、六统一（统一进度、统一目标、统一重难点、统一每一节课授课的共性内容、统一作业、统一单元检测试题）。在校园网上开辟了网上集体备课平台，同时要求语文、数学学科形成成熟的教案，做到国家课程校本化。学校在学习中进取，在探究中逐步成长，在备课方面形成了“十二字”有效备课方法，即一课三备、一课三促、一课三研。学校就这一有效备课方法在市级范围及兄弟学校做了经验介绍，成果得到了大家的认可。

3. 责任策略

学校把探讨责任课堂教学模式列入三年发展规划之中。校长带头做讲座，行政干部带头开展责任课堂模式的研讨，教研组组长负责本组人人参与。聚焦“课前、课中、课后”三个学习时段，聚焦“创设情景、自主学习、合作交流、点拨探究、归纳反馈”五大教学环节，聚焦学生健康发展、教师专业成长两大核心，“三段五环”教学模式已初步成熟，并探索出符合各学科特点的操作范式，形成了与课堂教学模式相配套的课堂教学评价标准。教研组长在教师会上交流各组责任课堂的落实和推进情况，教科室、教务处总结责任课堂实施的成功与不足。紧紧围绕学校重点课题《农村初中“三段五环”课堂教学模式实践研究》和《匡亚明教育思想引领教师专业化发展的实践研究》的研究，开展责任课堂的有效甚至高效的实践，切实转变教师、学生教与学的方式，发挥教师的主导和学生的主体地位，推进课堂教学改革。

4. 责任落实

学校鼓励教师人人开展课例研究，开展一课多上或同课异构，多次改进，不断提升责任课堂教学效果。通过定期听课、随机听课、随堂听课的方式让教师在反思中改进教学，在改进中感悟教学，在感悟中升华对教学的设计和理解。学校重视检查和反馈，开展每月一次的“教学五认真”常规检查，对发现的问题提出改进的建议和措施，在问题的解决中获得经验，建立规范、完善的制度。学校重视期中和期末测试，及教学阶段过程的质量情况，要求每位教师针对年级和班级测试情况从试卷分析、教学存在问题、教学改进策略与措施等方面进行从面到点的跟踪调查分析。教师充分发挥责任课堂这一主阵地的效能，从面上重点解决班级整体存在的问题；通过志愿导学从点上就学生的薄弱学科、薄弱知识点进行面对面、一对一的指导。自去年开始，学校在初二年级学年结束时就召开新初三部分学生家长会，制定暑期家访学生对象和家访要求、计划、作业等，进行假期定向跟踪辅导和质量监督。

（三）责任社团：责任教师的魅力

几十年前，匡亚明校长就主张融通“文史哲”，开办“大文科”，培养具有广博的学识和多方面能力的通才。他十分强调通才与专才的统一，以免学校培养的人才知识面过于狭窄。

中学校园生活是青春的生活。学生的社团生活，不仅是学生成长的阶梯，也是责任教师魅力呈现的舞台。

目标引领，规范学生责任行为；自主管理，提高学生责任意识；活动体验，促进学生责任内化。学校每学期教职工报到的第一天下午，负责学生社

团活动的教务处就组织社团负责教师召开会议，明要求，说目标，定计划，谈落实。学校根据学校内涵、特色发展的需要和学生成长的需求，开展了馨光文学社、书行天下社、逸兴素描社、活力篮球社、科技创新社等十多个社团活动，并把学生社团活动的时间(每周三下午的第四节课)列入学校作息时间表，各班张贴上墙。学生们在班主任和任课教师指导下，结合自己的发展和成长等情况，按时进入自己喜欢的社团活动地点进行活动。在老师们的带领下，学生与大师对话，学习知识，交流思想，切磋技艺，互相启迪，增进友谊。为了更好地发挥每一个学生的优势和特长，激发学生学习、活动的热情，老师们除制定本社团活动章程和教学计划外，还精心备课，精心选材，精心设计，精心组织，精心活动。社团活动与平时的上课内容和形式上都有一定的区别，内容更专一，形式更多样。教师们对学生先摸底，再分类定标，学生活动时间必须达到85%及以上。一课一点，一课一标(目标)，一课一测，一课一标(达标)。为了更好地丰富学生精神生活，放飞学生理想，负责社团活动的老师们必须牺牲平时休息时间苦练基本功，适应一专多能发展的需要，不断提升自己的专业能力，丰富自己的通才知识，展现自己的教师魅力，从而让学生在社团活动中充分展现自我才能。

四、研究成果

学校开展匡亚明教育思想研究，用“责任教师”大师精神引领了学校的发展、教师专业的发展，取得了显著的成绩。

1. 教师专业化发展情况

在匡亚明教育思想引领下，围绕学校崇尚责任精神，开展教育教学研讨，开展教育教学技能培训，开展教育教学基本功大赛，开展教育教学理论学习，开展教育教学经验交流，学校教师专业化发展取得了显著成绩。学校教师专业情意大有提高，责任意识增强了，教学研讨氛围浓厚了，教师培训争相报名参加。学校市级骨干由原来的不足10人发展到现在的20多人，学校已取得研究生学历和在读研究生的在职教师近10人，学校黄春方、史东良两位老师成为“丹阳市首届基础教育名师班”学员，学校周天辉、史卫峰两位老师成为丹阳市首届“青年名师班”学员。教师们自主学习教育教学理论，将匡亚明教育思想和自己的工作实践相结合，参加镇江市、丹阳市优质课评比，参加基本功大赛，参加展示活动，参加论文评比并发表。周天辉老师参加镇江市教育局组织的“镇江市语文优质课评比”获二等奖；黄春方老师参加常熟市教育局沿江七市“同课异构”课堂观摩，进行课堂点评；黄红琴老师参加镇江市教育局教研室组织的初中英语教师命题比赛获二等奖；在丹阳市班主任基本功比赛中，周天辉老师获一等奖，在镇江市班主任基本功比赛中又荣获初中组一等奖，在江苏省班主任基本功比赛中荣获初中组二等奖。每年教师们有四五十篇论文获省市级奖项，有十多篇论文发表在省级刊物上。近几年，老师们积极参与课题研究，先后有近 10 个镇江市规划课题成功立项，20 多个丹阳市小课题成功立项，4 个镇江市规划课题成功结题，10 多个丹阳市小课题成功结题。教师的专业知识得到了积累，教师的专业技能得到了提升，教师的专业品质得到了发展。

2. 学生成长情况

“立德树人”是教育的根本任务和终极目标，而道德教育的核心是责任感的培养。没有学校今天“崇尚责任”学生的培养，就没有明天有担当的社会公民。学校强化责任教育，扎实开展责任教育系列活动，以责任文化建设引领责任教育，为每一位学生的成功导航，取得了明显的成效。

初一年级侧重于行为习惯的养成教育，初二年级侧重于青春期教育，初三年级侧重于理想信念教育，帮助和促进青少年打牢思想基础、砥砺高尚品德、养成优良行为，树立正确的“三观”，增强社会责任感。

学生在学校组织的“感恩走向未来”活动中主动上台表达对奶奶、妈妈的感恩情结；在学校组织的“走进敬老院关爱孤寡老人”活动中志愿展示自己的才艺；在学校开展的“学八礼四仪”宣誓活动中庄严宣誓并签下承诺状——“争做负责任的中学生！”在学校“美德少年”、“守诚之星”等活动评比中，一个个负责任的优秀学生脱颖而出。在丹阳市教育局组织开展的 2015 年度“最美少年”评选活动中，季江丹获“最美少年”称号，并荣获镇江市“最美少年”称号，作为丹阳代表参加镇江市举办的六一庆典颁奖活动。在丹阳市中小学生科技制作竞赛中，陈建铭获一等奖，袁永杰等 3 名学生获三等奖，并获初中组团体二等奖。在丹阳市举行的“少年向上，真善美伴我行”演讲比赛活动中，初一（3）班王云倩同学获三等奖。近两年来，学生参加各级各类竞赛获奖近 80 人次，一大批负责任的学生正在茁壮成长。

3. 学校发展情况

学校始终坚持“崇尚责任”的办学理念，以“办负责任的学校，铸负责任的教师，育负责任的学生”为办学目标，以“尽职尽责，尽善尽美”为工作追求，践行“有志好学，文明朴实”的校训。初步构建的“责任教育”德育模式和“三段五环”责任课堂教学模式，分别在丹阳市中小学校长高级

研修班德育共同体活动中、镇江市高效课堂建设实验学校调研活动中获得好评。

近年来，学校先后获江苏省健康促进学校、江苏省园林式单位、江苏省“冬季三项”锻炼活动先进学校、镇江市教育现代化初中、镇江市数字化校园、镇江市“三大活动”先进集体、镇江市绿色学校、镇江市中小学生行为规范示范校、镇江市教育技装备管理与使用示范校、镇江市语言文字规范化示范校、镇江市无流生学校、镇江市高效课堂建设实验学校等荣誉，赢得了良好的社会声誉。丹阳教育电视台对学校体艺特色建设进行了专题报道，镇江教育电视台对学校崇尚责任文化建设进行了专题报道。

我们将继续以匡亚明教育思想为引领，弘扬“崇尚责任”的学校精神，加强责任文化建设，创建品牌，提升内涵，引领教师专业成长，促进学生全面发展。

（黄春方　蒋华兰　执笔）

觉悟：一所学校的生本教育

丹阳市第六中学课题组

一、问题的提出

当前，教育更多的可以用“无奈”来形容。课堂上老师讲得口干舌燥，学生被动听课，接受“满堂灌”，不会主动学习，缺乏解决问题的能力。课外，老师辛苦地批改作业、辅导，学生匆匆地订正错题，接着还有做不完的作业，在重复机械的听课、训练中，学生仍然经不起考试。于是就形成了老师教得辛苦、学生学得痛苦的尴尬局面。怎样才能做到“提效”与“减负”的有机统一？这一直是高中教育工作者们苦苦追寻而又难得其解的一个课题。

如何破解难题？我们在本土教育家思想的启发下，营造“觉悟”文化，实施生本教育，走出了一条创新之路。

二、思想的启迪

我们在对马相伯、吕凤子等本土教育家的教育思想进行梳理和分析之后发现，他们在教育教学和管理方面秉持很多相同或相似的观点。他们均认为，学校办学应独立自主，管理应以人为本，课堂教学应以生为本；教育的培养目标就是要让学生学会学习，让学生终身受益，培养出具有创新精神和创造才能的人；对学生，在教育过程中，要尊重个体，发展个性；在教学过程中要注重培养学生的学习兴趣，提高学生的自主学习能力，让每个学生的学习潜力都能充分发挥出来。作为教师，一方面应尽力了解每个学生的思想、个性和潜力所在，充分发展他们的思想，依其个性与才华，因材施教，挖掘出他们的潜力，使其有所成就，另一方面要鼓励、促使每个学生充分了解自己，能够在遵循自然规律和社会发展规律的基础上，尽量丰富自己的思想，尽力发展每个人不同的个性、创造才能，各造其极。

觉悟就是对事物及其产生和发展的规律的认识和理解程度。一个人觉悟的高低决定了其能动地参与社会活动的方式和方法，决定了其为人处世时的思维方式、行为方式，从而最终决定了其社会活动的效率和成果。因

此，在一定程度上我们也可以说觉悟就是态度，就是世界观和方法论。"觉悟"是一个动词，是一个行为的过程。"觉悟"并不一定需要牺牲的勇气、高尚的品格、无私的境界。它首先是一个内省的过程，是对自己内心的一种观照。而这一个观照过程，不但需要时间，需要空间，也需要智慧。由于人的个体经验积累途径和认识活动等方面存在差异，觉悟也存在个性差异。

三、草根的努力

丹阳的本土教育家虽然没有明确地提出生本教育的概念，但我们通过理解他们的思想内涵，顺应他们的思维逻辑，结合时代的先进理念，明确了要实施基于"觉悟"核心办学理念的"生本教育"。这既是对本土教育家教育思想的继承，也是对本土教育思想的一种发展，同时也是全面发展、特色办学的草根努力。

生本教育，就是以"一切为了学生，高度尊重学生，全面依靠学生"为宗旨的教育，是真正以学生为主人、为学生好学而设计的教育。它的深层意义是以生命为本。它关注和弘扬的理念是：人具有发展的无限可能性，教育应充分发挥人的潜能；人具有学习的天性，教育的功能在于顺应人的天性；人具有发展的需要，教育应助其实现自己的价值；尊重、信任、依靠学生，是教育成功的秘诀。

（一）自觉自悟：大师精神为生命成长树立标杆

一走进丹阳六中办公楼，墙上的"觉悟"二字格外醒目，这是我们办学思想的灵魂。

觉悟，作为丹阳六中办学的基本理念，有着我们特别赋予的内涵。觉悟，是一种价值引领、一种自主建构、一种共同发展，是为了"培养一种不需要特别提醒的自觉"。在觉悟的语境里，丹阳六中的师生"每日三问"：今天我觉悟了吗？今天我发展了吗？今天我创新了吗？并由此来表达我们的观念：智力比知识重要，素质比智力重要，觉悟比素质重要。

觉悟作为生命理念，意味着清醒的自我意识，知道自己的优势和不足，进而努力发扬自身的优势，弥补自身的不足，表现出永远向上、追求卓越的精神；觉悟作为办学理念，意味着对学校有着深刻的理解，知道学校对于学生发展和教师成功的意义，不断寻求实现学校的价值，同时表现为教育的自信和内生的发展活力；觉悟作为教育理念，意味着对教育本义的准确把握，知道教育的内涵在于唤醒人的智慧、释放人的潜能、促进人的成长，表现为对教育理想和理想教育的不懈追求；觉悟作为学习理念，意味着把学习作为终身发展的途径，知道作为一个人永远是一个学习者，而学习的内涵在于自我不断建构的同时理解外部世界，服务赖以生存的社会，并通过变革的生活推动人类进步。

随着对“觉悟”文化理解的加深和实践的深入，丹阳六中将朝着“教育文化自觉、主体共同发展、办学特色鲜明”目标迈进。

（二）生本课堂：生命成长的乐园

理念上，要高度尊重学生、充分信任学生并全面依靠学生；课堂上，在“先做后学，先学后教，少教多学，以学定教，进而不教而教”的生本教学实践中，学校形成了语、数、外、政史地文科综合和理化生理科综合五大科新授课复习课共十大课堂教学模式。课堂讨论是学校实行生本教学的主要形式，新授课要求边讲边练，练在讲之前，讲在关键处（传统课堂是讲在练之前，练在无聊处）；复习课要求尽量少讲，讲在疑难处，练在易错处。十种课堂教学模式图示如下：

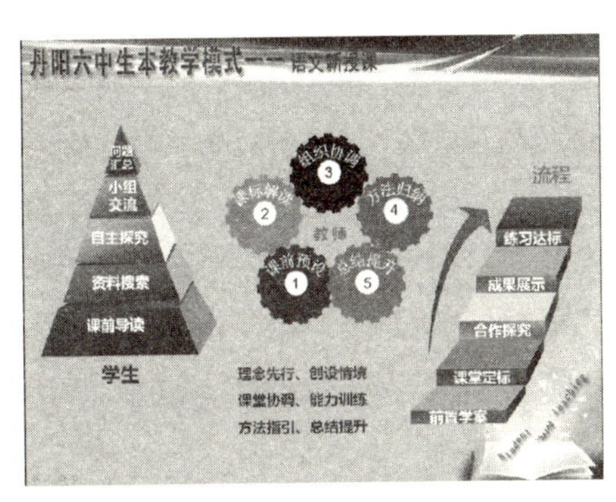

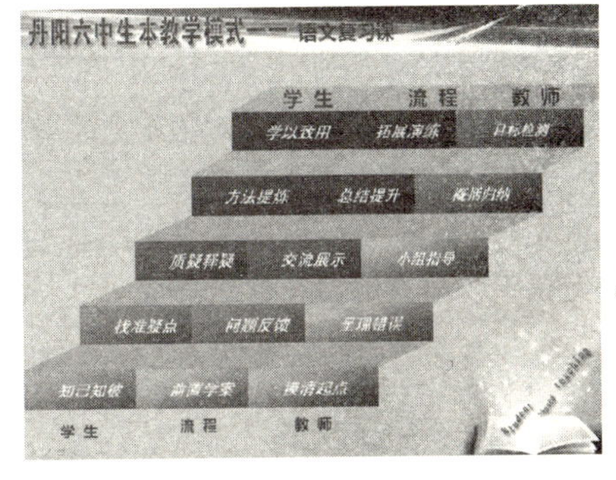

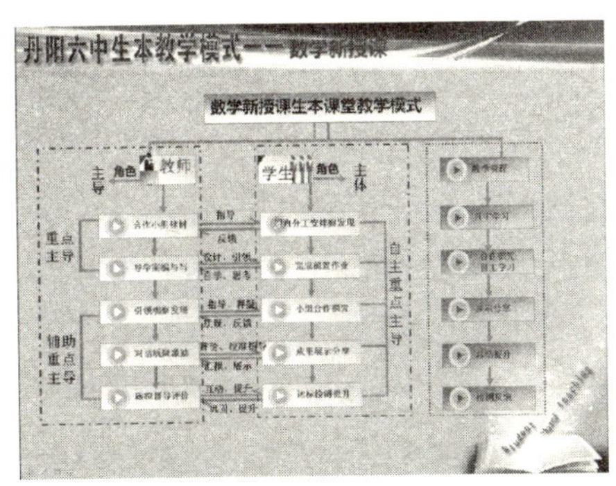

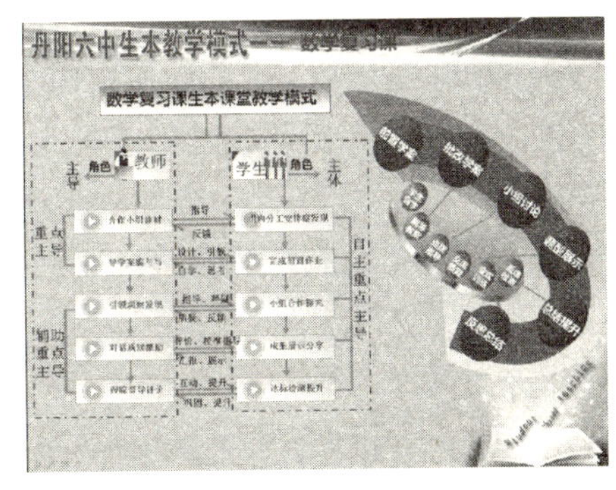

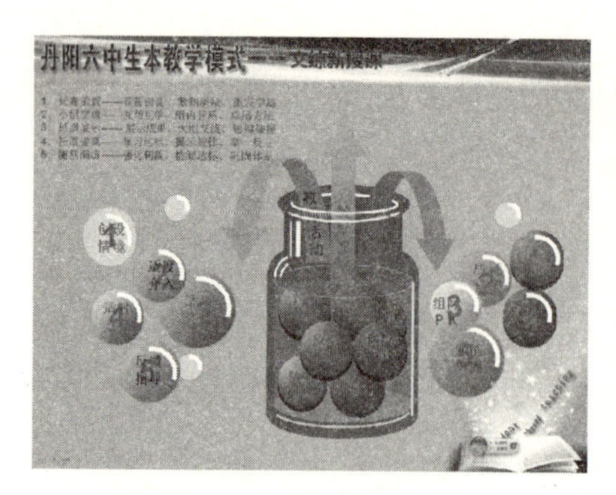

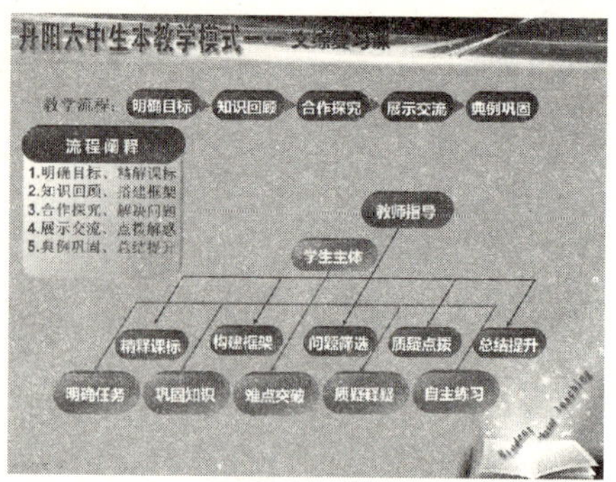

首先，在课堂上，学生真正成为学习的主人。课堂教学以学生主持、讲解为主，教师点拨、质疑和补充为辅，其中有时由小组来讲或主持。上课时，学生拿着红笔边讨论、边批改、边在题目下写点评、反思。对简单题或错得较少的题，迅速解决；对重点题型或学生错得多的题，引导和组织学生进行课堂讨论。

课堂有多根教棒。讨论问题时，任何一个学生都可以带着自己的讲义，直奔讲台，用多媒体实物投影展示自己的做法，手执教鞭讲给大家听。一个同学讲完后，其他同学有不同做法的，可接着上去讲，每到这时课堂上总是气氛热烈，学生抢着上台发表自己的见解和解题方法。

就像比赛一样，课堂里还有评分员采用五分制评分，一个学生回答问题后，课堂里不时响起“四分、五分”的评分声音；在得到大多数同学的认可之后，记录员会及时将评分结果计入该同学的学习档案，作为评定平时成绩的一项依据。遇到特别精彩的回答，全班同学会习惯性地给予掌声鼓励；遇到疑难杂症，班级的学术仲裁委员成员便会披挂上阵，奋力攻克。概而言之，我们的做法是有困难尽可能让学生自己去解决。

其次，在课堂上，老师则变成服务员，或者说是排戏布阵的导演。学生做得好、讲得对就给予真诚的表扬和鼓励，学生成就感得到极大的满足，学习的兴趣更浓，积极性更高，这样形成良性循环，肯定会做得更好；对于学生错误的做法绝不责怪，而是鼓励他讲出自己的解题思路，然后由其他同学帮他找出错误的原因，对他说，错得好，因为只有发现错误，才能改正错误，防止再犯，而且其他同学也可以引以为鉴。

课堂上应营造出平等宽容、尊重理解、和谐竞争的学习氛围，鼓励学生提出疑问、异议，甚至批评。这就使教学过程成为一个激励学生发挥自己最大潜能的过程。在这里，学生学到的是知识，收获的更是一种成长。

（三）生本课程：生命成长的轨道

一切课程都是学校课程，除了国家课程生本化，我们还构建了校本的生本课程。其中形成鲜明的特色并产生较大影响的有：

（1）女子足球课程。2003 年起，丹阳六中的女子足球队就已走出江苏，走向全国，继而学校成为江苏省女子足球基地。女子足球队在 2005 年、2007 年两获全国中学生女子足球总决赛冠军，2006 年江苏省第十六届、2010 年江苏省第十七届运动会获女子足球冠军，2011 年学校女足代表江苏省参加全国中学生运动会又获冠军。

（2）民族教育课程（文化交流）。2005 年开始，丹阳六中承担了为国家西部建设培养优秀人才的内地新疆高中班民族教育的任务，坚持“民族型、有特色、现代化、高质量”的新疆班办班定位，实行“资金、设施、师资、政策、管理”等五项优先举措，为少数民族学生创造了优良的教育环境和条件。

（3）地方产业课程（江苏省综合实践课程基地）。2013 年，丹阳六中成功申报了江苏省综合实践课程基地——好眼睛、好视界。基地有多家协建单位，如万新公司、海昌公司等，这些都将为学生的生命成长再添跑道。

（四）生本研修：教师专业发展的路径

教师，是生本教育的实施者，也是生本教育的受益者。理论与实践紧密结合的、形式多样的生本教育教学研修，特别是一系列的生本论坛，成为教师专业成长的路径。

沙龙研讨：朱万喜校长是生本教育坚定的倡导者和执行者，他密切关注生本课堂的发展，每一个阶段都要召集所有参加生本教育培训的教师举办“教师论坛”或“生本沙龙”，其中市级以上的有“如何实现从师本教育到生本教育的华丽转身”、“聚焦课堂”、“生本课堂教师何为”等。

名师工作室：朱万喜名师工作室是以课题为依托，以生本教育理念为指导，以课堂教学为主阵地，以网络为交流载体，融教学实验、理论研修、教师成长于一体的研修团队。朱万喜校长以工作室为平台，带领和团结一批有志于教育教学改革与研究的教师，在教育教学实践中致力于构建生本管理体系，搭建生本课堂模式，研究如何营造生本校园文化。

青年教师成长联盟：青年教师成长联盟是学校的生力军和顶梁柱，其成员的现状及专业成长的快慢将直接影响着学校的可持续发展。为了把他们培养成思想水平高、业务能力强的骨干教师、优秀教师，学校领导十分重视青年教师成长联盟团队的建设，通过加强领导建“班子”，转变观念抓“思想”，以老带新结“对子”，导向正确指“路子”，竞赛比武搭“台子”，评选新秀

树“样子”等多种途径加强培养教育，以期促进其专业成长。每人三年的发展规划和每学期一次的演讲比赛，每两周一次的名师讲座和展示课等各种活动的开展为青年教师能在教海劈波斩浪、扬帆远行打下了坚实基础。

（五）学生自治：百舸争流，千帆竞发

生本教育的理念和终极目标是为了促进学生的全面发展，让学生成为学校真正的主人。在丹阳本土教育家思想理念的启迪下，学校整体管理提出了要“六体现”，即学习小组命名体现特色与志向，班级管理体现学生自主，部门服务体现学生中心，学校文化体现人本核心，教师发展体现一切为学生，学生成长体现终身能力提高，为学校发展注入了更多的生本化、专业化元素。

大师精神促进学生开展自我规划，自治理念促成自我管理，大师思想促进自主学习。学校在不同阶段开设相应的系列活动，如针对高一新生重点关注养成教育、立志教育和学习方法指导；第二学期开设学生人生规划课程，引导学生认识自我，明确人生发展的大方向及制定高中三年发展的个人计划。首先要有谨慎的自我探索、自我评估（包括：我的梦想是什么？我的优、缺点在哪里？父母的期望？我可以做？我能够做？我想要做？我应该做？），然后写出追求的目标（包括：近程目标即今年或明年我希望完成哪些目标；中程目标即二、三年后，我想达到的目标；远程目标即未来五年、十年后我想要过什么样的生活），最后列出为达到目标必须实行的步骤（包括：做什么？为什么做？何时开始做？在何处做？和谁一起做？如何做？等等）。

高二年级重点关注感恩教育及成长成才教育。组织学生进行一次远足，深入学校的课程基地单位进行学习与参观，以了解工厂和社会；组织学生到南京大学、南京理工大学、南京航空航天大学等名校参观交流，以激发学生实现理想的动力；全方位发动学生参与一年一次的校科技节、读书节活动；鼓励学生积极参加各种知识竞赛、科技比赛和金钥匙杯等赛事活动。另外，还在许杏虎烈士纪念馆和好眼睛好视界省综合实践课程基地等处进行现场教学，做到校内和校外相结合，文化教学和德育、知识和实践能力并重。

强化学生的自主管理。团委领导下的校园志愿者管理队伍全面参与学校管理，如门口的值班站岗、校园卫生的监督、食堂就餐秩序的维持和教师办公室纪律与卫生的监督等；高一班级生本管理团队全方位参与班级管理，让班主任从繁杂的事务中解脱出来；高二年级生本管理队伍则包括学习常规检查组和生本一日常规检查组，他们在自主管理的实践中强化了主人翁意识、集体意识、民主意识、协作意识以及管理能力。

四、初步的成果

（1）成就了学生。六中是丹阳市最年轻的高中，各种已有的办学条件并不占优势，能够取得今天的办学成绩，主要得益于生本教学。生本教育激发了学生情感，强调了自主探索，突出了合作学习，掌握了学习方法，优化了教学过程，提升了综合能力，最终成就了学生。我校的学生在大学和社会中的优异素质，深得各方认可。在现行高考模式下，不考虑学生的学业效果是不现实的课改。在学生综合能力得以很好提升的情况下，丹阳六中近几年高考成绩也很辉煌，已成为地区名校。

（2）发展了教师。在“朱万喜生本工作室”的引领下，学校教师的教学行为已发生了根本性的转变。这些转变与课程理念不谋而合，教学效果得到极大提升。近三年来，教师公开课获奖名列丹阳市第一。其中基本功或教学比赛，全国一等奖1名，省一、二等奖数名，镇江市级一等奖近20人次，以生本教学为核心内容的《普通高中“自主课堂”实践与建构》，获得江苏省首届基础教育改革成果评选二等奖；荆志强老师被教育部教师发展基金会授予“全国十一五规划课题研究先进个人”荣誉称号。总结生本教育成果，朱万喜校长和荆志强老师已分别出版了教育专著《走向自主发展》和《幸福地做老师》。

（3）形成了特色。丹阳六中生本教育已经从“建模”阶段走向了“脱模”，取得的成效产生了地区性的教育冲击波。依托生本教育，学校已被丹阳市、镇江市教育局和教育部中国教师发展基金会确立为特色学校，连续三年被评为丹阳市活力课堂建设先进集体。镇江市教育局已决定将其列为地区推进的课改项目。

在独特的“觉悟文化”办学思想引领下，学校积极探索独特的“自主教育”模式，努力创设独特的“自主发展”教育风格，形成了六张亮丽的特色名片。

自主管理——创新德育模式。学校坚持不懈地传承、创新与发展以青年志愿者为主要载体的实践探索，在创设“志愿者服务岗”、实施“校长接待日”、建立业余党（团）校、打造“社团、节日、青春、十佳”文化中积淀了可贵的经验，荣获共青团中央、全国青联授予的“全国五四红旗团委”殊荣。

教育科研——启迪教师智慧。学校坚持实施培青工程、名师工程、师德工程、团队工程，形成了擅长生本教育的优秀教师群体。学校有丹阳市名师

工作室 2 个，特级教师 5 人（含特聘 3 人），特级教师后备人才 2 人，外籍教师 1 人，省人民教育家培养对象 1 人，省 333 工程培养对象 1 人，镇江市学科带头人和骨干教师 22 人。

女子足球——拓展成长载体。学校坚持走体教结合之路，以女子足球为载体，创新培养模式。女子足球取得江苏省全运会"两连冠"、全国中学生女子足球总决赛"两连冠"、全国第十一届中学生运动会冠军、全国第十二届学生运动会亚军的突出成绩，受到中共镇江市委、镇江市市政府两次记三等功奖励。

民族教育——承担教育重任。学校坚持"民族型、有特色、现代化、高质量"的新疆班办班定位，实行"资金、设施、师资、政策、管理"等五项优先举措，为少数民族学生创造了优良的教育环境和条件。新疆班近三年本科上线率均达 100%，学校被江苏省人民政府授予"全省民族团结进步模范集体"称号。

（4）媒体的报道及反响。由于学校已成为全国生本教育成功的典范，应多方邀请，朱万喜校长、荆志强老师等在全国 20 多个省市近 200 家单位和学校作专题讲座，反响强烈。全国 20 多个省市近 300 多家教育单位和学校来学校考察、学习、交流，《人民教育》《中国教师报》《江苏教育报》《江苏教育研究》《镇江日报》以及江苏省教育电视台，镇江市、丹阳市电视台等对学校进行了报道。

（汪正文　李小宝　执笔）

在教育家思想引领下迈开学校科学发展之路

丹阳市华南实验学校课题组

一、问题的提出

丹阳，季子故里，齐梁故地，物华天宝，人杰地灵，自古以来就有“文化礼仪之乡”的美誉，近代又以马相伯、吕叔湘、吕凤子、匡亚明这“教育四大家”而闻名于世。悠久的历史文化，璀璨的教育文化，孕育了独具特色、影响深远的丹阳教育品牌。

作为一所为适应城市发展而新建的九年一贯制现代化学校，怎样“办人民满意的学校，让每一位学生都得到理想的发展，让每一个家庭都收获成功的喜悦”？除了分数，我们还能带给学生什么？随着办学规模的不断扩大，从建校之初的45个班级2000余名学生到如今2016年100余个班级6000多名学生，如何满足越来越多的家长对优质教育的期待？这是我们每一个华校人的“办学之问”，也是每一个华校人的历史使命。

汲取丹阳教育家思想精髓，在马相伯、吕叔湘、吕凤子、匡亚明等本土教育家思想引领下，积极探索现代教育改革、创新与发展，是新时期华校科学发展的必由之路。

二、丹阳教育家思想的启示

马相伯说：“自强之道，以作与人才为本；救材之道，尤宜以设立学堂为先。”匡亚明说：“学校没有校长可以，没有教授就办不成。尊敬教师，就是尊重人类的科学文化，也就是尊敬人类文化的传播者。”鉴于此，建校11年来，我们全面确立“规范+活泼=成人，优秀+特长=成才，成人+成才=成功”的办学理念，以创建“文化校园、生态课程、魅力教师、活力课堂、绿色质量”为基本思路，不断深化教育教学改革，以精彩的活动提升文化品位，以精力的培训提升教师品位，以精心的教育创新质量品位，以精致的课程彰显育人品位，以精细的制度打造德育品位，传承、创新、丰富了丹阳本土教育家思想内涵。教育管理日益优化，教育内涵日益丰富，办学水平不断提升，优良的办学质量辐射城乡，名扬周边，走出了一条以人为本、科学发展的道路。

三、我们的实践

学校主要从以下五个方面开展实践与探索，继承并发展了丹阳教育家精神，并在学校文化构建中，为丹阳教育家思想注入了新的时代内涵。

（一）以精彩的活动提升文化品位

吕凤子说："最合理教育云者，即穷异成异，穷己成己之谓。"从学生的成长看，最好的教育要能给予学生发展的平台。为了给学生发展的平台，学校坚持"绿色质量"观，把主学科当作山，把小学科当作水；把课内学习当作山，把课外活动当作水；把课堂教学当作山，把课外拓展当作水，围绕山的稳重和水的灵动，深入推进"学科＋活动"、"基础＋拓展"、"常规＋特色"的"新校本课程"改革，设立了图书阅览中心、艺术教育中心、科技活动中心、理化实验中心、数学思维训练辅导中心、奥尼英语学习中心、国际交流中心七大中心，每周三下午两节课全校兴趣小组活动，打破常规课程安排，全面实施课程超市，学生按照兴趣、项目自主选择跑课活动，近百个校园学生社团开展"百团大战"，为学生全面、个性发展搭建了广阔而坚实的平台，为学生放飞理想插上了自主而自由的翅膀。目前，大大小小的社团组织达103个，学生参与率达85%以上，社团校本教材已形成了六个大类十个序列。科技馆里，灿烂的星空下，浩瀚的天宇间，声、光、电、磁，奥妙无穷……循着老师的讲解，孩子们聆听着，张望着，拨弄着，欢呼着，边听边动，时而又惊又喜，时而欢呼雀跃……图书馆内，一组组同学正在老师的带领下诵读美文，品读经典，吟诵童谣，学习写作，演讲辩论。艺术馆里，几十个钢琴房、舞蹈房、排演厅、民乐室、管乐室、电子乐队，各个艺术活动室全部开放，各种乐器在孩子们手里尽情演奏。儿童画社、版画社、书法社里，同学们正展开想象的翅膀，自如挥洒，天马行空。陶艺馆、木工室里，同学们正奋袖出臂，挥汗如雨，一件件作品已初具雏形……体艺馆里，室外的足球场上，室内的篮球场内，乒乓馆、武术馆、跆拳道训练馆、羽毛球馆、台球馆、健身房，更是一派热闹欢腾的景象：滚铁环的，踢花毽的，抖空竹的，打羽毛球的，打篮球的，人人都有自己喜欢的一种活动，每一处都有孩子们的身影，都有欢乐的笑声……学生的语文能力、数学思维能力、英语交际能力、信息技术能力、艺术素养等得到全面提升。

（二）以精力的培训提升教师品位

吕凤子又说："我理想中教师是这样的能鉴赏认识一切己之异，能建立容一切己之秩序，能绝一切私欲，能以血泪洗涤一切罪恶。"好教师是学校给予学生成长的最好机会。学校是一所新办学校，教师来自四面八方。为了聚沙成塔，把三百多名教师打造成一个整体素质优良的精品团队，学校以三大名师工作室为引领，扎实开展师德与师能结合，名师与骨干结合，个体与团队结合，青年教师与结对师傅结合，常态教研与专题研究结合的新常态校本培训，全力打造一支“学生喜爱、家长尊重、同事佩服、领导看重”的教师队伍，促进了学校的持续、健康、有效发展。

一是教师培养与学校远景规划发展同进。根据学校“用两个‘五年规划’建成市内一流、省内知名学校”的远景发展规划，以“肯教书、能教书、教好书”为标杆，实施“1369”工程坚持常态化发展、特色化发展、拔尖性发展相结合，通过十年努力，基本形成了一支与学校规模、品质相适应的拔尖人才梯队：培养特级教师3～4名，镇江市学科带头人4～6名，丹阳市级以上骨干教师达120人，校内首席教师达150人。

二是教师培养与学校个性特色发展同行。围绕“文化校园、生态课程、活力课堂、绿色质量”的办学思路和“似军校、似艺校、似体校、是学校”的办学特色，学校积极打造“肯教能教”、“一专多能”、“善于研究”的各类“魅力教师”。匡亚明说：“我们要以深沉、严肃、埋头苦干、实事求是的态度来进行，反对任何表面热闹、呼隆一阵、华而不实的做法。”于是，我们整合创新融“八气”，这八气就是：为人处世讲正气，团队合作讲人气，对待工作有火气，学术研究有才气，应对挑战有勇气，做人做事要大气，工作品位要洋气，教学实绩要牛气。制度建设追“五星”。建立常态化教师发展的管理制度、落实特色化教师发展的培训制度、建立教师发展成果的激励机制，有效落实各科“首席教师”评比制度、学科优秀备课组建设制度、“十佳教师”评审制度、特殊贡献奖励制度、“两毛一皂”奖励制度等，努力给予优秀教师物质奖励和精神激励，使全校教师人人追“五星”，个个创“五星”。这“五星”就是师德师表一颗星、课堂教学一颗星、班主任工作一颗星、教科研工作一颗星、兴趣社团辅导一颗星，汇成“星光大道”，引领教师去追求、实现教育理想。品性修养重“三省”。匡亚明说：“一个人只有无私，才能无畏。”我们变日复一日的琐碎而枯燥的管理为注重人情关怀的每日“三省”，通过及时提醒，要求教师做到：学生良好的学习习惯在你手里改变了没有？学生浓厚的学习兴趣在你手里激发了没有？学生宽厚的基础在你手里打下了没有？学生灵活的思维在你手里训练了没有？学生的综合能力在你手里发展了没有？在教好本学科知识的同时，学生的个性特长在你的手里发展了多少？你身后凝聚了多少特长生？你每年拿得出多少打得响的特色项目？这“每日三省”重在激

发教师的自觉与自愿，努力帮助教师摆脱工作懈怠状态，避免患上“职业倦怠症”，因而成为学校教师发展研究的一个正确方向，对不断改进工作方式，提高教书育人水平起到了重要作用。骨干引领树示范。为了给教师发展不断提升服务和引领，我们要求行政领导和骨干教师在满足教师发展要求的同时，更要重视自己的角色要求，为此，制定了《华南实验学校校行政干部工作要求》，用五个“大”给领导工作定位，即大气、大度、大智、大勇、大成；积极倡导“五心”、“三情”，即对教师真心呵护，诚心关怀，耐心扶助，细心体察，全心依靠，做到思想工作灌注情，物质激励赋予情，精神鼓励饱含情；努力做到“六要”，即对人要“真”，说话要有“谱”，处世要“公”，做事要“实”，脑子要“活”，效果要“好”。另外，每个行政干部都要蹲好一个点，带好一条线，努力提升领导管理品位，提高管理执行力。

三是教师培养与区域优质均衡发展同行。以《国家长期教育发展纲要》和《义务教育优质均衡发展条例》等纲领性文件为指导，根据省教育厅等五部门《关于进一步推进义务教育学校教师和校长流动工作的意见》文件精神，牵头河阳学校、云林中小学、延陵中小学组建“华南实验学校教育集团”，按照每年15%的比例，组织50多名特级教师、学科带头人、各类骨干教师、专业教师、支教教师开展城乡教师交流轮岗工作，并不间断开展送教下乡，上门听课，校际合作教研活动，构建教师流动常态机制，促进义务教育优质均衡特色发展，进一步提高义务教育学校整体办学水平。

教师专业得到长足发展，320名专任教师中，有省特级教师3人，镇江市特级教师后备人才3人，镇江市学科带头人5人，镇江市中青年骨干27人，丹阳市学科带头人50人，丹阳市教学骨干85人。13人入选丹阳市“青年名师班”。物理、英语、语文教研组获评“丹阳市优秀教师团队”。30多人在省基本功大赛、各类评优课、展示课比赛中获奖，10名教师在镇江市“好课堂”总决赛中摘金夺银，在2015年举行的丹阳市青年教师基本功大赛中，9名教师获一等奖进入排名赛，“‘集中教学、自主学习’初中英语教学改革研究”和“小学数学思维训练课教学研究”两个教学项目获省基础教学成果奖，保证了学校持续、健康发展。

（三）以精心的教育提升质量品位

吕叔湘说：“什么是教育？教育就是诱发学习者的积极的、主动的努力，这几乎是所有教育家的一致意见。成功的教师之所以成功，是因为他把课教活了。如果说一种教学法是一把钥匙，那么，在各种教学法上还有一把总钥匙，它的名字叫‘活’。总的原则是变被动为主动，学生要主动学，教师要主动教。”从学生的发展看，好的教育就是给予学生更多的机会。为了给学生更多的机会，学校发挥名师聚集、信息集散、活动交流频繁等优势，让机会垂青每一个学生，让学生争取每一次提升自己的机会。

学校将目光瞄向全国各地，吸取科学的教育方法，努力给学生科学有效的教育。加盟“奥尼”英语，借鉴大学的教学实践与经验，联办“奥尼少儿英语”和“新概念英语”。结盟省数学学会，联合《时代数学》，抓好九年一贯奥数培训，优化数学思维训练。学校被省信奥委评定为“省青少年信息学奥林匹克培训活动基地”。为学生提供各类参赛信息，组织学生参赛，数学、物理、英语、作文和信息奥赛享誉省内。从2006年、2007年匡超同学连续两年获江苏省“中学生与社会”现场作文大赛一等奖以来，2008年、2009年、2010年、2011年，华校每年都有学生的作文在省级比赛中获一等奖。继陈雅菡在首届“扬子晚报”杯作文大赛中获全省初中组第一名后，在《扬子晚报》“校讯通”杯作文大赛中，华校有8名师生获佳作奖及指导老师奖。在2012年江苏省第十二届中学生作文大赛现场作文竞赛总决赛中，王雨川作为丹阳市唯一一位代表参加总决赛荣获特等奖。在江苏省“中学生与社会”现场作文大赛决赛中，王凯文、邓丽萍两名同学分获省一、二等奖。

组织学生参与国际交流，培养学生国际视野。华校接待了数以百计的外国交流访问学生，华校师生也走出了国门，赴德国、澳大利亚等多国游学。

升学机会是华南实验学校给予学生各种发展机会中家长最关注的。历年中考在全市遥遥领先，其他各科调研或统测均居全市前列。2014年高考在镇江市理科类前10名中，名列1、2、3、4、7、8、9名的都是华校初中毕业生，其中唐梦萱以411分获镇江市理科状元；2014年省丹中校长实名推荐上北大的陈海涛同学，获清华大学信奥自主招生的方燠同学均为华校毕业生。2015年省丹中被录取的北京大学、清华大学8名学生，均是我校毕业生（大多小学直升），有的是学科特长生，有的是信奥特长生，有的是艺术特长生，有的是语言特长生……

（四）以精致的课程彰显育人品位

匡亚明说：“相见以诚，相任以信，用其所长，是非分明。”同样的教科书在不同的学校、不同的教师手里，有的是黑白的，有的就是彩色的，有的是平面的，有的就是立体的，有的是静止的，有的是活动的，有的是井口般大小，有的是天空般开阔。从学生的阅历看，特色教育就是给予学生更美的视窗。

培育“导向型”课程文化。在“纵向贯通，横向整合，构建科学自然的人本课程；基础扎实，思维灵活，追求真实高效的绿色质量”的理念引导下，学

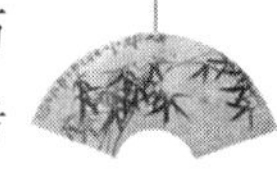

校形成了以“规范、活泼、协调、全面”为核心的德育工作文化，以“双基、能力、素养、训练”为核心的教学管理文化，以“肯教、能教、教好、专长”为核心的队伍建设文化，以“照顾、特色、优质、透明”为核心的后勤服务文化，以“态度、细节、精致、品位”为核心的学校管理文化。

构建“专家型”课程文化。学校聘请上海外国语大学特聘长江学者新西兰 RodEllis 教授、北师大外语学院院长程晓堂教授、上海外国语大学出版社社长兼校长助理庄智象教授等专家来校指导推进“集中教学、自主学习”中学英语教学改革实验，2011 年还吸引德国海德堡 KFG 学校积极参与到该项目中来，与学校结成“友好学校”，共同开展第二语言交流培训。上海外国语大学的博士生团队也到校蹲点，进行面对面、一对一的强化指导。华校英语教师的能力素养、理论意识和教学实践能力因此得到迅速提升。

学校的改革实验课题获全国首届基础教育成果二等奖，陈辉俊老师先后获省教研室组织的初中英语赛课一等奖、英语视频课全国一等奖。学校还邀请中央教科所、中国教育学会、江苏大学、华东师范大学、南京师范大学、江苏教科院等专家定期举办专家讲座，开阔师生视野。

探索“外延型”课程文化。华校选择大中型企事业单位、农场、科技馆、大学作为实践基地，让课程文化适度向外延伸。校园建设植物立体化、景点园艺化、环境生态化、景观人文化，使校园成为一本“立体的教科书”。

（五）以精细的管理打造德育品位

匡亚明还说：“教育先要教学生做人。”让学生迈好步，走好路，做好生活的主人，社会的责任人。好的教师就是高明的人生导师，一步一步把学生引向成功。从学生的经历看，好的教育就是给予学生更准的人生定位。

在大爱中养育学生。大象无形，大音稀声，大爱无痕。华南实验学校坚持“爱满校园”的大爱观，要求教师从“态度、关爱、细节、形象”等环节将大爱无痕体现在一言一行。教师对学生大爱、博爱，视学生为自己的孩子，走进教室，走近学生，对学生细心体察，真心呵护，诚心关怀，全心扶助。对家长大气、大度，视家长为自己的亲人，走访家庭，耐心倾听，真心交流，全心依靠。

在活动中教育学生。让学生感受生命的责任和义务，感受艺术的美妙和雅趣，学会安全、健康地生活，文明、有尊严地生活，有爱心、有创意地生活，焕发出无穷的想象力和创造力，展示出青春的活力和个性特长，彰显着生命的活力与魅力。华校通过心理学、法制教育等多种主题教育活动，练活动之能，补精神之钙，健全心智，盛开花季。针对寄宿生众多的特点，进行自己事自己做的生活养成教育，以路队为切入口，坚持抓好出操、集会、就餐、就寝等一日常规，叠被、洗衣等基本生活技能，使学生在衣食住行各方面养成良好的习惯，以生活力教育拉长生活能力之短板。

在德育中形育学生。在家做父母喜爱的孩子，在校做勤奋的学子，到社会上做文明的公民，华南实验学校以“三做”使德育日常化。学校从时代和学校发展的要求出发，积极探索以学生为主体、实践为主线、灵魂塑造为主旨的德育工作新思路，以培养“绅士、淑女”为抓手，积极开发、构建校本化的德育课程体系与专题教材，通过“学、谈、讲、练”等多种形式的训练，引导师生明确标准，强化训练，养成习惯，内化素质。“温文尔雅展淑女气质，谦恭礼让显绅士风度”，“彬彬有礼、知书达理”，“勤奋学习、勤俭生活”，“德才兼备、文武双全”成为华校学生特有的风采。

四、我们的研究成果

丹阳教育家思想研究有效丰富了学校教育内涵，促进了教师的专业成长，全面提高了学生的素养，有力推动了学校特色文化建设，校园有高雅的现代文化气息，教师有大师一样的儒雅气质，学生有蓬勃向上的文雅气势：似军校，规范有序，精神振作；似体校，生动活泼，体魄强健；似艺校，兴趣广泛，才艺出众；似花园，环境优雅，景色宜人；似乐园，全面发展，快乐生活；似家园，和谐自主，朴素温馨；似学园，孕育才智，学有所长；是学校，双基扎实，学力超群。

学校先后获评：江苏省和谐校园、江苏省小学数学学科基地、江苏省艺术教育特色学校、江苏省科技教育特色学校、镇江市教师发展示范校……办学成绩喜人，绿色质量得到社会公认，学生全面发展，除了获得分数，还有品质、意志、能力、艺术、特长……

教育最大的魅力就在于教育的色彩和活力、温度和情感。教育的最大特色就在于人无我有、人有我优。在丹阳本土教育家思想的引领下，学校十年教育改革实践为孩子们打开了一扇扇窗，推开了一道道门，修造了一条条路，建造了一座座桥，以多姿多彩的教育，带着学生去看美妙的世界，百看不厌；以生动活泼的教育，带着学生去做有趣的游戏，陶醉其中；以魅力无穷的教育，带着学生去听好听的课程，津津有味，最终以学校特色教育特有的吸引力释放学校特色教育的魅力。

（匡洪浩　执笔）

才情教师：以大师精神丰盈鸣凤文化

——百年实小的教育复兴

丹阳市实验小学课题组

一、问题的提出

相传，乾隆皇帝江南之行小驻丹阳，奇梦凤鸣青枝。时人得其意于1771年兴建丹阳市实验小学前身——鸣凤书院，学校绵延至今。丹阳实小悠久的历史积淀了富有校本特质的鸣凤文化。著名语言学家吕叔湘、美术教育家吕凤子、二胡演奏家闵惠芬诸多名师大家启蒙于鸣凤文化。鸣凤文化为百年实小的发展带来了不竭的动力和蓬勃的活力，成就了实小的才情教师团队。可以说，实小的才情教师团队是在鸣凤文化引领下具有实小特质的教育专业化成长的教师团队，他们不仅拥有“三才”（教科研的才能、课堂教学的才能、班级管理的才能）、“三情”（对事业一腔热情，对学生一片真情，对学校一片深情），还富有生命的活力、学术的魅力和人格的亲和力。这样的教师，彰显人格魅力，散发人文光辉。面对学生，真实地表露情感，坚持自己的文化主张。走进课堂，展示专业才华，承担起教育的责任。在影响和教育学生的同时，修正和追求自己的理想人格，让自己的教育事业永远焕发着生命的激情和活力。

随着教育现代化的全面推进，新课程改革的不断深入，丹阳实小迎来百年老校教育复兴的新机遇。教师是立教之基、兴教之本、强教之力。教师强则学校强。抢抓机遇，迎接挑战，关键在才情教师。这显然对才情教师的发展提升提出了新的要求。如何进一步发展才情教师，提升才情教师的师德修养和专业素养呢？我们认为，必须借助鸣凤文化。如何深入解读鸣凤文化？如何进一步弘扬和发展鸣凤文化？才情教师究竟应当从鸣凤文化中汲取哪些新鲜的养分？……这是摆在每一位实小人面前迫切需要解决的难题。

二、大师精神的启示

一方水土养一方人，最地方的也是最国际的最先进的最具生命活力的。

丹阳人杰地灵，人文荟萃，马相伯、吕叔湘、吕凤子、匡亚明、戴伯韬……本土教育家众多。将本土教育家丰富的思想注入鸣凤文化，充盈鸣凤文化，我们认为是弘扬和发展鸣凤文化的最好选择。在鸣凤书院任主讲席的著名爱国诗人、大学者龚自珍，针对当时社会衰败之窘状，振臂高呼“我劝天公重抖擞，不拘一格降人才”，“不拘一格降人才”已经成为鸣凤文化的核心思想；匡亚明先生敢为人先，追求卓越，提出“建一流教师队伍，创一流学科，办中国一流学校”，为百年老校的发展指明了方向；“求真、能贱”、“立定脚跟处世，放开眼孔读书”，吕叔湘先生为才情教师的专业发展提供了路径；吕凤子先生提出的“将那无穷的爱、无极的美、无尽的仁洒向莘莘学子”、“培养合理儿童”则为鸣凤文化的教育观、儿童观提供了范式；作为人民教育家陶行知最早的13位学生之一的戴伯韬，其“生活教育”给实小的生活德育提供了多维启迪……这些大师精神如汩汩清泉流入鸣凤文化，丰富着鸣凤文化，滋润着才情教师的心田；如宇宙之光，点亮了百年实小的教育复兴之路。

三、大师精神的实践

鸣凤文化：才情教师的精神家园

鸣凤书院文化（简称“鸣凤文化”），是滋养实小才情教师成长的汩汩清泉；实小才情教师，则是传承弘扬鸣凤文化的先锋。

鸣凤文化流淌着中国传统文化的血脉，又有着自身特点，呈现以下四大特质：

一是平民情怀。书院制度的建立，打破了上层显贵垄断教育的特权，为下层百姓提供了受教育的机会。王阳明提出“圣愚无间”的致良知之说，各地书院纷纷向平民百姓开放，孔子“有教无类”的思想得以开花结果。

这份平民情怀，在吕叔湘、吕凤子身上得到传承和弘扬。作为语言学大师，吕叔湘关心普通师生，认真回复中小学教师的来信，被称为中小学教师的挚友；他关心青年学者成长，亲自为许多认识和不认识的人修改文章。他既是严师，又是慈父，他在后辈身上花费的心血无法计量。吕凤子一生毁家兴学，三办正则，为许多平民启智去昧，这份平民情怀感天动地。

二是学术气质。书院教育打破了读书做官的传统思维，认为士人的重要使命是学习、研究及传播学术文化知识。教育活动与学术研究相结合，这构成了书院与官学的根本区别，使书院的学术创新成为可能。这种创新精神以宽松的办学环境为基础，以学术大师云集书院讲学为推动力，在师生相互答疑问难、相互激荡获得新的观点、思想中逐步形成。所以，有人将书院

称为“孕育新的学术思想,产生新学派的孵化器”。

从实小小学毕业的吕叔湘是学术气质的代表人物,他“中学为体,西学为用”,在几十年的语言学研究中,始终勇立学术潮流之潮头,取得了一系列既有理论建树,又有方法创新的成果,成为开创我国现代语言学的大师。

三是精神家园。古代的文化传播中,没有一种形式能如书院呈现的这般自由。书院是名流学者们的讲经论道之所,文人学士们的精神家园。时至今日,它仍然是中国文化人心中永远抹不去的记忆。正因为如此,书院重视人文教育,重视道德修养,在提高社会道德水平方面有很多担当。

吕叔湘以其“求真”“能贱”的精神吸引了一批学子投入到语言学的研究中;吕凤子创办的正则学校本身就是一所精神家园,其本人的学术魅力和人格光辉吸引了众多青年人,成为他的追随者。据传,有两位女青年,因为倾慕吕凤子的才情,献身艺术,终身未嫁,一生与其相伴。

四是优质教育。“鸣凤书院”中“鸣凤”一词源于《诗·大雅·卷阿》:“凤凰鸣矣,于彼高冈。梧桐生矣,于彼朝阳。”无论是在高冈上歌声悠扬的凤凰,还是在朝阳下生长得枝繁叶茂的梧桐,传递的都是勃勃生机,都是生命之树绽放的绚烂和摄人心魄的恒久魅力。后来,“凤凰”成为英才的代名词,而梧桐树成为孕育凤凰的温暖子宫。这也是鸣凤书院自己的特质追求,而这种追求显然与“优质教育”在本质上高度契合。鸣凤书院希望它的每位学子都能够成为时代的精英、难得的贤才。

令人欣喜的是,我们还从龚自珍“不拘一格降人才”的诗句中找到了让每个学子都能够成为时代的精英、难得的贤才的实现通道、实践策略,即“不拘一格”!

书院与官学、私学在办学体制上表现出明显的差异,使得书院获得了相对自主的学术创新机制和环境。学术大师纷纷云集书院,将其作为学术研究与创新的基地。朱熹、张栻、陆九渊等的重要学术研究成果不少是在书院讲学过程中完成的。他们的精神背影永远在书院定格,成为优质教育的表征。在这里,深邃的思想,自由的表达,创新的意识,学术的氛围,百家争鸣,百花齐放,这些不正是我们现代教育所一直倡导和苦苦追求的吗?就在这一刻,240多年前的鸣凤书院以其独有的文化品位与今天的实小进行了一次跨越历史式的伟大握手。

回到办学上来,书院文化中的平民情怀为实小的多方合力办学提供了注脚,与“为每位学生一生的发展和幸福奠基”的办学理念一脉相承,遥相呼应;书院文化中的学术气质孕育着实小的教师沙龙、教科研一体化、我讲我的课改故事、张学伟语文工作室、省教科研实验基地……自能教育在深入、特级教师在诞生、才情教师群体在生长……书院文化在催生着文化校园、绿色校园、数码校园、活动校园，师生共生共长的精神家园正和实小全新的校园一起漂亮而昂扬地耸立在大运河畔、曲阿城里。而平民情怀、学术气质、精神家园熏染下的教育，必然是一种“与世界先进教育发展同步，与现代化建设同行，与家长的高质量教育需求同心，与教师的高品位追求同向”的优质教育。

240 多年过去了，中国人民早已赶走野蛮入侵的列强，推翻了落后的封建统治，开始了中华民族的伟大复兴之路。如今，实小让历史与现实结合，在传承中发展；让今天与未来连接，在发展中提升，研究并传承鸣凤文化，将发展力凝聚在文化“软实力”的建设上。才情教师在时代的大潮中不断探索鸣凤文化化人的路径，不断积蓄鸣凤文化的力量，营筑属于自己的精神家园。

精神家园在学校的具体化就是学校的精神文化，乃学校文化之本。学校的历史传统是学校精神文化的主要来源，它一旦以文化的形式出现，学校就具备了独特的教育身份，就会以强大的影响力规范学校教育的精神气质，最终影响每一位才情教师的教育行为。如今我们的选择是：如何将这种凝结着实小多少代人智慧和汗水的历史文化传统发扬光大？

让历史积淀根植才情教师心田。著名校友故事传扬于鸣凤校园。在实小的办学历程中，“老师精心为吕叔湘批阅作业”、“用蛇皮做一把简易的二胡送给热爱艺术的闵惠芬”这样的故事很多，这体现着学校重教爱生、唯实求真的光荣传统。

让学校的悠久历史走进才情教师生活。实小人让历史传统走出校史室，直接映入师生视野，走入师生生活，进入师生的心灵世界，成为师生精神生活不可分割的一部分。在学校的每幢楼、每个景观上都留有学校文化传统的痕迹。多年前，实小人把 240 多年的办学历史图文并茂地呈现于 14 面大灯箱上，竖立在学校主干道的两侧。大家每天走在路上，映入眼帘的都是先辈筚路蓝缕的开创之艰辛和继往开来的开拓之伟大。后来，实小人又将这段历史更加细致有序地置于学校的每幢楼，让大家在鸣凤校园生活中时时受到熏染，成为精神的内核。

走进丹阳实小的大门，就会看到一个巨大的灯箱，上面写着三句话，“我自豪，我们都是实小人；我努力，我与实小共成长；我成材，我为实小添光彩（学校精神）”。这三句话，不仅有实小历史文化的积淀，有现代教育的诉

求，还饱含着每一位才情教师对学校的期望，它揭示了实小精神文化内涵的核心价值。

让学校精神引领才情教师成长。实小通过让老校长讲传统，让新老教师师徒结对进行传帮带，实现学校精神的传承；通过评先评优树立典型，实现学校精神的弘扬。

让办学目标成为才情教师的愿景。跳出教育看教育，跨越区域看教育，将教育思考置于更加广阔的社会大舞台。基于这样的宽广的视野，实小提出了"不拘一格育人才，为每一位学生一生的发展和幸福奠定坚实的基础"的办学理念，"让每一位学生都充分发展，让每一位教师都施展才华，让每一位家长都收获希望"的办学宗旨，由此构成了学校发展和才情教师成长的共同愿景。

求真能贱：才情教师的专业路径

吕叔湘于1915年考入坐落在县城白云街中段的丹阳县高等小学（即现在的丹阳实小）。当时的学校虽然没有多少先进的设施设备，但是教师水平较高，教学认真，管理极严，吕叔湘受教颇多。校长杨鸿范、国文教师张海宗等严谨的教风深深地感染了吕叔湘，为他日后研究祖国语言文字的严谨治学精神的形成奠定了基础。

1954年，吕叔湘在中国科学院语言研究所任职，兼任人民教育出版社副总编。当时刚刚实行汉语和文学分科，需要编写教材。吕叔湘为此投入了大量的精力，《汉语》课本的每一页初稿吕叔湘都要仔细审阅。

《现代汉语词典》第一版面世后，吕叔湘强调词典要跟上时代需求，不断地及时进行修订。

可以说，"求真"贯穿于吕叔湘的一生。"求真"，即实事求是追求真理的科学精神，严谨务实的学风，是吕叔湘在学术上取得重大成就的不二法宝。

吕叔湘对语言文字的研究注重学术与运用并重，让研究深入生活，为社会大众服务。《现代汉语词典》《现代汉语八百词》均是其杰作。在研究实践中，吕叔湘再卑微的工作都身体力行，将自己的宏愿通过切合实际的工作来实现，这便是吕叔湘的"能贱"精神。

"求真、能贱"与写在吕叔湘中学图书馆门口的对联"立定脚跟处世，放开眼孔读书"交相辉映，成为吕叔湘为人处世、学术发展的最生动写照。如果与当下教师的专业发展对应起来，就是"立德树人"。

实小才情教师的成长恰是对吕叔湘"求真、能贱"精神的传承与发扬。

据《丹阳市实验小学校史》记载，早在1963年，学校一方面从省丹中等学校抽调骨干教师来校任职，同时将不适应教学的老师调出；另一方面要求教师具备“三个一”，即一口流利的普通话，一手好字，一肚子墨水。师徒结对，青年教师每周要写两张大字交校长批阅，几位青年教师还有计划地背《新华字典》，以此来激活教师发展的机制，迅速提高广大教师的业务水平，以尽快建立起一支实力较为雄厚的师资队伍。

学校一直把才情教师的专业发展当作头等大事来抓，围绕“德，师之魂；能，师之本”的培养思想，为教师的发展提供更加丰富的可能性。

（一）师德建设追求立德树人

1. 以行风建设为抓手提升师德修养

贯彻落实《中小学教师职业道德规范》，广泛开展以“有良心、负责任、增本领”为主题、以“志愿导学、师德承诺”为载体的师德教育活动，全面提升师德修养。

2. 以评先评优为抓手弘扬教师典型

通过学校嘉奖、评先评优来充分调动教师的积极性，营造“干事创业”氛围。每年进行优秀年级组、品牌教师、岗位标兵、教坛新秀及优秀教师等的评选，对做出突出贡献的团队和个人颁发校长特别奖。

3. 以进修选拔为抓手促进教师创先争优

加大投入，加大人才引进和培养力度，健全教师进修、选拔机制，使师资队伍水平保持全省领先水平。注重团队建设，促使更多的教研组成为市级以上“先进教研组”和“青年文明号”，努力打造由名校长、名教师、特级教师及大批优秀教师组成的专家型教师团队。

4. 以逐步改善教师工作环境为杠杆激励教师

教师的稳定才有真正意义上的课程实施的稳定。想方设法改善教师的工作、学习和生活条件，关心教师身心健康，努力提高教师生活质量。

（二）师能锤炼追求强能育人

1. 以营造书香校园引领教师

吕叔湘对阅读格外重视。就读伦敦大学时，吕叔湘选修的三门课程图书馆管理、参考书、分类编目均与阅读有着直接关系。吕叔湘在苏州中学工作时就经常在工作之余泡在学校的图书馆，在英国留学期间更是不列颠博物馆的常客。1931年，吕叔湘在北平医学院图书馆工作了一个多月。在苏州中学工作期间，兼任过一段学校图书馆主任。1973年至1986年，吕叔湘更是为丹阳县中学图书馆落成做出巨大贡献。吕叔湘对阅读的执着与痴迷

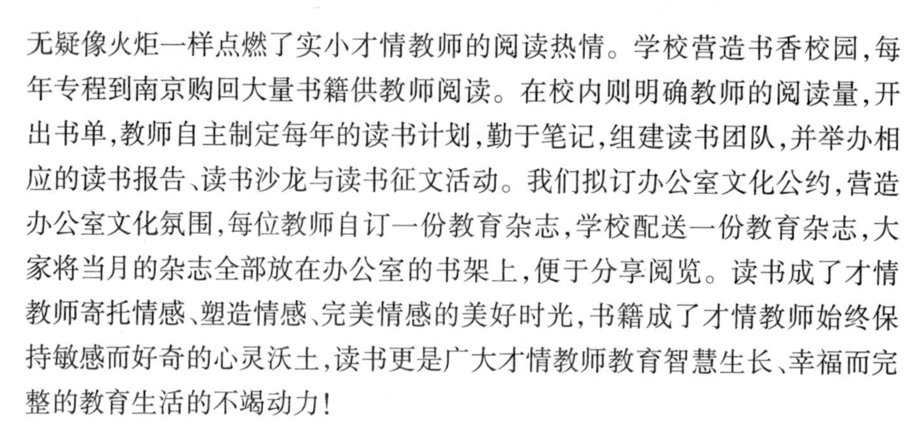

无疑像火炬一样点燃了实小才情教师的阅读热情。学校营造书香校园，每年专程到南京购回大量书籍供教师阅读。在校内则明确教师的阅读量，开出书单，教师自主制定每年的读书计划，勤于笔记，组建读书团队，并举办相应的读书报告、读书沙龙与读书征文活动。我们拟订办公室文化公约，营造办公室文化氛围，每位教师自订一份教育杂志，学校配送一份教育杂志，大家将当月的杂志全部放在办公室的书架上，便于分享阅览。读书成了才情教师寄托情感、塑造情感、完美情感的美好时光，书籍成了才情教师始终保持敏感而好奇的心灵沃土，读书更是广大才情教师教育智慧生长、幸福而完整的教育生活的不竭动力！

2. 以“实小校本研修中心”为平台提升教师

聘请成尚荣、高林生等特级教师、知名学者组成的顾问团参与学校的决策管理，指导才情教师的成长。实施特级教师顾问制、骨干教师引领制来整体提高才情教师团队实力。

3. 以各种教育教学活动为舞台锤炼教师

通过学术沙龙、推门听课、顾问听课、青年教师晚办公制度、教师讲坛、师徒结对等机制来激活教师自我成长的内驱力。通过各种大型教学展示活动、基本功与课堂教学比赛来激活人，培养人，提升人，成就人。

4. 以“青蓝工程”为抓手培养青年教师

青年教师是学校的未来和希望，是学校文化弘扬和可持续发展的生力军。实小扎实推进青年教师培养工程，加强对青年教师的思想教育，组织青年教师进行各类基本功、课堂教学的训练、竞赛和展示，为青年教师搭舞台，压担子。引进激励机制，加快青年教师的成长与成才。

5. 以党员工作室为平台培养才情教师团队

党员工作室因其政治性和专业性的双重优势，正在实小的发展中发挥着越来越重要的作用。实小有张学伟语文工作室、艺术教育工作室、德育工作室、傅赟名教师工作室等工作室。充分发挥党员名师工作室的团队优势，培养骨干教师、名优教师，创特色，求成果，形成学术合力，提升教师的才情。

鸣凤课程：才情教师的锻造舞台

改革开放初年，中国百废待兴。作为语文界泰斗型人物的吕叔湘更是对中小学语文教学质量状况痛心疾首。1978 年 3 月 16 日，吕叔湘在《人民日报》上发表了《当前语文教学中的两个迫切问题》的文章，被语文界誉为新时期教学改革的“一声惊雷”。

这“一声惊雷”掀起的是课程的全面改革！吕叔湘的课程改革精神在丹

阳实小的影响是深远的，丹阳实小课程建设的步伐坚定而执着。

20 世纪 50 年代，试行 10 年一贯制学制改革；60 年代，推行集中识字经验，开展落实双基研究；70 年代，进行“六足岁入学小年龄班”、“提前写作班”试验；进入 80 年代，学校更是在课改之路上全面开花，进行了“培养学生自学能力”、“改革课堂教学结构”、“改进教法、学法”、“多元化教学结构”、“免试升学试点”、开办鸣凤艺校、创办寄宿制等诸多改革。此后，建设鸣凤课程，实施自能教育，进行了全面改革。

在课程改革中，才情教师成为课程的建设者、开发者，使学校课程不断增值。在课程改革的探索与实践中培养才情教师，将成为今后很长一段时间教师培养的新常态。

（一）鸣凤课程的前世今生

传承发展，自主创新。实小的鸣凤课程也经历了一段从无到有、从小到大、从点到面的漫长而坚实的旅程。

1981 年，学校调整更名为“丹阳县实验小学”，进行了“以培养学生自学能力”为中心的教学改革实践，开启了学校“自能教育”的先河。

20 世纪 90 年代，实小在少先队方面通过‘辨评导’，提高学生的自我教育能力。

2001 年起，实小则在德育方面致力于小学生“自能教育”的探索，培养学生的主体意识、主见思维和主动创造的能力与精神。

2005 年后，学校紧抓课堂主阵地，局限于德育的“自能教育”向课堂延伸，开始了自能课堂的实践探索。

2006 年，随着教育的发展和对“自能教育”认识的不断深入，学校将“自能教育”提升、拓展到各个领域，统领实小的整体发展，形成了今天的鸣凤课程体系。

（二）鸣凤课程的规划架构

学校围绕“自能教育”研制了《鸣凤课程规划》，构建了具有丹阳实小特色的课程体系：生活化的德育课程、校本化的学科课程、自主化的特色课程，实现了国家、地方课程的校本化建构。

1. 生活化的德育课程

学校教育，德育为先。坚持立德树人，实施让学生看得见、摸得着、行得通、见成效的生活德育课程。通过校本教材落实课程，扎根于生活，凸显环境育人、实践育人、活动育人，着力于培养学生做人做事的基础道德素养和基础文明习惯。

2. 校本化的学科课程

学校教育,学科为本。践行“自能课堂”理念,基于四个“有利于”(有利于满足学校“高位”发展需求,有利于挖掘学校优势资源,有利于完善教材体系,有利于培养个性化学生)先后开发了系列教材:《预习卡》(语数外)《小学语文教材整合》《新经典诵读》(一至六年级)《小学信息技术》《观赏植物》《少儿二胡初级教程》《电脑绘画》……校本教材大大丰富了学科课程的内容和形式,生活、世界、社会都成了学生灵动的大课堂。

3. 自主化的特色课程

为满足孩子全方位、多领域求知的需要,增强课程的交互性和选择性,更加充分地发挥教师的专长特长,学校自主研发了“课程超市”,共有 80 多个项目,每个项目都有教师专门编写的教案。“课程超市”内容丰富,形式生动,活跃了学生的身心,学生学中玩,玩中学,兴趣得到培养,个性得到张扬,特长得到彰显。

(三)鸣凤课程的校本实施

《鸣凤课程规划》从自能课堂、“课程超市”和特色活动三方面予以校本化实施。

1. 自能课堂

课堂是育人的主阵地。自能课堂是致力于孩子自主能动学习活动的一种新型课堂。“自主、能动、高效、灵动”是自能课堂的价值追求;“实、活、乐、新”是自能课堂的显性特征。

2. “课程超市”

“课程超市”打破时空限制,让学生自主参与,做到文本与生活、课内与课外、知识与能力的三结合,使学生得法于课内,得益于课外,获得可持续发展的活力和动力。

“课程超市”在项目的设置上,尊重孩子的自我选择,依托教师个人特长,师生共同研发形成了语言类、艺术类、思维类、体育类、信息技术类、科技类等六大门类。在组织形式上,打破班级、年级界限,实现跨班、跨年级重新组班。按照校级、年级、班级三级维度成立校级组、年级组和班级组。教学形式呈现出外出参观实践、对话沙龙、名师系列讲座、专家讲堂、小课题研究、活动竞赛等的多元化格局。

3. 特色活动

开展丰富多彩的特色活动,让学生在完成既定学业的同时自主选择,自觉锻炼,以期拥有一技之长。其一,开设鸣凤艺术学校,开展鸣凤艺术社团活动；其二，举行鸣凤才艺大赛及各类学科竞赛，门类丰富，形式灵活多样；其三，参加上级部门举行的各类比赛及演出、展示活动；其四，策划各类社会活动，如进社区演出、志愿者活动、庆“六一”电视晚会等。

自能课堂：才情教师的驰骋空间

鸣凤课程落实的主阵地在课堂，课堂的教学质量直接影响着课程的实施效能。课堂一分一秒的进程都需要才情教师来推动。在自能课堂的实践中，才情教师的专业在发展，才情在飞扬，价值在体现。

自能课堂是基于自能学习活动构建的一种新型课堂，是实小建设鸣凤课程、实施自能教育的基本平台，它致力于不拘一格地培养有自主发展能力的教师和儿童。

“实”（科学的课堂）、“活”（自主的课堂）、“乐”（快乐的课堂）、“新”（新鲜的课堂）是自能课堂的本质属性，教学要求层次化、教学过程活动化、教学方式多样化、教学手段信息化、教学氛围民主化是自能课堂的外显特征。

（一）自能课堂的范式

“先学后教，评练结合”是自能课堂的教学范式，即在课前让儿童通过预习了解并钻研学习内容、查找相关资料、提出预习疑问（学习过程前移）；课中以交流预习收获和疑问为起点，教师及时进行“二次备课”，针对教学重点及儿童的疑点展开教学，让儿童积极主动地参与到学习过程中来，从而保证儿童以自己原有的经验为依托，积极消化、领会、体悟、构建新知；课尾对教学的知识进行适当拓展，对形成的能力进行及时提升，并让儿童带着问题走出课堂，即实现“前有孕伏，中有突破，后有发展”的自能课堂。

自能课堂讲模式，但绝不模式化。在“先学后教，评练结合”的模式中充满一系列的变式，如先教后议模式、范例引路模式、小组协作探究模式、辨评导模式，等等。

在具体操作中，我们紧扣学科本质，找到了更加个性化的学科操作模式：

开放语文。把语文学习的触角延伸到学生生活的各个方面，立足于“趣味识字”、“教材整合”、“课外阅读”、“语文实践活动”等方面夯实语文学科建设。其一，合理整合，联系生活，联系活动，让教材展现出语文的魅力；其二，回归生活，开展“学拼音，认汉字，早阅读，练说话”四位一体的“趣味识字”教学，开展活动化习作教学；其三，鼓励探索，开展课外阅读活动；其四，多渠道开展语文实践：举办语言文化节，开展语文综合性学习，邀请家长进课堂,讲生活、谈事业、聊专长。

探索数学。从儿童出发,重构“现实性、探索性、价值性”的教学素材,重塑“开放、互动、对话”的师生课堂行为方式,重建“全面性、多元化、多样性”的评价方式。在教学实践中结合教材、学生和实际,优化预习卡,开展数学综合实践校本教材的开发和编写工作,逐步梳理与之相适应的系列教学方法。

情境英语。重情境,重情趣,重语感,重参与,重实践。加强对外学习交流,开展英语教学法、跨文化交际学、双语教学等方面的研究,不断完善一二年级的校本英语教材和三至六年级的英语情境教材。在课内外创设各种英语生态环境,引导学生亲身体验,习得语言,激发表达欲望,在情境中提升运用英语的水平。围绕“关注学生学习兴趣(投入度),关注学生学习方法(自主度),关注学生学习水平(效度)”,不断完善英语评价体系。

魅力音体美。以培养学生正确的审美眼光和艺术素养,锻炼学生强健的体魄和阳光健康的心理为目标,通过整合教材,选择具有学科特点、适合学生的课程资源进行体艺教育教学,让和谐音乐、健美体育、创意美术更具学科魅力,在课堂教学中培养学生发现美、体验美、享受美、创造美的能力。

(二)自能课堂的变革

只有改变课堂教学行为,才能从实质意义上将课程改革向纵深推进。而自能课堂变革恰是才情教师发展的最好通道。自能教学行为作为一种多维互动性行为,包括教师的教、儿童的学以及他们之间的互动行为。自能课堂致力于这些教学行为变革的实践探索。

1. 自能课堂上教师教学行为的变革

教师的课堂教学行为,受制于教育理念、教师才情、教学环境等多种因素。具体来说,就是应该力求做到以学定教,让教真正服务于学:

其一,针对学生课前预习对备课做个性化修改。备课是教师施教的先导,教师的有效教学,学生的有效学习得以实行的根基是教师的有效备课。具体来说,在备任何一节课之前必须经历集体的商讨,以确定共性的教学流程、教学环节以及突破教学重难点的策略。重点是针对学生课前预习对教学设计做出富有实效的个性化修改。只有真正修改好教案才允许教师进入课堂施教。

其二,针对学生学习现状进行引导,作顺势运行。预习之后的课堂对教师课堂组织、调控能力提出了更高的要求。学生在预习过程中所获取的经验是粗糙的、肤浅的。而学生自主建构知识的过程又必须经历一个去伪存真、去粗存精的历程，所以此时扮演“教学组织者、引导者、合作者”的教师的价值就体现在能在教学的关键处给予学生以恰当的引导、细微的点拨和精要的提炼，让教学真正走进“顺势而为，因势而导”的良性循环发展轨道。

其三，针对学生个体差异作业作层次化要求。适量、适度的练习是巩固新知，促进学生学习能力发展、提高的重要手段。为提高学生练习的有效性，重点狠抓作业设计环节，真正做到每节课中教师为学生提供的练习是教师经过周密思考、精心设计的，而且是有梯度、分层次的。

2. 自能课堂上儿童学习行为的变革

变革课堂中儿童的学习行为就是要转变儿童的学习方式，其中的重点是教学重心前移，让学走在教之前。心理研究表明，在学习过程中，学生对于有所熟悉，有所知晓，学习要求又在最近发展区的学习内容更有亲近感，也更能激发起学生学习的信心和动力。具备主动预习的意识，掌握恰当的预习方法，是学生自主学习能力结构的重要环节。因此，教师在教学过程中以“学生自主预习”为突破口，主动将教学重心前移，提高学生学习的现实起点，增加学生的学习经验。

学校组织每个年级的骨干教师编制预习卡，相当于一份简洁明了的“学案”，即预习是引导学生以研究的方式展开对学习内容的探讨，展现自身的想法，展示心中的疑问。

3. 自能课堂中师生互动行为的变革

自能课堂把教学过程看成是师生交往、积极互动、共同发展的过程，在这样的过程中教师和儿童组成的是一个学习共同体，为此变革师生在教学过程中的互动行为对于真正构建自能型的课堂有着重要作用。其变革的主要内容包括营造有利于师生互动的环境氛围、情感因素；逐步形成师生互动、生生互动、人与环境互动等多维互动方式；培养倾听、接纳、争辩等互动的习惯、品质等。

（三）自能课堂的评价

课堂评价是促进课程规划不断完善，课堂教学不断优化的根本抓手。为此，实小就自能课堂建构了一整套立体的课堂评价体系。

1. 建立课堂评价标准

实小结合课程标准、课程规划从理念、目标、过程、效果四大方面分22个小项，制定了课堂评价标准，把教育理念具体化、行为化，使教师明确努力方向，在备课、上课中做到有章可依。教师参照课堂评价标准开展教学研究活动。

2. 推门听课,实现过程性评价

实小逐步建立的推门听课制度,正成为促使教师注重常态教学的重要评价方式。通过推门听课发现教学典型,使优秀教师的先进做法得以推广;通过推门听课帮助教师寻找问题,逐步提高自身的课堂教学水平,督促课程规划在课堂中有效落实。

3. 质量跟踪调研,实现总结性评价

每次期中考试以后,学校对教育教学上存在问题或者成绩突出的班级进行为期一周的跟踪调研,与教师一起分享经验、寻找不足,不断提高教师的课程执行力。

4. 教科研一体化,实现"群体评价"

教科研一体化在执教者钻研教材、年级组老师和中心备课组成员共同研讨、公开执教的基础上,安排专门业务学习的时间,分学科或跨学科进行群体评价,让教师在群体智慧的碰撞中从教育科研的高度分享课程建设的成果,寻找更加科学的课程行进之路。

5. 同课异构,实现"开放评价"

学校邀请特级教师与一线教师进行同课异构,提供不同学科课堂教学的现场,同时请相关的专家、兄弟学校的行家进行课堂教学评价;还经常和联盟学校进行同课异构活动,让不同类别、不同层次的教师和学生对课堂进行评价。

总之,自能课堂在实现价值引领与自主建构的和谐统一中,让每位才情教师真正成为本色儿童价值的引领者、学习方法的提供者、未来梦想的放飞者。

本色儿童:才情教师的价值追求

丹阳实小的"本色儿童"与吕凤子倡导培养的"合理儿童"是一脉相承的。本色儿童即饱受鸣凤文化熏染的富有丹阳实小特质的儿童,他们自我管理,自主学习,自觉锻炼,自由发展,是能够适应现代社会发展的未来公民。

才情教师成就本色儿童。本色儿童的成长是才情教师发展的终极目标,也是检验才情教师价值的衡量标准。因此,才情教师在自身的专业发展中,在鸣凤课程的全面实施中,要发现儿童的成长足迹,探索儿童的成长规律,找寻培养儿童的有效路径,时时尊重与保护儿童的本真,与儿童一起设计未来。

(一)引导本色儿童自我管理做主人

才情教师通过个体或集体的组织形式,引导本色儿童从他律逐步走向自律，并使之内化为素质，外显为习惯，形成自我约束、自行组织、分工合作的自我管理能力，树立主人翁意识，成为生活的小主人。

1. 完善自我管理网络，让本色儿童做学校的小主人

学校构建了德育处全面负责，班主任队伍为主导，全体学生为主体，学生之间互相监督、互相激励的学生自能教育管理网络。以班级为参赛单位开展“四好班队”创建活动，通过日积、周评、月比，使横向管理和纵向发展目标相结合，有效地提高了班集体的凝聚力，实现本色儿童的自我管理、自我教育。

在班级管理中，才情教师组织建立了校警队检查制、班干部竞选制、轮值班长制、学生文明行为自评互评制、小电教员负责制。在课堂活动中，才情教师逐步完善了组长、小组长、组员的本色儿童课堂学习自我管理网络，有分工、有合作地参与讨论、操作、研究、学习，从而进一步激发和增强了本色儿童自主管理的意识，提高了他们的自主管理能力。

2. 沟通家校交流渠道，让本色儿童做家庭的小主人

学校每学期都举行“半日开放活动”，才情教师分多学科作优秀课堂教学展示。让家长进学校、进课堂、进办公室，了解孩子的精神风貌、学习生活，与才情教师形成育人共识。每周开展家校联系活动，直接会面式的交流让家长与教师以及孩子之间有了更深入的沟通和理解。“做父母小帮手”、“我为家庭出份力”、“小书房评比”、“亲子阅读”等家校联系活动，让本色儿童不仅在学校有自我管理能力，而且在家里也会自我安排生活时间和生活内容，成为家庭的小主人。

3. 开展生活实践活动，让本色儿童做社会的小主人

每年春、秋季，才情教师都组织本色儿童进行“手拉手，走向大自然”远足拉练社会综合实践活动。让孩子们看社会变化，进行调查、采访。开展“错别字啄木鸟行动”、“污染源在哪里”等环保调查活动，让本色儿童进一步了解社会，增强了做“社会小主人”的社会责任感。

（二）引导本色儿童自主学习做能人

才情教师通过引导本色儿童在具体的学习环境中感受体验，逐步形成适合自身特点的学习方法和习惯，并学会迁移运用。

1. 让才情教师走进课程开发，营造自主学习氛围

课程开发是学生自主学习的核心内容，才情教师是本色儿童课程学习的合作者、引导者和参与者。才情教师紧密贴近本色儿童实际，通过有意引导、主动交往、平等对话，从而形成师生共同开发课程，丰富课程的过程，使

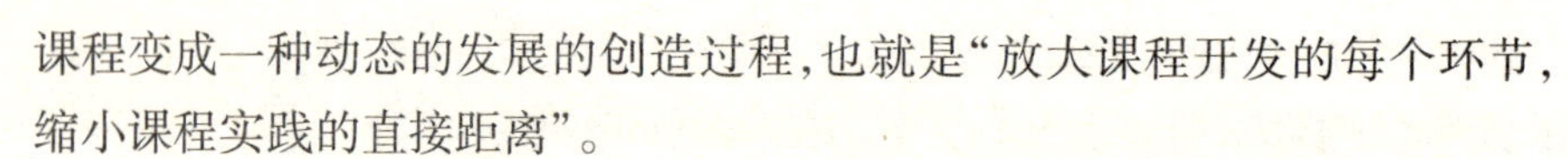

课程变成一种动态的发展的创造过程，也就是“放大课程开发的每个环节，缩小课程实践的直接距离”。

学校主要通过课题研究来推进才情教师的课程开发，进而在课堂教学中充分挖掘“学生自能学习”的内涵，即围绕一个中心（培养学生自主学习能力），培养两种学力（夯实基础学力，注重发展性学力），体现三个为主（学生为主、自学为主、能力培养为主），力求将课题研究的理念转变为课堂教学环节、教学行为，开发学生持续发展的潜能。

2. 让本色儿童走进个性化学习，锻炼自主学习能力

在教学实践中，才情教师压缩统一组织学习的时间，腾出大量时间让孩子们进行个性化的自主学习，提倡个性化作业，规定每周三为“无学科作业日”，学生可以进行阅读摘录，家庭互访，网上查阅。学生有了自主支配的学习时间，还可以对自己的作业进行自我鉴定、相互评价。

倡导个性化学习，学生凭借预习卡可以做到“四自”：自读，通过各种自学方式，读通教材，读懂教材；自探，让学生自己探索问题，相互探讨问题；自练，在教师的指导下，学生自己练习，锻炼能力；自结，通过学习，学生自我总结评价，形成新的认识。

3. 让自能课堂走进生活体验，培养自主学习情趣

自能课堂以生活为大背景，使课堂学习与本色儿童的生活经历、生活经验相结合。才情教师积极创设唤起孩子们愉悦投入探究的问题情境，在课堂中直面生活问题，体验生活过程，超越生活经验，提升生活积累，甚至可以根据自身个体特征、情绪状态等自主营造适合自己的学习情境，进行发展性、创造性的学习。

（三）引导本色儿童自觉锻炼做强人

才情教师通过生活德育引导本色儿童主动自觉地进行生理素质和心理品质的锻炼，从而培养强壮的体魄和坚强的意志，初步形成做生活强者的意识。

1. 开展系列主题活动，让本色儿童参与锻炼

其一是系列化校本综合实践活动。以年级组为单位，每学期两个主题，六年形成一个系列。让学生通过亲身实践和体验，接触自然，认识自我，张扬个性，学会分享和合作，形成健全人格。其二是主题型大型综合实践活动。以学期为单位，举行科技节、艺术节、阅读节、体育节，两学年一个轮回，做到“三全”：全员参与，全学期进行，全学科覆盖。通过一系列的主题活动，使本色儿童参与到实践之中，成为自觉锻炼的发起者、参与者、交流者。

2. 利用特色阵地资源，让本色儿童强化锻炼

特色阵地的建设不但能给本色儿童营造良好的自觉锻炼的教育环境，而且能拓展广阔的活动空间，提供更多施展才华的机会，强化发展性能力的培养。

学校“鸣凤”电视台每周播出一次。播出的节目素材由孩子们自己去搜集、摄像、剪辑、播音，在节目制作的过程中，锻炼了他们收集处理信息、口头表达、书面写作等能力。另外，各班开辟了鸣凤园地、脚丫向前走、雏鹰展风采等栏目，引导孩子们选择奋斗目标，互相交流信息，体验成功的快乐，在体验中自主、能动、和谐地发展。

（四）引导本色儿童自由发展做新人

才情教师把本色儿童的潜能作为财富来开发。本色儿童能根据自身特点，选择学习的目标、内容，能够自由地充满活力地发展，不断超越自我，不断地追求新的生活。

1. 拟定自能教育阶段目标，让本色儿童有方向地发展

才情教师以本色儿童实践锻炼为出发点，围绕学生素质发展要求和身心特点，分年段拟定自能教育阶段目标。低年级以小组活动和个体活动管理、技能训练为主；中高年级以全体学生分工、合作，培养生存交往能力为主，让学生在延续的学习生活中常有新目标，朝着有创见、持续性开发潜能的方向发展。

2. 营造宽松、民主的人文环境，让本色儿童有个性地发展

才情教师努力构建自然、清新、充满灵气的物质环境，营造自由、平等、互尊的人际心理环境，孩子们从被动走向主动。他们的认识不仅体现在“掌握”，更注重“发现”，亲自参加研究实践活动，在体验内化的基础上，形成个性化的认知，在学习活动中自我表现、自我发挥、自我总结、自我评价，充分展示自己的个性发展。

3. 开辟特色阵地，让本色儿童自由发展

让本色儿童充分张扬个性，展示才华，体验成功，必须为之搭建舞台，开辟阵地，提供选择的空间。学校从一年级开始就开设了英语和信息技术课程。学校先后聘请了多位外籍教师加盟实小，营造了良好的英语学习氛围。自编的一年级到六年级信息技术教材为保证每位学生的信息技术学习质量提供了有力的支持。从小受到艺术熏陶，让孩子们具有艺术素养，低年级进行钢琴的启蒙学习，中年级开设民乐课程，还开辟了有音乐、绘画、书法、古筝、二胡等多门艺术课程供学生选择。特色阵地让孩子们的个性得到了充分发展。学生的文艺节目多次在央视迎春晚会、省电视台、市春节联欢晚会

上演出，并屡获镇江市器乐演奏赛总分第一，丹阳市文艺汇演一等奖。在庆“六一”大型文娱系列活动中，实小面向社会成功承办“央视进实小——十二生肖卡通奥运会”和两届“鸣凤翱翔”电视庆“六一”晚会。学校的贡米同学已经成为电视台快乐女声栏目里最先成名的艺人。

四、研究成果

1. 探索出才情教师发展新路

“文化发展学校”、“文化成就教师”已经成为丹阳实小办学的基本方略。在充盈着大师精神的鸣凤文化的熏染下，丹阳实小探索出一条才情教师发展的新路，即将鸣凤文化作为才情教师的精神家园，“求真能贱”作为才情教师的专业路径，用鸣凤课程搭建才情教师的锻造舞台，让自能课堂成为才情教师的驰骋空间，最后实现才情教师与本色儿童的共生共长，实现百年实小的教育复兴。

2. 形成了德艺双馨的才情教师团队

目前，丹阳实小拥有一支富有热情、充满活力、勇于实践、敢于创新的才情教师队伍，有特级教师 1 名，镇江市名校长 2 名，镇江市学科带头人 6 名，市以上骨干教师 68 人，中学高级教师 45 名。近年来，教师在省市、国家级以上赛课中获奖达 316 人次，共有 200 余篇学术论文在《人民教育》《中国教育报》《江苏教育》《上海教育研究》等省级以上学术报刊上发表。《不拘一格降人才》《开放语文，放飞七彩梦》《孩子每天都是新的》等文集集中反映了实小近年来师生在教育教学研究和实践方面取得的丰硕成果。束益华、杭忠军等多位教师获得省、国家级荣誉，李成娣、顾红芬获得“全国优秀班主任”称号，参加了北京人民大会堂的颁奖仪式。

3. 培养了品学兼优的本色儿童群体

“梧桐的果实，养育了凤凰；凤凰的汗水，浇灌了梧桐。”（摘自《丹阳实小校歌》）本色儿童在才情教师的培养下正茁壮成长。在学科知识方面，实小学生在历次知识质量测验中均名列前茅；在特长方面，每位学生都拥有一项特长；学生中涌现了一批佼佼者，每年都有 20 名学生被评为“双十佳之星”，上百名同学荣获吕叔湘奖学金，夏耘同学成为中科院小院士，夏松同学成为全国少年科学院院士，商磊同学成为上海电视台节目主持人，毛陆凡同学成为省少代会代表，潘成阳同学被评为江苏省首届百名美德少年……

4. 铸就了丹阳实小的优质教育品牌

师生的共生共长铸就了丹阳实小的优质品牌。学校先后获中国名校

600强、全国学校艺术教育先进单位、全国信息教育实验学校、全国青少年文明礼仪示范基地、全国中小学中华优秀文化艺术传承学校、全国教科研先进集体、江苏省模范学校、江苏省文明单位等上百个荣誉称号，成为丹阳地区小学教育的首选学校。学校在省内外具有一定的办学影响，学校领导和骨干教师先后应邀到全国20余个省市出席各种学术论坛，做学术报告或展示课堂教学。学校吸引了全国各地教育代表团前来参观、学习和考察，近三年来就接待了来自北京、上海、广东、南京、新疆克拉玛依等地的30余批校长、骨干教师跟岗培训，并被江苏省行政学院定为培训基地。

梧桐树上，有凤来仪；梧桐树下，百鸟和鸣。当京杭大运河潺潺的流水从万善塔下又一次淌过，当京沪高铁上的列车再一次从我们身边呼啸而过，当校园的钟声唤来东方的第一缕晨曦，丹阳实小的才情教师正在充盈着大师精神的鸣凤文化的引领下，踏上百年老校教育复兴的新的征程。

（徐留军　执笔）

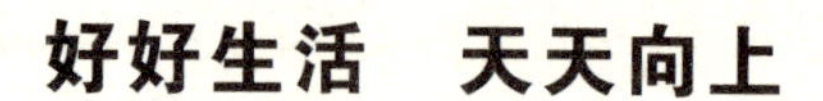

好好生活　天天向上

——以教育家思想引领学生“生活力”发展

丹阳市新区实小课题组

一、问题的提出

“好好学习，天天向上”，这句话影响了新中国几代人的成长，这是对广大学子的殷切期望，更是对我们教育工作者提出的课题。学什么？如何学？我们必须思考，必须研究。

学生者，学习生活是也。我们的思考是：通过生活，学习生活，培养学生的生活力。

新区实验小学，地处丹阳市经济开发区，学生绝大多数是独生子女，封闭的家庭环境，家长对子女的过多保护、关爱等，导致了学生普遍存在依赖性强、自制力差、耐挫力低的现象，使他们缺乏坚强的意志和毅力。再加上学生有三分之一来自外省外市，学生的学习习惯、能力发展良莠不齐。从学生的现状调研发现，学生尤其在文明守礼、自主学习、自治自理等方面需进一步培养。所有这些都指向了生活力的培养问题。

为此，我们启动了《以生活力为核心的新生活学校的行动研究》和《新生活学校“学习力”课堂构建研究》等课题的研究，取得了一些成果。2013年，学校被省陶研会命名为“行知实验学校”。

正是在致力于将陶行知教育思想进行本土化实践的过程中，我们接触到了丹阳本土教育家的教育思想。我们了解了丹阳本土教育家戴伯韬，是最早追随陶行知的13弟子之一。于是，我们加盟了丹阳马相伯教育奖励促进会组织的本土教育家教育思想实践与发展研究的团队。我们感受到教育家马相伯、吕凤子、吕叔湘、匡亚明、戴伯韬的人格魅力、精神感召和教育思想的光辉，体会到这对我们全面理解教育规律，思考教育本质，特别是对生活教育理论的校本研究和本土实施有重要价值。由此，我们提出研究课题《本土教育家教育思想观照下，小学生生活力培植的研究》。

生活力是什么？早在20世纪20年代，陶行知就提出“我们深信教育应当培植生活力，使学生向上长”。并说：“学校对于学生所要培植的也是生活力。他的目的是要造就有生活力的人，使得个个的生活力更加润泽丰富强健，更能抵御病痛，胜过困难，解决问题，担当责任。学校必须给学生一种生活力，使他们可以单独或共同去征服自然，改造社会。”

联合国教科文组织《教育——财富蕴藏其中》的报告中指出，21 世纪的四大教育支柱，即学会认知，学会做事，学会共同生活，学会生存。穿越时空，陶行知的思想依然放射着时代的光辉。

我们的理解是：生活力，是学生全面素质和能力的综合体现，又是他们身心发展的核心要素。学生德、智、体、美诸方面的素质发展如何，多方面的能力水平如何，能否适应、满足社会发展的要求，检验的标准和实际成效最终要看他们融入生活、参与生活、创造生活的态度、责任与能力。

二、教育家思想的启迪

陶行知的生活教育理论认为："生活即教育"，"社会即学校"，"教学做合一"。

陶行知指出："生活教育是生活所原有，生活所自营，生活所必须的教育"，"生活教育是以生活为中心的教育……过什么生活便是受什么教育……有目的生活是有目的教育，无目的生活是无目的教育"。

他认为："整个社会活动，就是我们教育的范围"，"到处是生活，即到处是教育，整个的社会是生活的场所，亦即教育之所。因此，我们又可以说'社会即学校'"。

"教学做合一"是生活教育理论的教学方法论。陶行知认为："教的方法根据学的方法，学的方法根据做的方法。事情怎样做便怎样学，怎样学便怎样教。教与学都以作为中心，在做上教的是先生，在做上学的是学生。"

在陶行知看来，真正的生活教育是"以生活为中心的教育"，是"供给人生需要的教育"，是生活所原有的、生活所必需的教育。教育与生活是同一过程，教育含于生活之中，教育必须和生活结合才能发生作用。教育以生活为前提，不与实际生活相结合的教育不是真正的教育。陶行知坚决反对没有"生活做中心"的死教育、死学校、死书本。

教育家的思想是相通的。他们的真知灼见闪烁着智慧的光芒。本土教育家与陶行知的思想交相辉映，坚定了我们研究的信心，拓展了我们的视野，启发了我们的方法。

马相伯，崇尚科学，注重文艺，不谈教理，学生自治；吕凤子，"人生制作即艺术制作"，让教师成为美的表现者，培养合理儿童等；吕叔湘，"求真能

贱”,“立定脚跟处事,放开眼孔读书”;匡亚明,无私无畏,不拘一格降人才;特别是身为丹阳“学陶”第一人的戴伯韬,“科学教育”、“实践教育”、“人本教育”等思想和办学实践均让我们深受启发。

谈到马相伯的学生自治时,我们不由想到陶行知的“小先生制”。我们要求各年级在班级管理中着力培养小助手,让学生自主管理班级,倡导高年级班级与低年级班级结成“手拉手”友好班级,让大学生主动带领小学生参与学习、参与活动。早读课上的琅琅书声,课间的自主游戏,两操的有序进行,整齐的集队放学,安静的就餐纪律,安全的乘坐公交等无不折射出我校学生的自主、自律、自强。

吕凤子曾说:“教育的最根本目的,就是培育合理儿童。我们负最大的责任是指导儿童,做合理儿童。”我们以陶行知生活教育理论和“六大解放”论述为依据,关注学生的精神生活和情感质量,让全体学生在自主活动、全面活动及学生之间、师生之间的多边互动、多向对话中,实现认识与技能、过程与方法、情感态度与价值观的协同发展。

吕凤子的“人生制作及艺术制作”更指引学校的艺术教育求真、立美、尚善。

还有吕叔湘关于语文教育教学的真知灼见,使广大语文老师教改的脚步迈得更踏实。“撇开语言教文字,是一种半身不遂的语文教学。”“好的语文教师总是鼓励学生课外多读书。”“教育就是诱发学习者的积极的、主动的努力。”“教学,教学,就是‘教’学生‘学’,不是把现成的知识交给学生,而是把学习的方法教给学生,学生就可以受用一辈子。”

大师们以人为本、注重实践等理念,使学校的教育教学活动富有创意,充满生趣和活力。

三、我们的思考与实践

“手脑并强——不光强大脑,也要增能力”;“文武兼备——不光读书好,也要身体棒”;“心智俱灵——不光教育人,也要育真人”。这是钱志强校长用了几年时间总结出来的打造学校生活力教育特色的三句话。

说起生活力教育,钱志强校长用三句话概括:

训练学生强健的身体,锻炼学生强大的内心世界;培养学生热爱生活,追求美好生活的生存能力;造就学生认识社会,融入社会的开拓能力。

我们因校制宜,加强本土教育家教育理念的学习,回归生活,建立“生活体验学习”活动基地;注重实践,为学生创设“生活”的环境。“学习力课堂”，以学生“乐学、能学、会学、学好”为诉求，大力研究自主、合作、探究学习方式的实施策略，促进学生学习力的提升，通过有目的、有计划、有组织的教育训练活动，促使学生增长知识，发展能力，从而培植学生的生活力。

学校提出了培养学生生活力的这一学生终身发展的核心要素。学校层面以“培植儿童生活力，建设新生活学校”引领全局，全体参与，增强课题意识；教师立足实际，骨干先行，实施《新生活学校“学习力”课堂构建研究》，确立了“我的道德力”、“我的学习力”、“我的审美力”、“我的健康力”子课题研究。

（一）“与太阳对话”：为生活力树立精神标杆

学校与时俱进，用发展的眼光学习大师们的教育思想。组织开展以“学习大师，爱满天下”为主题的报告会、演讲会，开展“生活教育”沙龙论坛活动，开展“有爱心、负责任、增本领”主题教育活动，以促教师幸福地走在科研路上，促一个立德树人、和谐有爱的有生活力的优秀教师团队的形成。

我们认为，生活是教育的起点，也是教育的终点，点化和润泽生命是教育的核心，也是教育的本源，因而确立了“生活教育”的办学理念，确定了“生活化、现代化、人文化、特色化”的办学目标。这些理念目标既具现代性又具科学性，既是我们追求的目标，更是一切教育教学行为的准则。近年来，“生活教育”已作为一种教育需求，渗入学校的整个运转系统，融入师生的心灵深处。

为了践行大师的教育思想，实施“培植儿童生活力，建设新生活学校”的构想，学校组织多层面的师生学习、实践活动。

布置生活力教育的场景，营造浓厚的文化氛围。建立生活体验馆，在楼道走廊适当位置开设茶歇区，模拟品茶阅读的休闲之所，设置童年作坊、蒲公英之家、心语轩……居家场景，布置精美，关联生活。透过一扇扇生活化的门窗，孩子们的校园生活由平面变为立体，由黑白变为彩色。

建立交通体验馆。学校在丹阳市建起了第一家交通知识体验馆。在一百多平方米的体验馆里，实物、图片无不渗透出一致的声音：遵守交通规则，安全文明出行。学校还在丹阳市公安局、丹阳市公安局交警大队的支持下，开展“美好梦想，安全起步”牵手平安主题教育活动，通过交通安全操、拍手歌、小品、相声、交通安全知识现场抢答、佩戴小黄帽等丰富多彩的活动，寓教于乐，让学生会走路，安全出行。

建立小陶子舞台。以生活情、生活味、生活人为主题，展示学习之外孩子们生活的另一面，扭转一心只读圣贤书，两耳不闻窗外事的偏向，矫治衣

来伸手、饭来张口的依赖症和低能症。看一看谁学到的生活本领大，比一比谁帮家里做的家务事多。

不做书呆子，要做生活人。就这样，学生在生活化的场景里耳濡目染，逐渐吸收了生活的健康元素。

开展生活力教育的实践。生活力教育，生活是大课题，社会是大课堂，自然是大教师。生活力教育，家务是真课题，家庭是真课堂，家长是真教师。

培养生活力教育的能力。生活化社团活动人人参与；大众化艺术教育人人有份；游戏化阳光体育人人锻炼。

事实证明，生活力教育提升了学生，成长了教师，发展了学校，形成了独具特色的"陶文化"，打造了一所以生活力为核心的新生活学校。

（二）"文武双全的小陶子"：构建生活力的成长内涵

在钱志强校长新生活学校的教育愿景里，生活力教育就是培养手脑并强的"小能人"、文武兼备的"小陶子"。"手"，会动手，善实践。"脑"，会动脑，善思考。"文"，成为有文化、有知识的文明人。"武"，成为有力量的、有精神的强健人。

培养有德行、善学习、会审美、能锻炼的人，使现在的学生、将来的公民成为会生活、能生活、爱生活的有生活力的人，必须构建生活力的成长内涵。

生活力教育从理念上要体现科学化，从操作上要体现规范化，从实施上要体现日常化，为此，学校的应对之策是以教材为指导，以课程为支撑。

学校聘请了王铁军、费炜炜、高谦民、王凯等教育科研专家担任科研顾问，编写了校本教材《我的生活力》。主课题——生活力，子课题——道德力、学习力、健康力、审美力。在班级里开展"生活小讲台"活动，把生活教育落实到课堂；在学校建立"生活大舞台"，让学生表演艺术；在教师中开展"生活大讲坛"，深入研究生活教育思想；还在学校网页开设"新生活学校"专门网页，记录研究过程，各项活动开展得有声有色。

"我的道德力"以《和谐德育》系列教材为内容，以班队课为阵地，以时间为纵坐标，以空间为横坐标，整体构建德育目标，按"本月聚焦"、"和谐班级"、"和谐家庭"、"和谐成长"四环节操作，注重习惯养成，强化心理疏导，提高学生综合文明素质。一方面开展外出参观、社会实践等活动，有效促进学生的社会责任感、公民道德感；另一方面开展主题教育活动，通过学生喜闻乐见的形式，使学生在自主参与之中接受洗礼、净化心灵、规范言行。

"我的学习力"以镇江市级课题《新生活学校"学习力课堂"构建研究》为核心，有效提高了学生文化课程的学业水平。语文、数学、英语学科分列子课题研究，根据陶行知教学做合一的教育思想，在学习和生活之间找寻最好的契合点，让学生从“学会”向“会学”转化，最终达到“会做”。学生有了“学习力”，就取得了学习的源动力，从而达到终身学习的目标。

“我的健康力”以上好体育课和体育课外活动，积极开展阳光体育运动为基础，建设室内体育馆，铺设室外标准塑胶场，增加校本少儿武术体操“武动童年”，每学期师生开展丰富多彩的体育节活动，为学生的强健体魄提供有力保障。

“我的审美力”以艺术普及教育为抓手，让每个学生都有一项艺术专长。学校投资500万元装修配置艺术馆，开设十几个门类的艺术培训，编印了《二胡》《笛子》等校本教材。学校成立了声乐、器乐、铜管乐、舞蹈、书法、绘画、手工等兴趣小组，利用课余时间进行特长培训，使学生在学好规定学科的基础上具有一技之长。学校每年举行艺术专场汇报演出，展示学生的表演素养与艺术审美力。

在校本课程的设置上，学校一至六年级每周开设一节生活课。学生在生活课上学到了生活常识、生活技能以及折纸、剪纸等手工技能。《我的生活力》校本课程的开设，解放了学生的双手和大脑，从而达到了陶行知提出的“头脑解放、双手解放、眼睛解放、嘴解放、空间解放和时间解放”这“六大解放”要求。

总之，“四力”齐发，综合提升。我们研究、传承教育家教育思想，踩实研究过程，激发师生潜能，培植学生的生活力。“我们深信教育应当培植生活力，使学生向上长。”将理念转化为行为，我们更关注学生生存力的培养，让他们学会生存；关注学习力的发展，让他们学会学习；在实践中培养他们的合作力，从而让学生提升自己的发展力，让学生自我发展、自我管理、终身学习、终身发展。培养有德行、善学习、会审美、能锻炼的有生活力的人。为学生终身发展奠定坚实的基础，为他们未来美好人生涂抹一层亮丽的底色。

（三）“好好生活，天天向上”：构建生活力的成长图景

在教育家教育思想观照下，在课题研究的引领下，学校突出了儿童化、生活化的教育与研究，进行了广泛而深入的实践与探索。在学校环境创建、课程建设、实践活动三个方面，做了大量的工作，也取得了一些成效。

1. 文化浸润——校园每一处地方散发着生活的味道

学校文化是一所学校的灵魂和血脉，是学校赖以生存的根基，也是学校可持续发展的精神动力。优秀而有生命力的学校文化，必须在理念上精心提炼，在实践中长期培育才能形成。

打造物态环境。学校一直重视环境对育人的影响，力求让“一切物质为育人说话”，无论是道路和房屋的命名，还是景点的设计建造，无不“物化”了传统文化和精神。

校徽有寓意，处室有标志，道路有系列，广场有故事，楼房有雅称，楼道有主题，景观有特点，墙壁有思想。校园处处散发着生活的味道。一切教育来源于生活，也终将回到生活中去。

2. 课程支撑——学校里每一次学习充满思维活力

学校着眼学生的生活，不断丰富课程内容，用全面的科学的质量观来指导教学工作，促进学生全面发展。

艺术缔造诗意生活。艺术是一个民族延续的集体记忆，它本身就是一段历史、一种文化。学校艺术教育本着“平民教育”思想，摒弃“小众”艺术，坚持走大众化路线，努力实现从“各美”到“共美”。学校的艺术教育从一支小小的铜管乐队起步，发展到目前拥有管乐、古筝、扬琴等十几个门类，参与学生达一千多人，学生的艺术学习在普及的基础上有所提高，以艺术审美的方式实现了学生的自我塑造和自我完善，达到了更好地生活的目的。

社团拓展成长路径。为给每个学生提供广阔的成长空间，学校组建了9个大型社团，将学科教学实践、社会大课堂活动课程、综合实践活动课程资源相结合，从学校活动、年级活动、班级活动、家庭活动四个方面开展，在读书、手工作坊、种植乐园等活动中，学生在交流中学会了合作，共享，乐群，学会了生活技能，提高了生活力。朝气蓬勃的社团活跃在学校内外，引领学生手脑双动，在实践与创新中走向成功。

活动构筑生命空间。学生的知识能力，不仅要从课堂中学，更要从生活中学，只有把学习和生活紧密联系起来，让学习贴近生活，植根生活，学生才有多彩的人生。

学校以学科节为主轴，大力开展各项活动，科技节展现创意，读书节尽染书香，英语节拓展眼界。还开设了安全教育中心，在每个班级里配备小急救箱、小针线包，从生活所需出发，培养了学生自护自救的意识和技能。另外，各班创新了黑板报的刊出办法，引领师生共同走向动手创作的天地。在这些活动中，大家更深刻地感悟到陶行知倡导的生活即教育、社会即学校、教学做合一的真谛。

学校出版了《我的生活力》校本教材，每周一节纳入课时，拓宽教育资源，使学生掌握一般的生活常识和生活技能，从而学会生存，学会创造。这也是在实践大师们的教育理念，注重科学、培养创新精神和动手能力。

3. 活动推进——校内外每一次活动学生尽展风采

为了让学生有快乐真实的童年生活，学校开辟了多种生活实践渠道，让学生展现儿童自然、天真的本性，做真正的天性儿童。

（1）走进自然，尊自然为师

为丰富学生生活体验，拓展视野，陶冶性情，激发热爱生活、热爱家乡、热爱大自然的热情，增强集体意识，提升学生生活实践能力，自主活动能力，学校每学期都开展全体学生"亲近自然，感受生活"的实践活动。在自然这个大社会里，学生的真性得以焕发，学生的天性展现得淋漓尽致。

近年来，我校学生开展了远足拉练，植树，参观110指挥中心、污水处理厂、消防中心等活动。这些活动丰富了学生生活，锻炼了生活意志，学到了诸多书本上学不到的生活常识和技能。

（2）请进家长，尊家长为师

如今的家长，很多都是各行各业的专业人才，具有很高的专业技术水平。为了让各行专业人士走上学校的大讲坛，学校进行摸排统计，建立家长志愿者库，每年从志愿者库中选出代表向学生传授各方面的生活技能与常识。目前，我们开展了寿司制作、学生抢险知识讲座、男生课堂、女生课堂等讲座活动，让学生在活动中增长见识和才干。

（3）班队活动，让生活更多彩

在生活教育理念的引领下，学校最大限度地让儿童成为儿童，开展精彩纷呈的各项活动，让学生在活动中学习生活的本领，感受生活的情趣。近两年来，我们在全校学生中进行了折纸、剪纸、煮茶叶蛋、做水果拼盘、做粮食贴画等活动。班队活动的精心准备、精彩演绎，让学生们从中获得生活的乐趣，也学到了很多应该掌握的生活技能。通过各项活动的开展，学生生活丰富了，生活力获得了极大的提升。

学生在一些主题实践教育活动中学会了做人、学会了学习、学会了劳动、学会了审美、学会了创造。

四、成果——"桃(陶)花朵朵开"

在学校生活中，赋予大师教育思想时代意义。结合学校实际，对本土教育家思想的研究熏陶了学生，感染了教师，发展了学校。

经过近三年的打造，全校形成了一个动静结合的聚合体，以"陶文化"为主线的学校文化逐渐彰显出魅力，校徽、道路、楼房、景观、墙壁、广场静静地在校园里散发着人文气息，给全体师生创造了一个强大的心理"磁场"，熏染

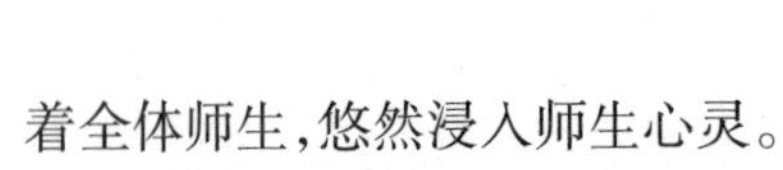

着全体师生，悠然浸入师生心灵。

漫步在以生活力为核心的新生活学校，欣赏着朵朵盛开的“陶花”，我们感念本土教育家教育思想的观照，我们坚信，生活教育在儿童化、本土化上大有作为。

研究发展了学校

学校围绕省“十二五”滚动课题《构建以生活力为核心的新生活学校的行动研究》，以“道德力、学习力、健康力、审美力”这“四力”为切入点，开展生活力教育，扎实有效地推进课题研究工作。今年4月29日、30日，“江苏省镇江市生活力教育现场会”在学校召开，全省各地陶研会行知实验学校领导、教师二百余人参加了本次活动。

镇江市“E学习”活动多次在学校召开现场会，数次活动均获好评。学校获得了全国青少年五好小公民“美丽中国我的中国梦”主题教育活动示范学校、镇江市高效课堂建设实验学校、镇江市教育现代化先进学校、镇江市特色学校荣誉称号。学校全面实现了设施设备高标准、校园文化高品位、学校管理高水平、教师队伍高素质、课堂教学高效率、全面育人高质量。

研究成长了教师

近两年，学校教师自主发展意识强，专业层次步步高升。大家以人文思想为航向，寻找成长的方向。在长期的研修活动中，教师的师德水平和业务素养都得到了极大的提高。以活动为舞台，促使自己全方位发展。老师们积极参加各种科研活动，站在现代化课程改革的前沿，翻转课堂，在镇江市率先开展“E学习”研究，电子白板课堂研究，利用微格教室自拍微课，推行“一师一优课”活动，发挥各自特长，为学校做贡献。学校老师齐心协力，有凝聚力，有向心力，在活动中总能举一校之力、举全组之力努力取得成功。

学校多名教师获省市表彰，多人次获省市赛课一等奖。一年来，有几十余名教师在各级各类活动中上展示课。几十篇生活教育专题文章在《中国农村教育》《行知研究》等杂志上刊发。目前，学校已有高级教师12人，已毕业教育硕士3人，在读研究生7人。

成绩来自孜孜不倦的努力，硕果出于辛勤的工作，我们看到一个踏实奋进、激情满怀的教师团队因思想而成熟，因文化而成长，因课题而发展。

研究生长了学生

以生活教育思想为指导，在生活力课题研究的引领下，利用教学楼的小平台打造小厨房、泥工坊、纸工坊等体验场所，每个班设立生命角。学生在老师和同伴的带领下，在这些作坊学习基本的生活本领，做饭炒菜，认识各类植物的名称、习性，学习植物养护……生活实践社团还经常走出学校，进入农庄、工厂，在农技员的指导下学习种菜、浇水、锄草、施肥，共同等待生命的成长，共同品尝劳动的果实。

学校结合主题教育，每个月布置两项家务实践作业，将生活力教育向家庭延伸，每个班建立班级 QQ 群，学生将在家里家务劳动的图片上传分享，借此来激励更多的学生和家长参与。学生特别喜欢这样的生活实践，参与的积极性与兴奋度都超出平时，家长们也赞不绝口，一致认为这种从小培养做家务爱劳动习惯的教育才是人生教育的真教育。

9 个大型社团，将学科教学实践、社会大课堂活动课程、综合实践活动课程资源相结合，从学校活动、年级活动、班级活动、家庭活动四个方面开展。在读书、手工作坊、种植乐园等活动中，学生在交流中学会了合作、共享、乐群，学会了生活技能，提高了生活力。朝气蓬勃的社团活跃在学校内外，引领学生手脑双动，在实践与创新中走向成功。

学校的艺术教育从一支小小的铜管乐队起步，发展到目前拥有管乐、古筝、扬琴等十几个门类，参与学生达一千多人。笛子、二胡、古筝、拉丁舞，琴声悠扬，舞姿曼妙；篮球、足球、武术、跆拳道，活力四射，激情飞扬；水粉画、沙画、纸版画，色彩鲜艳，生机勃勃。学校连续八年获丹阳市文艺汇演团体一等奖；几百名学生通过器乐类考级，第一批成员已经有很多通过了十级考核。学生的艺术学习在普及的基础上有所提高，以艺术审美的方式实现了学生的自我塑造和自我完善，达到了更好地生活的目的。

学生是阳光下最美的精灵，爱运动是儿童的天性。解放他们的双手，让学生从小拥有健康的体魄。学校坚持开展每天一小时阳光体育锻炼，冬季坚持 600 米跑步锻炼，上好每一节体育课，做好广播体操和少儿武术操“武动童年”。如今，“武动童年”已经完成学习并作为日常锻炼内容之一，精气神的“武动少年”，显示出丰厚的“陶子”内涵。

“新生活”、“新学校”，“生活力”课题的研究使新区实小校容校貌、师生的精神风貌焕然一新。尤其是学生的生活技能、学习能力、道德水平、体艺素养、心理素质都有了长足的进步。

（邹红梅　执笔）

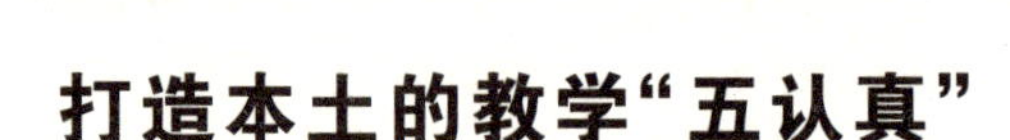

打造本土的教学“五认真”

丹阳市皇塘中心小学课题组

一、问题的提出

1. 引领农村青年教师教学实践专业发展是时代的呼唤

《国家中长期教育改革和发展规划纲要(2010—2020 年)》指出:“教育大计,教师为本。有好的教师,才有好的教育”,“加强教师队伍建设,提高教师整体素质”,“努力造就一支师德高尚、业务精湛、结构合理、充满活力的高素质专业化教师队伍”。2012 年 2 月教育部出台《小学教师专业标准(试行)》,从“专业理念与师德”、“专业知识”、“专业能力”三个维度,从“职业理解与认识”、“对小学生的态度与行为”、“教育教学的态度与行为”等十三个领域对教师的专业素养提出了更具体明确的要求。

2. 引领农村青年教师教学实践专业发展是大师的呼唤

丹阳人文荟萃,近现代涌现出马相伯、吕凤子、吕叔湘、匡亚明、戴伯韬等一大批教育家。他们的教育情怀、精神、气质、智慧和思想,虽历经沧桑,仍熠熠生辉。他们心日中的教师,是我们追求的教师。吕凤了在《论美育》中对理想中的教师是这样描述的,“教师应成为美的表现者”,“教育者必为艺术家,能鉴一切异者;必为哲学家,能知一切异者”;“最合理教育云者,即穷异成异、穷己成己之谓”。匡亚明强调,“良师必出自真正的学者”。吕叔湘提出,“求真能贱,龙虫并雕”。戴伯韬说,“教师当然须教,而尤致力于‘导’,导者,多方设法,使学生能逐渐得之,卒底于不待教师教授之谓也”。

3. 引领农村青年教师教学实践专业发展是学校的呼唤

学校是一所具有百年历史的农村学校,担负着皇塘镇数千家庭的希望与重托。多年来,学校以培养“本真儿童”为目标,积极打造一支“师德好、观念新、业务精、能力强”的教师队伍。教师们严谨治学、悉心育人,赢得了家长的信任、社会的肯定。随着时代的发展,青年教师(35 周岁以下)的比例在逐年提高,2012 年已达 42.9%,分布在学校各个年级,承担着学校各个学科的教学工作。他们对教育教学质量的稳步提升和学校的可持续发展起着不可忽视的作用。我们依据《小学教师专业标准(试行)》组织教导处、教科室、电教处、德育处，对青年教师的专业素养进行调查后发现，他们毕业于师范院校，受过系统的专业思想、教育教学理论及专业技能培训，有一定的基础；他们知识结构新，思想活跃，富有朝气，精力充沛，充满活力，创新思维强，接受新事物快，但青年教师教学实践和专业素养亟待提高。例如，教育教学设计（合理制定小学生个体与集体的教育教学计划），青年教师达成度为一般和较差的占33.4%。激励与评价（对小学生日常表现进行观察与判断，发现和赏识每一位小学生的点滴进步；灵活使用多元评价方式，给予小学生恰当的评价和指导），近40%的青年教师达成度为一般和较差。沟通与合作（善于倾听，和蔼可亲，与小学生进行有效沟通；与家长进行有效沟通合作，共同促进小学生发展），36.3%的青年教师达成度为一般和较差。

4. 教师教学实践专业发展起步于"教学五认真"、扎根于"教学五认真"。

离开平时的教学工作，教师的教学实践专业发展就变成了无源之水、无本之木。丹阳市教育局颁布了《丹阳市中小学"教学五认真"实施意见》，对教师的"教学五认真"工作提出了明确的要求。但这些要求还必须与学校的具体情况相结合，才能更有效地促进学校教师的教学实践专业发展。因此必须打造本土的"教学五认真"，我们制定了《皇塘中心小学课堂教学规范》，并在学校管理过程中认真加以落实，以其为平台，促进青年教师的教学实践专业发展。

二、问题的思考

1. "兴趣 + 习惯 = 成长"

引领青年教师教学实践专业发展的目的是致力于学生的成长。因为"教育应适应并促进学生的发展"，"教必须服务于学"。正因为如此，《小学教师专业标准（试行）》的基本理念之一便是"以学生为本"，要求教师尊重小学生权益，以小学生为主体，充分调动和发挥小学生的主动性；遵循小学生身心发展特点和教育教学规律，提供适合的教育，促进小学生生动活泼学习，健康快乐成长。小学生成长的关键因素是什么？我们认为，对于小学生而言，关键因素有两个，一个是兴趣，一个是习惯。"兴趣是最好的老师"，"习惯成就未来"。小学阶段是培养学生兴趣、养成学生良好习惯的关键阶段。"兴趣 + 习惯 = 成长"应成为我们的育人理念。

2. "尊重 + 依靠 = 影响"

马相伯信奉"亲其师，信其道"，对学生信任和平等，与学生同吃同住，日

夜滚打在一起,“课余促膝深谈,并肩散步谈话”。大师的理念和行为值得我们学习。反思我们的教育教学行为,我们发现,对学生成长的实际影响力不大的主要原因就是在教育教学实践活动中未能真正了解学生、尊重学生、信任学生、依靠学生,未能真正成为学生的朋友。“尊重 +依靠 =影响”应成为我们教师的行为理念。

3. “继承 +创新 = 引领”

学校以教学工作为中心。备课、上课、布置作业、批改作业、辅导学生是青年教师每天的必修课,看似平常,但反映出他们的思想理念、专业知识、专业技能及师德修养。他们在这些工作中给学生施以影响,虽细小但很真切,虽琐碎但很持久。因此,我们认为,“教学五认真”工作是青年教师实现教学实践专业发展的基本途径。各级教育行政部门对教师的教学工作提出了明确的具有指导性的意见和要求。如何将这些要求与学校的实际相结合,打造本土的“教学五认真”,并在此过程中引领青年教师的教学实践专业发展呢？这是学校经常思考的问题。照本宣科不行,墨守成规不行,唯有“继承”加“创新”,才能实现真正的“引领”。“继承 +创新 = 引领”应成为我们的管理理念。

三、我们的实践

1. 思想引领

引领青年教师教育教学实践专业发展首先是教学思想的引领。如果没有正确的课程观、学生观、教学观、质量观,教学实践就会偏离正确的方向。为此,我们引导青年教师学习教育教学理论,更新教育教学观念。

(1) 组织青年教师的集中学习

为提高集中学习的效果,我们把集中学习分为两个层次,一是校级的集中学习,二是组级的集中学习。集中学习做到定时间、定内容、定中心发言人。校级集中学习每月两次,分别安排在每月的第一周和第四周,由分管教学的校长组织。主要学习了《全新的理念,全新的教育》《与太阳的对话——丹阳四大教育家》《走近戴伯韬》《吕凤子研究》《吕叔湘文集》《马相伯先生文集》《匡亚明教育文选》《小学教师专业标准(试行)》《课堂教学论》《探究教学的学习与辅导》《合作学习的理念与实施》《教育的视界》《给教师的一百条新建议》《教师专业化发展的理论与实践》等内容。组级的集中学习安排在每周的周三下午,由学科教研组长负责,学校行政人员协助。学习的主要内容是:各学科的课程标准《小学数学培训资料》《小学语文培训资料》《小学英语培训资料》，丹阳市教育局下发的《教学五认真要求》《学习五认真要求》等。另外，我们还组织“教师讲台”、“国标下的教与学”教学沙龙等活动，让教师相互交流学习、实践的心得和体会，切实提高学习的实效。

（2）指导青年教师的个人学习

为提高青年教师个人学习的效果，我们提出这样的倡议：① 学习要全面，学习内容做到“四读”，即读教育理论专著，读教育教学期刊，读优秀文学作品，读科学人文类文章；② 学习要有方向，带着问题学，要与自身岗位工作实际相联系，与自身教科研课题相联系；③ 学习要持之以恒，每周学习时间不少于 3 小时；④ 学习要及时在实践中尝试，要及时总结与反思。

青年教师个人学习的情况每月由教研组长或行政领导进行检查和统计。学校每学期至少举行一次教师学习笔记交流与展示活动。

（3）在学习的基础上，还强调梳理，进行丹阳教育家思想与现代教育理念的比对。通过比对我们发现，丹阳教育家虽然受到时代、环境的影响和限制，但他们的教育思想无不闪烁着现代教育理念。例如，以人为本的理念、全面发展的理念、主体性理念、个性化理念、开放性理念、生态和谐理念等。我们把丹阳教育家的思想归纳为六大方面：① 教育目的，强调“完整的人、完善的人”。② 教育活动，强调“学生为本”。③ 教育内容、过程，强调“实践开放”。④ 教育方式，强调“个性发展”。⑤ 教学方法，强调“学法指导”。⑥ 教育环境，强调“民主和谐”。

学习，使青年教师对丹阳教育家的思想和现代教育理念有了更深刻的认识，树立了正确的学生观、教学观、质量观，在教育教学实践中更主动地接受大师人格和智慧的引领。

2. 制度保障

（1）完善备课制度

引领青年教师教学实践专业发展最紧迫、最现实的问题是引领他们上好每一节课。要上好课首先得备好课。因此，我们把备课管理作为引领青年教师专业发展的重点之一，提出“集体备课、个人加减、课后反思”的备课制度。

“集体备课”我们提出了“五备五明”的要求：备课堂教学的指导思想，明确教学整体构思；备教学目标，明确制定教学目标的依据；备教学的重点、难点及学生能力、情感的发展点，明确教学的主攻方向；备教学程序，明确课堂教学的结构；备教法学法，明确教与学的思路。

"个人加减"是指教师考虑自身的优势和本班学生的实际,在教学设计上可以有自己的特色,对集体备课形成的教案做加减,在实际教学中不拘泥于规定的程序。

"课后反思"即教师对教学设计及课堂教学进行评价、反思,明确教学的得与失,对教学的教、学生的学等提出改进意见。

学校对教师备课的评价主要依据教师的"个人加减"与"教学反思"的质量进行。

(2) 完善课堂教学制度

我们深入课堂,发现青年教师的课堂教学中经常出现这样一些问题:课堂和谐氛围不足;教学重点不突出;教学过程松散有余而严谨不足;眼光集中在少部分学生身上;忽视学生主体性,或牵着学生走,甚至一讲到底;课堂问题不精致,或过于简单,无思考价值,或过于空泛,学生无从入手;教学手段运用不恰当……因此,我们在《丹阳市中小学"教学五认真"实施意见》的基础上,针对问题,制定了《皇塘中心小学课堂教学规范》,提出了教师为学生提供"三个保障"的要求。

① 提供学习情感保障

尊重学生。承认学生是有自己思想和人格的活生生的人,尊重他们的情绪情感,尊重他们的兴趣爱好,尊重他们的个别差异,尊重他们的选择、判断和意愿。教学中,教师不应持绝对权威,而应与学生平等对话。

信任学生。相信每个学生都存在巨大的潜能,只要方法得当和付出努力他们都能成功。教学中,要大胆放手。

激励学生。当学生圆满解决问题时用真诚的语言伴之赞许的目光:"真棒"、"很好"、"真会动脑筋";当学生面对问题紧锁双眉时,则用"别急"、"慢慢想"、"你能行"等激励性话语,并伴之以信任的目光;当学生尝试解决问题失败时则用"哪个环节有问题"、"如何改进"、"再试一试"等提示性语言并伴之以鼓励的目光……

善于自制。教师要善于调控自己的情感,任何时候都不让消极的情绪、情感影响学生。

② 提供学习时空保障

给学生留足自由选择的"时空"。第一,尽可能减少对学生学习行为的统一约束,诸如上课要静听、静观,不随便插嘴,发表意见先举手,等等。第二要减少统一标准的影响范围,不过分强调标准思路、标准答案,并在教学中设计开放性问题,让学生展开想象的翅膀,调动已有的知识经验,多途径、多方法解决问题。第三，对课堂教学中出现的不同意见、见解，教师要鼓励，并延迟评价，给学生进一步思维和修正的“时间”和“空间”。

给学生留足自主学习的“时空”。一是控制教师的讲，一般一节课教师讲的时间不超过 10 分钟，把更多的时间留给学生阅读、思考、操作、讨论、练习。二是优化课堂教学结构，使学生成为教学各环节的主人。例如，“激情导课—初读感知—细读感悟—美读品味”、“激趣明的—探究质疑—练习小结”、“激趣导入—情景操练—交际运用”等。

③ 提供学习方法保障

教学中结合教学内容，针对学生实际渗透和指导学生的学习方法与策略。一是一般学习的方法与策略的渗透指导，诸如：阅读的方法策略，听讲的方法策略，记忆的方法策略，解题的方法策略等。二是科学探究的方法与策略的渗透指导，如“问题—假设—实验—结论”、“搜集事实—整理事实—分析事实”等。三是特殊的学习方法与策略的渗透指导，如整体把握策略、借助形象策略、顿悟策略等。

（3）完善教学督查制度。

教学工作考核评价在引领青年教师教学实践专业发展中起着重要作用，因此我们在教学管理中予以特别关注。

建立导向性的评价标准。

我们依据课改要求和市局《教学五认真要求》，对课堂教学评价、教师评价等进行了修订，力求具有较强的导向性。例如，课堂教学评价把评价的侧重点对准学生，关注学生参与的状态、交往的状态、思维的状态、情绪的状态与生成的状态。评价突出“六度”：学习环境的和谐度、学习内容的适合度、学生学习的情感态度、学生思维活动的深度与广度、师生交往的有效度、教学目标的达成度。

建立恒常性的督查机制。

学校对青年教师的教学工作做到定期督查与随机督查相结合，全面督查与专项督查相结合，并对有关项目进行跟踪督查。

日常督查注重一个“实”字。学校每月对青年教师进行一次日常教学工作督查，坚持“六环节”工作程序，即“听课—课堂教学评析—学生座谈—查阅资料—汇总情况—信息反馈”，做到实事求是搞调查，实事求是分析问题，实事求是解决问题。

专项督查突出一个“严”字。专项督查主要针对青年教师教学过程中出现的重点和难点问题进行，做到不事先通知、不留情面、用事实说话。我们

先后对课堂教学常规落实、学生主体作用的发挥、学生合作学习的组织与调控、学生探究活动的组织与调控、电教媒体在课堂中的使用、学生作业的设计与处理等进行督查。

跟踪督查落实一个“化”字。跟踪督查是在日常督查的基础上,有针对性地对某些青年教师的某些薄弱工作进行连续性督查。督查人员与督查对象以“转化”为目的,一起分析问题,提出整改方案和措施,一起参与实践,总结得与失,直至整改到位。

3. 团队修炼

(1) 制定教师个人专业发展规划。一是让青年教师自我剖析,明确自身的优势和不足,制定个人三年发展规划,确定自己在“专业理念与师德”、“专业知识”、“专业能力”方面的发展目标。二是请学校市级及以上骨干教师对这些发展规划进行分析、论证,分工与青年教师进行交流。三是让青年教师完善个人发展规划,进一步明确目标与要求,增强专业发展的内部需求。

(2) 开展“拜师结对活动”。我们依据青年教师的具体情况,为他们配备指导老师,指导老师有的善于课堂教学,有的善于班级管理,有的善于课题研究,有的善于学生辅导,与青年教师的优势发展项目尽量相匹配。我们对师傅、徒弟均提出明确的要求,并认真落实,力求“一对一”指导,较快地使青年教师的“长处更长”、“短板变长”。

(3) 开展教学研究活动。

教研课是学校常规性活动,是促进青年教师教学实践专业发展的重要途径。我们在分析原有教研课的优缺点的基础上,这样开展教研活动:

①“明方向”。教研课有目的,有方向,克服盲目性,克服“完成任务”的思想。与学校的研究课题挂钩,与教学实践中遇到的问题挂钩。

②“供靶子”。教研课改变展示样板的思想,贴近日常教学。作为研究的“靶子”,我们采用“三人教一课,一课三人教”的做法,先年级组集体备课,由一位教师上课,课后组织评议修改,再由第二位教师上课,课后组织再评议修改,然后由第三位教师上课,再评议总结教学活动的得与失。

③“深研讨”。针对评课时大家往往只谈优点、不讲缺点、更不研讨问题的现象,我们调整评课的重心,由对主讲教师的评价转到“问题解决”上来,即将评课重心放在解决问题的方法上。这里所说的“问题”不一定是主讲教师在讲课中存在的问题,可以是大家在教学中都会遇到的、迫切需要解决的问题。

④“做作业”。为避免教研活动中上课教师当“演员”,参与教师当“观众”的现象发生,我们给参加教研课活动的青年教师布置任务,让他们“做作业”。作业有两种形式:一是“口头作业”,认真参与讨论,人人发表自己的意见;二是“书面作业”,对课堂教学进行案例分析,可以是对教学成功之处的评析,可以是对教学不足的思考,也可以是不同教学理念与设计的争鸣。作业完成的质量作为青年教师业务考核的重要内容之一。

(4)开展课题研究活动。

学校青年教师认真参与学校省级课题“激童真童趣,享成长快乐”、镇江市规划课题“童伴课堂中行为引导策略的研究”等课题研究活动。我们鼓励青年教师领衔镇江市、丹阳市小课题研究活动,并积极创设条件为他们提供资金、材料、智力、人力等保障。目前,青年教师的小课题已有 2 项在镇江市立项,4 项在丹阳市立项,并顺利开展研究活动。他们做到了“问题即课题,教学即研究”,课题研究活动与课堂实践紧密联系。语文教学,通过文本还原、观察引领、感悟体验、实践写真,突出引导学生在阅读中感悟。数学教学做到学习材料重生活、学习过程重探究、练习设计重实践,突出引导学生在探究中发现。英语教学,以创设“真实性、任务性、情趣性、趣味性、思考性”情境为抓手,突出引导学生在操练中发展。艺术、体育、科学等教学,突出引导学生在实践中提高。课题与课堂的结合,不仅提高了学生的素质,更提高了青年教师的教学实践能力。

4. 专家引领

(1)结合青年教师教学实践专业发展的需要聘请专家进行引领

学校根据青年教师教学实践专业发展的需要先后邀请省教研室、镇江市教研室、教科所、丹阳市教师发展中心的 30 余位专家到校指导青年教师。他们深入教学一线,与青年教师一起研读教材、分析学情、设计教案;就课堂教学氛围的创设、问题的设置、练习的设计、教学评价与激励、课堂生成等问题与青年教师进行互动交流,有针对性的指导给青年教师的教学实践、专业发展予以有效的引领。

(2)请本地名师给青年教师做专业引领

本地名师的成长与发展最接近教师的实际,具有亲和力,最能起榜样和示范作用,对青年教师的成长与发展针对性也最大。我们先后邀请“丹阳市傅赟名师工作室”导师,“丹阳市蔡建良名师工作室”导师,镇江市数学、语文、英语、美术学科带头人周琴秀、严定芬等老师来校指导青年教师。他们的敬业精神、教学经验、教学艺术、创新意识给青年教师以积极的引领。

(3)让青年教师外出参加各类培训、研讨活动,接受专家、名优教师引领

三年来,我们先后组织青年教师百余人次参加了全国"生态课堂"研讨,省班主任工作研讨,省语文、数学、英语等学科会课及年会,镇江市农村小学教学联谊等活动。学校推荐25位青年教师参加江苏省、镇江市、丹阳市班主任、语文、数学、英语等学科骨干教师培训班学习。青年教师在活动中与教育专家、名优教师积极进行对话,自觉接受他们的引领。

四、我们的收获

回眸近三年的课题研究过程,我们欣喜地发现,由于我们以"打造本土的'教学五认真'"为抓手,我们的教师、学生及学校在不断进步。

1. 青年教师的教学实践专业水平得到提高

青年教师自觉地研读教材,研究学生,合理利用教学资源,科学编写教学方案;他们在课堂上尊重学生,以学生为主体,创设适宜的教学情境,调动学生学习的积极性,有效组织学生开展探究、合作、交流等活动,及时把控学情评价激励;他们科学地设计和处理作业,灵活使用多元评价方式,给予学生恰当的评价与指导;他们和蔼可亲,善于倾听,与学生进行有效沟通;他们主动收集分析教学中的信息,进行反思,不断改进自己的工作。他们让课堂变得灵动而富有情趣,他们让学生学习热情高涨,智慧火花迸发,他们让学校充满勃勃生机。三年来,钱明辉、潘玉、蒋荷芬等18位青年教师被镇江市、丹阳市表彰为优秀教育工作者、优秀班主任;钱明辉被评为镇江市学科带头人,李欣、潘玉、荆迪、蒋荷芬、匡玉忠、王霞等被评为丹阳市学科带头人和丹阳市教学骨干;李欣、武志军、何雯等老师在丹阳市班主任基本功大赛中荣获一、二等奖;周婧、周芝仙、王霞、李伟、杨鑫江、荆迪等老师在丹阳市语文、数学、英语、音乐、体育等学科基本功比赛和赛课活动中获一、二等奖;潘玉在全国"生态课堂"研讨活动中进行语文教学展示;蒋荷芬、刘华、袁冬花、周建兰、陈红玉等十几位老师在"镇江市农村小学教科联盟"、"丹阳市六校联盟"等活动中进行教学展示;戴华伟、钱明辉、张燕、熊中莉等老师撰写的120余篇教育教学论文在国家、省、镇江市刊物上发表或获奖。

2. 学生的综合素质得到培养

青年教师的成长也促进了学生发展。学生由传统的被动学习变为自主学习;由死读书、读死书的存储器变为积极、活泼、创新的探究者。课前,他们主动预习,主动列出不懂或要研究的问题,主动到互联网或生产生活实践中收集信息。课堂上，他们是学习的主人，在老师的组织指导下，积极发言讨论、提问质疑、辩论不同观点、争论研究、表演操作……学生们在“做中学”、“玩中学”、“乐中学”，在丰富多彩的活动中，学生们感受到了校园生活、家庭生活、社会生活、自然世界的无穷魅力，在生活化的学习中学生的能力、特长、爱好得到了发展，个性得到了张扬。学生们在习作、绘画、田径、艺术表演、科技制作等方面成绩显著。三年来，425 人次在各级教育行政部门组织的各类竞赛中获奖。葛欣澜、艾桂敏、王子扬、沈熙妍、荆翊宸、杜伟康、颜草、舒畅等同学被评为江苏省、镇江市“四好少年”；艾桂敏等 20 余名同学被评为丹阳市“十佳少先队员”、“优秀少先队员”。

3. 学校的办学文化得到丰厚

三年来，学校的“童真、童趣、童伴”、“兴趣 + 习惯 = 成长”、“尊重 + 依靠 = 影响”、“与文明对话，与生活接触，与创造沟通”等办学理念逐渐扎根师生心中；教学管理的各类制度得以实施与完善，发挥出积极的作用；学校的“领先、协作、奉献、拼搏”文化在各层面渗透，越发厚重。学校先后荣获“‘五好小公民’全国读书征文活动示范学校”、“全国新课程改革先进学校”、“江苏省科技教育先进集体”、“镇江市信息化示范学校”、“镇江市创先争优先进集体”、“镇江市语言文字规范化示范校”、“镇江市学生行为规范示范学校”、“镇江市特色学校”、“丹阳市文明单位”等荣誉称号。

当然，对照小学教师专业标准，学校青年教师的专业素养还有很大的差距，专业发展之路还很长，但我们坚信有丹阳教育家思想的引领，我们会走得更快、更稳、更坚实。

（黄东军　执笔）

乐学　巧学　自然

丹阳市折柳中心校课题组

一、直面问题，用思想正视现状

马相伯、吕凤子、吕叔湘、匡亚明、戴伯韬等都是在中国近代兴学、办学史上创造过辉煌业绩的丹阳本土教育家，他们的教育思想和教育理论值得我们研究和继承。随着社会的发展和人们生活水平的提高，社会对教育提出了更高的要求，需要学校培养创造型的人才。要培养创造型的人才，孩子首先要有一定的学习力。所谓学习力，是指在学习过程中对学科知识的接受能力，以及运用该学科知识解决实际问题的能力，它一般分为学习动力、学习毅力和学习能力三方面。然而在以往的课堂教学中，教师大多是按照事先设计好的教学过程，组织学生一步不差地进行教学，学生则始终处于被动地位。这样，何来“学习动力”与“学习毅力”？学习能力更是无从谈起。丹阳五大教育家的教育思想正是解开困扰的金钥匙，于是，我们提出了“用本土教育家的思想培养农村小学生学习力的实践研究”，试图通过“乐学、巧学、自然”的方式，培养学生的学习力。在课题研究过程中，着力解决如下三个问题：一、怎样激发学生持久的、浓厚的学习兴趣；二、怎样揭示、渗透一定的学习方法；三、怎样培养学生养成良好的学习习惯。

二、直面读本，用思想启迪思想

本土教育家——马相伯、吕凤子、吕叔湘、匡亚明、戴伯韬等，他们的教育思想博大精深，《与太阳的对话》一书中比较系统、具体地阐述了他们的教育思想，很多思想直到今天仍能引领我们的小学教育。

吕叔湘的乐学、巧学、自然

（1）“先生苦教，学生苦学”，那怎么行？我们做事要感到有乐趣；最重要的一点是调动学生的主动性、积极性，把以教师讲为主变成以学生学为主。

（2）教学，教学，就是“教”学生“学”，主要不是把现成的知识交给学生，而是把学习的方法教给学生，学生就可以受用一辈子。怎么个教法呢？

我想这也很简单，三个字：少而精。

(3) 教学的目的首先是培养自觉能力，让每个学生的学习潜力都能够充分发挥出来。语文是这样，别的学科也是这样。

马相伯的乐学、巧学、自然

(1) 今日在校求学，必须手脑并用，研究与实验并重。

(2) 学生两个字，要顾名思义才好，学然后可以生。不学，那就不可以生了。

(3) 我国人无恒心，无专心，遇事接物皆无诚心，须反其道方可。

匡亚明的乐学、巧学、自然

(1) “因材施教”是教育学中一条重要的规律。孔子很早就注意到人的才智高下有别，性格刚柔各异。他深入了解学生们不同的志趣、智慧和能力，掌握每个人的特点，施以不同的教育，收到了极佳的效果。

(2) 在孔子的全部教育工作中，把知识传授、品德修养、体育锻炼和美育陶冶融为一体。

(3) 中国学问的精髓就是“人学”，做学问就是“做人”。走进书斋是真正的学者，走出书斋是积极的实践家。

吕凤子的乐学、巧学、自然

(1) 教育的最根本目的，就是培育合理儿童。我们负最大的责任是指导儿童学习，做合理的儿童。

(2) 老师是引你们上路的，路要你们自己走出来。

(3) 要想做一个真正的好画家，可不是一件容易的事，一定要有长期的耐心和毅力，要多读、多看、多写。

大师的教育思想丰富多彩，也涉及了教育教学的方方面面，以上教育思想是大师们在“乐学、巧学、自然”方面的一部分。作为大师家乡的教育工作者，需要秉承他们的教育思想，从他们那里汲取智慧和力量，用于指导自己的教育教学工作。当然，直面大师，还要超越大师的时代局限。我们在用本土教育家的教育思想培养农村小学生学习力的研究过程中，也将根据学校特色，汲取其他教育大师在“乐学、巧学、自然”方面的思想，进一步指导我们的课题研究。

三、直面教育，用思想引领方向

教育的本职是什么？

吕凤子说：“教育的最根本目的，就是培育合理儿童。我们负最大的责

任是指导儿童学习，做合理的儿童。”

吕叔湘说：“教育就是诱发学习者的积极的、主动的努力，这几乎是所有教育家的一致意见。”

夸美纽斯说：“教师应该用一切可能的方式，把孩子们求知与求学的欲望激发起来。”

苏霍姆林斯基说：“只有能够激发学生去进行自我教育的教育才是真正的教育。”

哲学家雅斯贝尔斯在《什么是教育》中写道：“教育的本质意味着：一棵树摇动一棵树，一朵云推动一朵云，一个灵魂唤醒一个灵魂。”

……

虽然大师的说法不一，但可以看出培养学生的学习力，乃教师的主要职责和任务。我们认为，学生学习力的形成与和谐的师生关系、个人的兴趣、学习的氛围、有效的学习方法密切相关。

(1) 师生关系。和谐的师生关系是激发学生高昂学习情绪、挖掘学生创造潜能的直接因素，它不仅会引起学生对教师的尊重和信任，而且还会使学生把对教师的爱迁移到教师所讲授的学科上来。正如古人所云：“亲其师，信其道。”

(2) 学习兴趣。一个人只有对所做、所学的事情有兴趣，才能有毅力、有动力克服学习中遇到的困难，才会积极主动地去学习，才会想方设法去思考，并千方百计寻求解决的方法。学生只有对学习有兴趣，才能积极主动地探索，主体性才能得到充分发挥。

(3) 学习氛围。学生的学习兴趣会随环境的变化而变化。一个具有团结向上、积极进取的浓厚学习氛围的班集体，将对每一个学生的学习力产生积极的影响。在教学过程中，我们努力营造和谐的教学气氛，保持学生兴致勃勃的情绪，让学生都有跃跃欲试的愿望，从而开发学生学习的潜能。

(4) 学习主权。把学习主权交给学生是提高学习力的重要途径，课堂上尽可能多地让学生说，让学生读，让学生写，让他们运用语言进行交际，这样每个学生都有表现自己能力的机会，有利于促使学生主动参与学习。

(5) 学习方法。教给学生学习方法是提高学习力的关键，常言道，“授之以鱼不如授之以渔”。在日常的教学过程中，把新知识转化为已学过的知识；把难的复杂的问题转化为容易的简单的问题，这样，学生在学习过程中获得的不仅仅是“鱼”，而是“渔”，从而达到提升“学习力”的目的。

我们还认为，学生的学习力与学生的阅读习惯、阅读量等有重要关系。

我校多年来一直以“书香校园”为特色，努力营造读书氛围，多渠道激励学生阅读。因此，在学习力课题研究过程中，我们还以“书香、成长、童年”为主线，积极开展读书活动，努力提高学生的学习力。

四、直面过程，用思想支撑行为

（一）乐学——兴趣

1. 精心设计导语，激发学习兴趣

著名特级教师于漪说：“课的一锤要敲在学生的心灵上，激发起他们思维的火花，像磁石一样把学生牢牢地吸引住。”一个精彩的导入，就有这样的魔力。导入的方式多种多样，如故事导入、猜谜导入、影视导入、设置疑问导入、游戏导入等，需根据教材、年段不同进行选择。例如，仲群英老师教学《小池塘》一文时，和学生互动：“你的大眼睛能看到什么？”学生你一言我一语说着自己眼中的世界，然后老师巧妙入题：“今天老师带来了一只特殊的大眼睛，叫——（读题），这只大眼睛又能看到什么呢？”一语激起了学生强烈的求知欲，纷纷拿起课文读起来。

又如，郑淑琴老师在教学“认识分数”一课时，首先给学生讲了唐僧师徒四人分西瓜的故事，由于学生第一次听说这样的故事，注意力一下子全部集中到课堂之中，不知不觉地进入了学习状态，学习兴趣高涨。

2. 创设实际情境，提供学习环境

儿童天性好动，乐于参加实践活动。因此，我们要把真实的生活引进课堂，在课堂上为学生创设不同的语言交际环境，进行语言技能训练。例如，徐伟铭老师在执教《On the farm》这一课时，利用学生带来的水果、动物等将教室的一角布置了一个小小的农场，并利用这一小小农场进行了“What are these/those? They're … Are these/those … ?”等句型的教学和操练。孩子们因为有了这样一个接近真实的语言环境，有话可说，操练的效果非常好。又如，胡玥老师在执教《asking the way》这一课时，利用教室的桌椅和过道，将教室布置成一个微型城市。在句型操练时，孩子们在教室里边说边走，有效地培养了孩子们实际运用语言的能力。

3. 利用直观形象，调动学习兴趣

苏霍姆林斯基说过：“儿童是用色彩、形象、声音来思维的。”语文教学应该为学生学习语文创造和提供具体、可供想象的学习情境，让学生主动感知体验，充分调动他们的学习兴趣。王国富老师的作文课上，为了让学生学会写表情、动作、心理活动，变魔术似的拿出一本名人相册，“挑逗”的语言极大地激发了学生一睹真相的兴趣,请学生上台看,其他人观察表情、动作,然后再互动采访,说说当时的内心活动。一堂课上,“名人相册”始终牵动着学生的兴趣,在看看、说说中,学生思维活跃,观察能力和表达能力得到了提升,最终“名人就是自己”谜底的揭晓让孩子们捧腹大笑又若有所悟。

黄乐平老师在教学“圆的认识”时,采用学生感兴趣的玩具表演活动(① 球、球相碰玩具表演; ② 线系小球旋转玩具表演),既直观形象,又易于发现,进而抽象出“圆”。学生从“玩”入手,乐于参与,利于学习,不知不觉进入学习状态。

4. 适时安排游戏,激发学生热情

课堂中,适时安排游戏,能很好地活跃课堂气氛,排除孩子们学习的心理压力,也能更好地帮助孩子们提高学习能力。例如,邓冬青老师在教学26个字母时,为了巩固英语字母的大写和小写及其顺序,设计了找好朋友的游戏:首先把准备好的字母卡片发给班里的每个学生,每张卡片上都是不同字母的大写或者小写,然后告诉学生:有些字母不见了好朋友,请你们帮忙找找。第一步要找出字母的“同胞兄弟”(即字母的大写或者小写),然后按字母家族的大小排顺序。孩子们的兴趣马上来了,有些孩子不但自己很快完成任务,还热心地帮助其他同学,课堂气氛温馨又融洽,课堂效果更是良好。

5. 采用多元评价,获得成功体验

评价是教学环节中的一个重要组成部分,评价既是教师对学生的行为、也是学生对自身学习情况的体验,同时还是树立学生学习兴趣、调动其学习主动性的一个重要措施。在教学中正确运用这些评价能激发学生极大的学习热情,获得成功的体验。

让学生获得成功体验的方式很多,可以是“朗读小明星”、“识字大王”的评比,也可以是教师的一个小小的动作、一个鼓励的眼神、一句诚恳的夸奖,都会帮助学生树立起学习的自信心。例如,魏玮老师教学《台湾的蝴蝶谷》一文时,让学生扮演小导游,拿着小旗子,向“客人”介绍蝴蝶谷的景象,学生在把书面语言转化为口头语言的同时,体验到了做导游的成功感。

又如,郑淑琴老师在教学估算时,在学生总结出许多估算方法后,又创设了两个生活情境,分别是:“350 名同学要外出参观,有 7 辆车,每辆车 56 个座位,估一估,够吗?”“一辆卡车 986 千克,车上货物每箱重 285 千克,共 6 箱,而桥限重 3 吨,能过桥吗?”以此培养学生合理选择估算的方法,体验估算的价值。这样一种指引回望,引导学生将思维由“表层”走向“深入”,

由“草率”迈向“成熟”。伴随着解决问题后体验到的成功喜悦，学生的内心深处油然而生的快乐情绪也是必然的。

（二）巧学——方法

1. 明确学情，备好教法

“凡事预则立，不预则废。”教师对教材有的放矢的解读，根据学生的年龄特点、教材的题材特点，具体分析学生的学习力，既要立足教材，更要整合教材，有针对性地设计教法。例如，江琴老师执教的一年级《练习4》生动有趣，她将教材中本来没有太大关联的三部分内容巧妙地过渡，串联成一个整体，通过各种方式创设情境：听动物猜叫声、看视频吟唱古诗、听故事学成语等，让学生在轻松愉悦的氛围中感受了汉字的趣味性，体会了父母的深情。

2. 课堂引导，点拨学法

教学，是教会学生学习。学生是课堂教学的主体，教师应该是一个引导者。教师要根据学生的学习状态灵活引导，激励学生主动地投入到学习中去，从中掌握知识，获取学习的方法。例如，黄冬琴校长展示《钱学森》《弟子规》两堂课时，让全体语文老师看到了新课程倡导的自主、合作、探究的高效课堂。黄校长基于儿童的研究，尝试了小组合作学习的方法，学生在小组中质疑、讨论、交流，思维的火花得以碰撞，学习的能力得到提升，教师的引导犹如点睛之笔，充满大智慧。教师把学习的时间还给学生，把学习的主动权还给学生，使学生成为真正的学习的主人。

又如，史耀军老师在教学“认识长方形和正方形”一课时，通过学生自我探索、合作探究、分组交流，以动手操作为主线，让学生自主参与测量、观察、比较的全过程，给予学生充分展示自我才智和展开探究活动的空间，让学生在自主探究中自我发现新知，学生的主体性作用得以充分发挥。同时，考虑到三年级学生的动手实践能力较弱，老师在探索之前安排了学习提纲，便于学生能更好地完成自我探索与合作交流。

3. 学用结合，策略记忆

我国语言学家吕叔湘说过：“学语言不能忽略巩固阶段，要不断地用它。”

英语学习要记忆大量的词汇，背诵英语单词、词组是每一个英语学习者面临的艰巨任务，也是令每一个英语学习者感到棘手的问题。因此，在英语学习的启蒙阶段，让小学生了解单词记忆的一些策略是十分必要的。学校英语组的教师们通过不断的实践和总结，归纳出以下单词记忆法：

（1）读音记忆法：根据单词的读音记忆单词。它是记忆策略的首选，也是学好英语的重要途径。

（2）联想记忆法：设法把单词的音或形或义联系起来。（a）拼写联想。将拼写类似的单词集中在一起记忆，如 book，cook，look；bee，see，tree 等。（b）意义联想。从词义方面联想与其有相近或相反关系的单词，如同义词 good—nice，反义词 good—bad，old— young 等。（c）归类联想。将同类单词集中在一起记忆，如由 red 联想到各种颜色：green，yellow，brown，blue，black；由 eye 联想到身体各部分：head，face，ear，nose，arm，foot 等。（d）形义联想。对单词的结构赋予一定的形象，如可以认为单词 eye 中的两个 e 就是两只眼睛，y 是一个鼻子。（e）对比联想。把读音相似或形状相似的单词进行比较记忆，如由 see 联想到 sea，由 grass 联想到 glass 等。（f）类推联想。由一个单词联想到一个以上词组或句子，如学了 put，会想到 put up，进一步可以想到“Put up your hands”；学了 play 可以联想到 play football，play basketball 等。

（3）嘴、眼、耳、手并用记忆法。心理学对记忆的研究结果表明，人们感觉信息的主要渠道有四个：视觉、听觉、动觉和触觉，而且刺激的渠道越多，大脑中建立的联系越多，记忆也就越牢固扎实，因此，读、看、听、写是最有效的学习方式。例如，当我们在超市看到“香肠”时，应该尝试着说出单词“sausage”；当我们学到“long”时，嘴巴里说“long，long”，同时可以伸开双臂，用动作表示“long”；当我们听到一个单词时，可以跟读几遍，也可以边读边写。

（三）自然——习惯

著名教育家叶圣陶说过：“教育是什么，往简单方面说，只有一句话，就是养成良好的习惯……”对于小学生来说，培养良好的学习语文的习惯无疑是“养成良好的习惯”的一个重要方面。学习语文的习惯，就是听、说、读、写的习惯。

1. 听要专心、仔细

我们一直要求学生认真听，可到底怎样才算认真听？一年级的唐佳扬老师是这样对学生说的：“听的时候眼睛注视着老师或发言的人；要听清每一句话，脑子里不想其他事；听完别人的话，才发表自己的意见，不插嘴。”在对学生听的习惯的培养中，少不了学生最能够接受的方式，那就是表扬鼓励。夸夸认真听的孩子，为孩子树立学习的榜样，能促使良好习惯的养成。

2. 说要清楚、完整

在现代社会，人际交往越来越广泛，口头语言表达也越来越重要。对学生表达能力的培养，年段不同，所要达到的要求也不一样。低年段重在说好一句完整的话，而中高年级就要努力把话说具体、生动，说一段话。江琴老师执教《鸟岛》一课时，将“把表达当成习惯培养”的思想渗透其中，处处设计说的训练：课始让学生描绘看到的鸟儿热闹图，在体会“六月是鸟岛最热闹的时候”一句时，让学生在鸟儿叽叽喳喳的叫声里想象画面，再说一说“各种各样的鸟儿聚在一起，有的________，有的________，鸟岛成了______________。”在语言的描述中感受热闹。

3．读要正确、入情

朗读，注于目，出于口，闻于耳，记于心，是语文课堂教学最重要的手段。专注有感情地朗读有助于学生掌握汉字的音、形、义；有助于加深对词语的理解和运用；有助于把握文章的层次结构；还可以提高学生的欣赏力、想象力，丰富学生的感情，陶冶学生的人格。郑夕清老师教学《装满昆虫的衣袋》时，运用多种方式的读，如“默读，思考课文中哪些自然段感受到法布尔对昆虫的着迷？”再如“自读，边读边画看出法布尔着迷的词语，把感受写下来”，学生在读中理解课文，在读中感悟课文，学生品读的能力也得到了培养。

4．写要工整、规范

书写是学习的基础，是学习的基本功，各学科特别是语文学科要重视和抓好学生的书写习惯，这无论对学生的现在和将来都有重要的意义。《语文课程标准》指出：写字教学要重视对学生写字姿势的指导，引导学生掌握基本的书写技能，养成良好的书写习惯。我们学校的老师都特别注意学生良好书写习惯的培养，教给学生正确的写字姿势，规范学生的书写，尤其是低年段的老师。低年段的语文课上，老师们会用较多的时间来分析汉字，让学生观察田字格中生字的结构，明确各部分构字部件在田字格中所占的比例和准确的位置，在反复的训练中，学生逐渐把握字形。

同样，数学方面也有许多习惯要好好培养。小学生因审题不谨慎而导致错误的现象很多，特别是低年级十分常见。究其原因，一方面与儿童识字量少、理解水平低、思维缺乏深刻性等因素有关；另一方面与学生做题急于求成，不愿审题有更直接的关系。所以，我们从以下三个方面培养学生的审题能力。

（1）读。读题是审题的前提，是解题的基础，在数学课中读题教学举足轻重。通过读题，可以帮助学生理解题意，理清条件与问题之间的联系，使要解决的问题在头脑中有一个清晰的印象，为解题做良好的铺垫。教师在读中要根据学生的年龄特点，对形式和要求做出明确的规定，如大声读、轻

声读、默读、读通句子、不漏字、不添字等。比如，这样一道题目：(　)比4.8多0.3;5.4比(　)少3.2。第一空学生容易填成4.5，第二空则会填2.2，其实这道题目很简单，在做题前后，都应该要求学生学会读一读、想一想，这样就不至于出错了。

(2) 画。画，是为了弄清关系。在读的过程中可用自己习惯的符号来标示关键词语，"——"、"∽∽∽"、"△△△"和"……"等都可以。明确题中哪些是已知条件，有几个；哪些是问题，有几个，还应该注意挖掘题目中"隐含的条件是哪些……"同时，还可以借用一些小帮手，例如线段图等，以帮助思考。三年级考试中常出现这样的题：把0.8、1.2、6.7、1.3、0.5、4.6按从大到小的顺序排列，小数点和顿号特别容易混淆，因此在做这类题目时，可以要求学生在审题时将每一个小数都给圈一圈后再填，以减少错误。

(3) 述。这里的述，是要求学生会说，指学生通过读题推敲后，能尽量用自己的语言将题意重述出来，要养成想说、会说、敢说的精神。通过说，学生间可以相互取长补短，可以争论探讨，可以去伪存真，在思辨中加深理解，提高审题技巧。另外，述的形式也有不同，诸如计算题，可以用文字形式再述，文字题可以用类似语文上的缩句再述，如"5与3的和乘10与2的差，积是多少?"可以述为"和乘差，积是多少?"当然，再述的形式除了用以上方法外，还可以通过用图表、式子、线段图等方式呈现。

再如，英语学科同样要培养学生的许多良好习惯。

(1) 认真倾听、准确模仿的习惯

儿童心理学告诉我们，小学生爱模仿，模仿性强，但缺乏自控能力。课堂上，常有学生一听教师示范发音，就急于开口模仿，轻声跟读，结果导致自身发音欠准，而且还影响了他人听音。因此，在英语起始教学阶段，教师就要训练学生静心听，他们通常采用"手势暗示法"，即教师随着示范发音打手势"一、二"。这时学生边听教师发音，边看教师嘴形，注意观察其大、小、扁、圆及变化情况，做到看明、听清，当手势打"三"时，全班齐声模仿。这样，发音易到位，模仿效果好。同时，在教学内容上设置"牵制性"提问，"逼"学生专心听他人说英语，不听，就无法参与。例如，教师问某生：How old are you? What did you do last weekend? 随即转用第三人称问其他学生：How old is he? What did he do last weekend?

(2) 大胆开口的习惯

学习任何一种语言都离不开勤讲、多练，包括课内、课外两种环境。老师们通常通过以下几个方面来鼓励、引导每一名学生主动参与到开口说英语的活动中：① 在授课过程中引入竞争机智，激发学生的发言积极性。② 发挥组长及组内课代表的作用，使学生合作完成口语任务。③ 借助多媒体，设计贴近生活的口语任务。④ 拓展课堂内外，培养口语能力。

(3) 规范书写的习惯

具有良好的书写习惯是小学英语教学的重要内容之一。英文是拼音文字，与汉字截然不同，与汉语拼音字母也有许多差异，教师要让学生及早了解这一点，严格按照英语的书写要求写一手正确又漂亮的英文。需要强调的是，有些学生在书写时往往忽视具体要求，如大小写混淆、单词间无间隔、标点符号漏写或错写、增减单词中的字母等，从而造成错误。

(4) 勤于积累和实践的习惯

教师在引导学生学好课本知识的同时，还要注意多方面积累和汲取其他英语知识。例如，教师经常向学生推荐一些合适的英语报刊读物，收听收看相关的英语广播电视节目，使学有余力的学生能够学到一点程度相当的课外知识，包括英语国家文化、习俗、礼仪、历史，以拓宽视野，培养跨文化意识；还让学生找一找生活中的英语，如 CCTV 表示中国中央电视台、PC 表示个人电脑、Bank of China 表示中国银行、Made in China 表示中国制造等，E-mail表示电子邮件、Taxi 表示出租汽车、Hotel 表示宾馆等，使学生意识到从生活中学习英语很快乐，也很有效。随着学生年级的升高，教师还鼓励他们在不同的生活情景中正确使用英语表达想法，如看懂警示语做文明小公民：Be Quiet. 保持安静、Keep Clean. 保持清洁、No Parking. 禁止停车等。

乐学，巧学，自然，是我们用本土教育家的教育思想培养农村小学生学习力的追求；为儿童架设成长阶梯，是我们用本土教育家的教育思想对学习力培养的支撑，目前也取得了一点成效。

(1) 学生增添了直接学习兴趣，学习活动对他们来说不是一种负担，而是一种享受；部分学生越学越想学，越学越爱学。学生还有了间接学习兴趣，清醒地意识到学习跟自己的生活、生命、成长和发展有关系，能自觉地担负起学习的责任，学生真正树立了自主学习的意识，培养了学生自主学习的能力。

(2) 现在，我校学生不再死读书、读死书，而是找寻适合自己的方法应用到各科学习之中。很多学生正在努力解决“会学”的问题，把学会学习看作学习的一个指标。学生学习状态上来了，又有了正确的学习方法，他们就会以开放的视角和思维方式提出问题，有效地收集选择各种各样的素材资料，自主学习，探究问题，智力也相应地得到了发展。

(3)“播下一种思想，收获一种行为；播下一种行为，收获一种习惯；播下一种习惯，收获一种性格；播下一种性格，收获一种命运。”现在，大多数学生明确了学习习惯的重要性，逐渐养成了良好的学习习惯。在语文学科方面，养成了听、说、读、写的好习惯：专心、仔细地听，清楚、完整地说，正确、入情地读，工整、规范地写；在数学方面养成了读、画、述的好习惯；英语方面，很多学生逐步养成了认真倾听、准确模仿的习惯，大胆开口说的习惯，规范书写的习惯，勤于积累和实践的习惯。

虽然我们取得了一些成效，但研究还停留在较为浅显的层次，我们还将沿着本土教育家大师的足迹努力前行。

(黄冬琴　执笔)

用本土教育家教育思想引领技校励志教育

丹阳市技工学校课题组

一、问题的提出

我校是一所职业类学校，大部分学生进入学校时，客观地说，已经在身心上受过伤害。今后几年，他们要完成学业，进入就业，进行创业，这其实也是他们人生中必不可少的步骤。但他们的现状如何呢？又应该采取怎样的政策呢？

（一）学生现状

1. 缺乏理想，对前途没有规划

目前，职校学生给人的普遍印象是只顾眼前，不想以后。问起他们的理想，学生可能还会认为师长思想陈旧；谈起前途，总以为自己还不用去考虑，自有父母操心，自有毕业时的学校就业保障。过一天算一天，混日子的思想严重。

2. 进取心差，“破罐子破摔”

职校学生在初中毕业时未被录取进普通高级中学之后，就自感低人一等，前途渺茫，加之社会对职业教育、职校生的偏见，使他们中的许多人有了“破罐子破摔”的思想。传统的升学教育使得学生在升学无望的情况下，勉强选择了职业学校，但内心对在职业学校学习并不抱多大希望，以为自己永无翻身之日。既然如此，自然会认为学习没什么用，以至于不思进取、得过且过。

3. 青春期提前，异性同学存在不正常的交往

一方面，随着人们生活水平的提高，加之多种媒体的影响，青少年的青春期普遍提前；另一方面，本地地处农村，对学生的青春期教育也只能靠学校搞一些活动来开展，相关的家庭教育并未引起广大家长的注意。特别是与异性交往方面，家长对子女的关心、指导远远不够。职校学生正处在青春期，渴望与异性交往，但在缺乏正确引导的情况下往往不能区分正常的同学友谊和朦胧的感情冲动。更有甚者，受不良媒体影响，偷吃“禁果”，酿成大错。

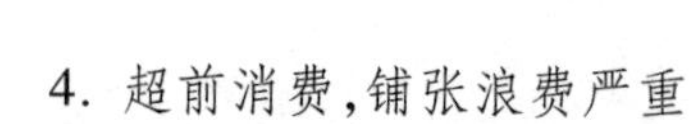

4. 超前消费,铺张浪费严重

随着生活水平的提高,家长对子女的投资也越来越大。虽然学校明确指出,学校不收取任何费用,但家长对子女疼爱有加,唯恐其“吃不饱、穿不暖”,往往给钱没有限制。有些外地学生,家长为方便联系,给其配备手机等通信工具。如此种种,将现在的学生培养成了浑身名牌、耳插 MP3、手持移动电话的“新新人类”。消费层次较高,饭菜稍不合口味即倒掉,还有个别男同学抽烟、女同学化妆,又是一笔不小的花费。此外,双休日的上网消费和请客吃饭等,也超出一般家庭的承受力,给家庭及父母造成极大的负担。

5. 礼仪修养差,缺乏待人接物必要的礼节

职校学生中部分是初中毕业的双差生,一部分可能还不具备初中毕业生资格,还有一部分是打工返乡青年,加之处在农村,由于接受的教育有限,交际能力差,语言粗俗,举止不得体。部分学生在课堂上顶撞教师,平时生活中和同学动辄互相谩骂,以骂对方父母为乐,甚至拳脚相加,大打出手。出入教室、宿舍及教师办公室不知敲门或喊报告。家中来了亲戚朋友也不知上前问好。

6. 卫生习惯差,缺乏公德心

调查发现,职校生中大部分学生卫生习惯差,尤其是只注重个人卫生,不注重集体环境卫生。男生西装革履、皮鞋锃亮,但集体宿舍垃圾成堆;女生打扮得花枝招展,但抽屉里却有大堆的瓜子皮和吃过的食品袋。行走在校园当中,垃圾乱扔,集体大扫除常常要反复督促才能完成任务。至于攀折花木、浪费水电,更是时有发生。

以上种种,可以看出,职校生的个人道德品质存在较大的问题,如果我们看不到这些,或者我们看到了,却不重视这些问题,那么,培养“德技兼备”的技校生只能是一句空话。

(二)怎么办

那么,如何在这短短的几年中达成培养目标呢?我们认为,应该用教育激励斗志,用技能激励自信,用市场引发自强,用思想激励精神,从而树立正确的学生观、教师观、办学观。本土教育家思想与励志教育的结合有助于实现这个目标。

二、我们的思考与实践

丹阳五大教育家,马相伯、吕凤子、吕叔湘、匡亚明、戴伯韬,他们在中国近现代兴学、办学史上创造过辉煌而不朽的业绩。马相伯,不惜毁家办学、

兴学救国，创造了震旦和复旦文化、复旦精神；吕凤子，三办正则、教育救国，创造了永远的正则、永远的美；吕叔湘，求真能贱，龙虫并雕，是我国著名的语言大师；匡亚明，无私无畏，被誉为“大学旗帜”、“孔学泰斗”，是一个大写的“人”；戴伯韬，教育名家，教材专家。他们给世界、给中国、给丹阳留下了最宝贵的文化遗产和精神财富，也是我们丹阳特有的资源。他们的教育思想能引领我们技校的励志教育。

1. 在励志教育中，我们应该继承教育家的什么？

教育为先，思想引领。聚焦我们技工学校学生的培养，本土教育家教育思想的很多核心教育理念正切合当代技工教育的发展。

技工学校就是要为社会培养合格的甚至高素质、高技能的人才，让学生在九年义务教育之后得到一技之长，进而在社会中有立足之地。教育家们的教育理念正好能反映出学校的核心学生观，在他们教育思想的引领下，我们也培养了许许多多已经在社会立足、为社会创造财富的各类技能人才。

2. 促进教师专业化发展

在教师层面，教师队伍优质化建设和专业化发展也是重中之重。优化师资队伍，设置与实施更贴近社会、企业发展需求的课程，有活中求新的教学内容、方法与手段（实训模块化教学、校本教材、校企教学、科研的互动、理实一体化等），都是保证成功实施励志教育的基本砝码。

3. 我们进行的实践

（1）努力提高学生素质

创建和形成了一支相对稳定、素质相对较高、责任心较强、有奉献精神、有爱心的班主任队伍。

有完善的制度，特别是符合学校实际的一整套学生管理制度，做到有据可查、有章可循。

在方法上不断出新，课程设置中添加了《丹阳本土教育家思想》，充分利用参观学习、社会实践、名人演讲、案例分析等现身说法。

进行心理调适，在引导、疏导上下功夫，在学生中树立榜样，树立标兵以树正气、以立新风。

（2）专业设置——更贴近社会、企业发展需求

2006 年以来，学校成功运行《国家重点技工学校质量管理标准（试行）》。通过对企业、家长、学生等调研，对全市 33 所初级中学进行全覆盖普调，从中采集信息，进行数据分析。据此进行市场专业需求的短期 1 ~ 3 年、中期3 ~ 5 年、长期 5 ~ 10 年的用工预测，在此基础上确定当年开设什么专

业。因而近几年学校设置的专业一投放市场就深受报考学生、家长的青睐，像数控、眼视光、机电设备安装与维修、农业机械化等新专业的市场占有率均稳中有升。

2012—2014 年数控专业招生人数表

	计划招生数	实际招生数
2012 年	40	83
2013 年	70	107
2014 年	105	136

（3）教学内容、方法、手段——活中求新

A. 模块教学探研。

数年来，各专业教师根据各自专业的特点，设计各专业模块化教学，并通过设计计划、分步试验、跟踪调研、调整完善、专家论证等途径逐步形成了机械、电子、电工、数控、计算机、眼视光等专业的模块化教学新路，经实践、跟踪、逐年样本调研后不断优化，现在优势逐步显现，已从实验阶段逐步向实施阶段过渡。

模块化教学样本跟踪调研表（以百分计）

	参照样本（未实行模块教学时的实训成绩均分）	抽取样本（已实行理实一体化模块化教学的实训成绩均分）
	12 级学生	14 级学生
车工	73.84	88.75
电子	86.35	90.32
电工	80.91	93.56
数控	79.63	86.50

B. 别样的校本教材。

近几年来，学校教师紧紧围绕校本教材的本校化、本专业化的大趋势，参与编写了语文、数学、英语等三门公共学科教材，还独立编写了机械综合、电子电工、电控编程、电气控制、数车等多门专业教材及技训参考书。经数年的教学实践，很适合当今技校学生使用，更适合日后学生应用，有助于强化学生的学习兴趣与学习动机。

C. 不断探索校企教学、科研的互动接点。

数年来,学校跟丹化、沃得、天洋、宏运、大亚等十余家本市大中型企业合作,探究企业技术技能需求和学校教育教学相结合的新路,从专业的设置和开发到教学计划制定和实施,由学校专业教师跟企业人事、技术部门的专业人员共同参与。通过请进来和走出去的形式,学校专业教师和企业技术骨干开展互动性教学科研活动十余次,使教师专业教学和学生实习技训更贴近企业技术更新的发展需求,起到了校企之间互动双赢的作用。

校企合作办学统计表

企业名称	企业法人	校企合作签约时间
天洋集团	胡文格	2010.10
江苏埃菲尔钢结构有限公司	张卫国	2007.01
大亚车轮制造有限公司	吴建忠	2007.01
法拉电子有限公司	谢　杰	2007.04
华昌有限公司	华昌海	2007.01
鱼跃有限公司	吴光明	2010.02
江苏沃德集团	王伟耀	2010.02
丹化集团	花尚元	2004.04

校企科研活动统计表

年份	2010—2011	2011—2012	2012—2013	2013—2014
活动次数	4	6	7	11

技工教育为地方经济建设服务最为直接,这早已被实践所证明,也被企业所认同,学校已走出了一条“依托产业办专业,办好专业兴产业”的企校合作发展模式。这也有助于使学生看到前景,看到希望,从而励志前行。

D. 坚持教改方向。

文化课在“实用、够用、用得着、用得上”下功夫,专业课在模块化教学、理实一体化等方面求突破。五年来,学校选派的老师参加省、市各级各类“课改、教改”、“活力课堂”等教学比武屡屡获奖,经老师辅导的近百名学生在省、市各项技能比赛中取得佳绩;学校教师围绕课题研究撰写教改论文336篇,其中多篇在不同刊物上发表,近百篇论文在省、市论文评比中获奖。靠教改赢得成功,借成功增强信心,这也是励志教育的应有之义。

围绕课题研究撰写论文一览表

发表论文	28 篇	赛课获奖	24 人次
获奖论文	142 篇	课件获奖	21 人次
论文汇编	三册	指导学生竞赛获奖	113 人次

三、点滴成果

1. 学生精神面貌大为改观

在实施励志教育过程中,我们坚持抓两头、带中间,从而使学生精神面貌大为改观,使学生的综合素质明显提升。

一头是差生的转化,这既是工作的重点,更是工作的难点。经对犯错学生的样本案例进行分析后发现:家庭教育是源,社会环境是根。为此,抓源头,老师尽心;除根源,学校尽力。学校已逐步建立了家校联动、学校社区联办、学校公安联合的教育网络体系。据近几年学校对犯错特别是犯大错的学生犯错率统计,数据呈明显下降趋势,且学生犯罪率保持0%的记录。

另一头是培优生,树标兵,用榜样的力量来影响带动其他学生。其中的重点是三好学生、优秀团员与优秀学生干部的培养。

2. 学生就业年年看涨

经样本调研,就丹阳当地来说,在就业的定位上近五年已发生从量到质的变化,主要表现如下:

(1) 乐业放在第一位,即就业中看中的是就业环境——软环境、硬环境均是择业的考虑因素。

(2) 创业意识逐步升温,在某岗位经跌打滚爬2~3年后,调研数据显示,至少有12%~13%的人有独立创业意向。且学校毕业生中这样的例子已有数十个。而就丹阳本地人和外来务工人员比较:材料显示,当地人已淡出体力活、手艺活。体力活的90%以上的份额和手艺活的60%以上的份额已被外来务工人员所取代。而随着技术工种持证上岗等用工制度的日趋规范,那些技术密集型企业越来越青睐于技校毕业生。因此,自2010年至今,学校用工形势日盛,对口就业、高位就业已成为主流。

近年来,学校毕业生的就业情况逐步好转,行情年年看涨,这也有力地证明了励志教育的有效性。

双证复合型毕业生就业状况调研报告

调查对象：学校 2012 届、2013 届机械、电子电工专业毕业学生

调查时间：2012.05—2013.10

调查内容及数据实录：

学生届别	专业	毕业学生数	取得双证人数	双证学生在岗就业情况数据实录				
				2008.5 初始岗位		2008.11	2009.5	2009.10
2012 届	机械	78	67	47	在原岗位	36 人	29 人	9 人
					择优岗位	11 人	28 人	38 人
	电子电工	54	46	46	在原岗位	32 人	25 人	3 人
					择优岗位	14 人	21 人	43 人
2013 届	机械	94	82	82	在原岗位	65 人	36 人	27 人
					择优岗位	17 人	46 人	55 人
	电子电工	55	48	48	在原岗位	41 人	27 人	11 人
					择优岗位	7 人	21 人	37 人

调研显示：双证复合型毕业生就业时择业几率明显提高，回旋余地显著增大。

3. 教师专业素养与时俱进

近几年来，学校从无到有，由弱到强，已形成了以陈建良老师为代表的骨干教师群体，且电子电工专业陈建良名师工作室已于 2010 年挂牌运作。它承载着江苏省、镇江市电子电工专业中、高级技能人才的教学、培训、校企联姻等方面的研究、开发功能，且学校的电子电工、数控专业已被省人社厅评为精品专业。学校在此基础上将机械专业、计算机专业名师工作室的创建工作摆上议事日程，并已进入申报程序。

我们充分发挥名师工作室的龙头作用，带动全校教师在专业素养的提升上与时俱进，不断进取，从而为励志教育的实施和学生素质的全面提升提供人才支撑。

4. 学校品牌日益响亮

(1) 办学层次稳中趋高

社会对高技能人才的需求日益增多，但就学校办学层次和规模而言，一时还难以适应。同时一味求大求全的办学理念也不一定适合学校实际。为

此，经对学校师资、设备等条件认真综合分析，确定了在办学层次上走“稳中趋高”的发展之路。

校校合作，与昆山登云科技职业学院、江苏汽车技师学院联办高级工及大专层次专业。

校企合作，与丹阳天工、大亚、沃得集团联办培养高级工，毕业后进入所在企业就业。

(2) 制度治校

学校管理是一门学问。科学、规范的管理制度是学校稳定和发展的重要保证，也是调动和提高广大教职工积极性、主动性和创造性的动力源泉。为此，课题组提出强化学校管理制度以来，通过借鉴兄弟学校一些先进的行之有效的制度方法、引入 ISO—9001 质量管理体系、严格职代会制度等一系列措施，引导学校从过去的那种“校长治”发展到今天的“制度治”。现在学校政通人和，凝聚力增强，积极性提高，工作效率提升，学校声誉扩大。

丹阳本土教育家教育思想引领下的励志教育促进了我校学生和教师综合素养的提升，进而促进了办学质量和办学层次的提升，而办学质量和办学层次的提升又为励志教育提供了具有说服力的教育内容、教学案例，并对继续进行励志教育提出了更高的要求。这种良性循环的形成，更加坚定了我们进一步强化与优化励志教育的信心与决心。

（韦玮　执笔）

乐教乐学　突破围墙的成长

丹阳市青少年校外活动中心课题组

一、问题的提出

在“鸣凤书院”的旧址上创建的丹阳市青少年校外活动中心自2006年成立以来，始终坚持“服务青少年、服务社区、服务社会”的宗旨，遵循“整合资源，科学管理；发展内涵，打造品牌；拓展渠道，持续发展”的工作思路，在现代化浪潮中起步，继承着丹阳的文化传统，诚信友爱，团结奋进，健康发展。校外教育机构的地理位置固然重要，但关键在于学校教育的质量；需要一定的面积，更重要的在于它教育环境的营造；对它的评价不是看拿到多少奖项，而在于在这里学习的孩子是否在成长中感到快乐。因此，我们在努力探索校外教育管理经验的过程中，产生了困惑：1. 怎样的校外活动，才能让孩子们在校外活动中体会到学习活动的幸福感？2. 教师应采取怎样的教育方式和方法，将孩子们从枯燥、繁重的课业中解放出来，让孩子产生快乐体验？3. 校外教育开发怎样的课程，来激活孩子们的求知欲，促进孩子学会求知？

二、教育家思想的启示

带着以上这些问题，我们深入学习丹阳教育家教育思想的精髓，努力将教育家思想与校外活动以及教育管理实际相结合，寻求突破教育管理的最佳路径和方法。其中，教育家吕凤子教育思想，“教育的最根本目的，就是培育合理儿童”，“最合理教育云者，即穷异成异、穷己成己之谓”，等等给了我们启示。尊重学生个性发展和个体差异，尊重学生身心健康发展的规律，让孩子成为一个健康、快乐的人应该成为我们校外活动中心的培养目标，我们教育的手段和方法也应该与之相适应。在吕凤子这一教育思想的引领下，我们从转变观念入手，进而调整教育目标，转变教育手段，搭建活动平台，努力使“乐教乐学”成为我们中心的品牌。为此，我们确立了以“快乐教育，快乐学习”为核心理念，改变教师传统的教学观念，开发校外教育课程体系，让师生一起“乐教乐学，突破围墙，共同成长”。

三、我们的实践

（一）转变教育观念，培养孩子多种能力

在都市化发展的今天，许多原本在儿童和青少年时期该学习的东西被丢弃了，而现在的家长望子成龙心切，对于孩子学习的要求都是急功近利，导致孩子疲惫不堪，周末奔走于各种培训班之间。校外教育怎样才能将孩子从这种桎梏中解放出来，实现寓教于乐呢？

每一个儿童都是一个独特的快乐天使，遵循他们成长的规律，让每一个孩子在快乐中度过幸福童年，是我们校外教育人的梦想。

在这种“快乐教育，快乐学习”的理念下，我们进行了“快乐育人”教育体系的建构与实践探索。我们以“快乐成长”为出发点，以“尊重学员个性，发展学员的优势潜能”为教育目标，以“教师乐教、学生乐学”为诉求，在学员选择活动上，坚持“自主性、自愿性、体验性、发展性”的原则，在创建快乐校园环境，营造快乐课堂氛围、组织快乐活动、培养快乐学生、造就快乐教师等方面展开了探索与研究。

（二）重构活动体系，让孩子成为活动主角

校外教育以其开放性和个性化的育人方式区别于学校教育。就像吕凤子说的，“要绝对尊重各人的异，成就各人的异。你们在修养上必须穷物之理，尽人之性，而后心物冥合，才能有所创意”。校外教育就是要突破课堂教学的空间束缚，把学习环境从校外教育机构延伸到社会，如各种形式的冬令营、夏令营，让儿童在交往活动中更多了解生活，接触社会。以兴趣为向导，儿童可以根据自己的爱好自愿参加，自由选择活动。

1. 明确校外课程教育活动目标

课程教育强调在校外活动中体验，“人与人、人与社会、人与自然、人与自我”，而德育目标都应是首要的共同的目标。

在构建课外教育课程实践中，我们根据孩子不同年龄阶段的特点，提出了相应的教育目标。

对象：1—3 年级

培养目标：引导其观察生活中的人、物、事，注重方法和能力的训练。

对象：4—5 年级

培养目标：组织丰富的体验活动，增加知识深度，运用角色互换，强调感悟，逐渐养成应具备的良好习惯。

对象：6 年级

培养目标：通过丰富的活动体验，让学员获得实践过程的体验，逐步形成判断力，形成良好习惯。

2. 构建校外课程教育活动平台

（1）国内不同地区校外教育活动平台

通过“长三角校外活动论坛”“青少年校外活动联盟”“杭州校外动漫大赛”等活动让不同地区、不同生活背景的同龄孩子走在一起，通过人与人之间相处的真实情感体验，逐步形成自我判断力。

（2）社会教育资源整合平台

吕凤子认为，“人生活动即创造活动，发现自我”。有效地整合和利用社会教育资源，有利于在社会环境中激发孩子的自我意识。只有不同层面、不同教育内涵的体验活动，才能起到儿童与社会、自然之间的纽带作用。

（3）活动中心自己的活动阵地

活动中心固有资源的开发、设计和有效利用是关键。儿童活动场所的开发好比旅游景点开发，开发水平决定能否吸引儿童。我们在实践中根据不同主题要求，推出多元菜单。如开展“才艺展示大舞台”、“社会实践活动”、游园系列活动，聘请由丹阳市心理学专家、礼仪教育专家、艺术教育专家组成的讲座团，面向丹阳市广大学生和家长，开展“成长大讲堂公益活动”等系列活动。通过这些活动，让孩子们在庄严而又愉悦的环境中共享成长的点滴感悟，增强责任意识和使命感。

（4）新型体验儿童俱乐部

我们根据孩子们的不同需求，以会员制形式建立了儿童自己的俱乐部。目前，“青少年阳光体育俱乐部”发展会员约 800 名，推出了富有儿童气息的体育游乐活动。

（三）践行“乐教乐学”，促进师生共同成长

校外教育与传统学校教育的区别在于，校外辅导教师不再用自我中心的方式把理论直接告诉学生，而是创造一种学习和体验的氛围，在不知不觉中让学生的大脑真正动起来，让他们进入情境，沉浸在探索、感受、反思的氛围中，乐此不疲地汲取各种养料。其间，教师要有高度的责任感和教育敏感度，善于及时发现和挖掘教育内容，开辟新的教育空间，提供体验的舞台，这是体验式活动取得成功的关键。

传统的教育活动偏重灌输说教，教育内容大多脱离儿童的现实生活。要走出这种困境，促进学生知识、能力、情感、意志的发展，体验教育是最适合校

外教育活动的手段。在教育过程中,教师采用体验教育手段,在“晓之以理”的基础上“动之以情”,创设情境,让学员体验真实或模拟真实生活,通过对所处环境的感知和理解,产生与环境相连的情感反应,并在价值观念的冲突碰撞中学会选择,从而在亲近自然、融入社会和认识自我的体验中逐渐形成良好的道德行为习惯。学生、教师都可以在这样的活动中体验、享受探究与成功的快乐。

四、我们的收获

践行吕凤子思想、实施“乐教乐学”教育以来,我们校外活动中心教师立足校外教学活动的责任心明显提升,教育观念有所转变,校外教育方式、内容有了较大的突破。活动中心的校外活动,被越来越多的学生喜欢,同时也受到越来越多家长的认同,现已开设了重在体验性、实践性、参与性的阳光体育类、器乐类、歌舞类、科技类、书法类、美术类、益智类、综合类、主题活动类、心理健康类等10大类60多个活动项目,每年1.2万多人次参与活动。学员综合素质明显提高,取得了令人瞩目的成绩。

活动中心先后被授予“国际机器人奥林匹克培训基地”、“全国青少年科普创新示范单位”、“江苏省电子技师认定活动先进单位”、“丹阳市教育局党建工作示范点”等荣誉称号;戏曲节目两次应邀进京演出;学员参加省市比赛屡屡获奖;国家级阳光体育俱乐部、丹阳市社区培训学院、丹阳市妇女儿童活动中心、《丹阳日报》小记者培训基地纷纷在这里落户。同时活动中心开发区分部已正常活动,亲子活动中心、各乡镇活动辅导站也正在建设当中。

在校外教育这个大家庭中,丹阳青少年校外活动中心的发展才刚刚起步,正稳步向前迈进,还有很多问题需要我们去不断研究、发现、探索和实践。我们坚信在吕凤子教育思想的引领下,不断追寻教育家的足迹,努力奋进、不懈追求,始终坚持“快乐教育,快乐学习”这一目标,就能为孩子美好的青少年烙上快乐的印记,点燃他们的希望,将智慧与气质注入孩子们的血液,使他们从精神到文化终身受益,快乐和幸福伴随孩子们健康成长。

让青少年校外活动中心成为丹阳市青少年“乐教乐学,突破围墙,共同成长”的快乐天地,是我们的美好愿景。我们将全力扬起快乐教育的风帆,载着青少年健康成长的梦想,在教育改革的潮起潮落中,分享、收获成功的喜悦。

(林丹珏　执笔)

教师专业发展的工作室模式

——以袁晓鹤名师工作室例谈

袁晓鹤名师工作室课题组

一、问题的提出

丹阳市教育局从2009年开始，在丹阳市范围内以学科形式设立了20个名师工作室，高中物理成立了以吕叔湘中学袁晓鹤老师为导师的名师工作室。名师工作室，是“教师基于共同的目标，在专家教师的组织下，旨在通过对话、合作和分享性活动来促进教师专业成长的共同体”。名教师工作室是一种促进教师专业成长的共同体，是对教师培训模式的一种创新，显现了其特有的教育功能。其对教师培训模式的创新和对教师专业成长的价值主要体现在：构建专业共同体，成就优秀教师群体；优化培训组织，实现研训一体；发挥辐射效应，共享优质资源；形成培训网络，促进梯队成长。同时，以先进的教育理论为指导，以教师发展为本，开展教学研讨活动，推广经验，促进教师专业化成长。

“丹阳本土教育家”是指中国近现代丹阳籍教育家马相伯、吕凤子、吕叔湘、匡亚明、戴伯韬，他们属于丹阳，也属于全国。“教育思想”是指人们在一定历史背景的社会条件下，在教育实践基础上形成的对教育现象与问题的认识和看法。“丹阳本土教育家的教育思想”是指马相伯、吕凤子、吕叔湘、匡业明、戴伯韬的教育思想。其核心思想为：马相伯，“崇尚科学，注重文艺，不谈教理，学生自治”等；吕凤子，“人生制作即艺术制作”，“穷异成异，穷己成己”，“让教师成为美的表现者，培养合理儿童”等；吕叔湘，“立定脚跟处事，放开眼孔读书”，“求真能贱，龙虫并雕”，“课堂教学：精、实、活”等；匡亚明，“不拘一格降人才”等；戴伯韬，“要使学生在对自然、社会的实验观察、实践中去产生发展他们的思想、智慧和才能，要指导学生学习的方法和引导学生主动地、自由地、积极地学习”，“动手又动脑，思想就开窍”等思想。本课题通过开展本土教育家的思想研究，从本土教育家思想中汲取富有时代意义的精华，把握教育规律，以构建特色鲜明的育人模式，并通过项目的实施推动教师队伍整体素质的提升和教育质量的提高；挖掘五大教

育家的思想内涵，凸显文化育人的优势；并在教育实践中传承、应用与发展他们的教育思想，促进教师成长。

1. 名师工作室如何建设

一是名师工作室的理论建设。提炼具有个性特色的学术主张，树起切合自身实际的大旗，铸就名师工作室理论建设的高度。

二是名师工作室的学科建设。专业领域内，既重“术”更重“道”的研究，形成专业发展研究的序列，彰显名师工作室学科建设的深度。

三是名师工作室的相关领域建设。在研究既重“术”更重“道”的同时，开展对相关学科的研究，以提升教师的幸福指数，拓展名师工作室相关领域建设的广度。

2. 名师工作室如何运行

名师工作室的运行面临着人员分散与活动集中、时间紧张与任务繁重、培养效益与现实要求、近期发展与远景规划、教学工作与教育研究这五对矛盾，导致名师工作室运行效率不高，表现为职责不明、目的不清、管道不畅、收效甚微等毛病。为解决上述弊端，我们认为，重点应该放在研究以下四大运行机制上面。

一是实施“导动结合”的引领机制，以充分发挥名师的示范、引领、带动、辐射作用。二是构建“目标过程”的管理机制，以确保名师工作室的有序运行。三是探索“定性定量”的评价机制，以确保名师工作室的有效运行。四是坚持“有名有利”的激励机制，以确保名师工作室的高效运行。

3. 坚持“目标过程”的管理机制

坚持将名师工作室成员工作的“目标”与“过程”科学地分解，确保名师工作室的有序运行。

过程	工作目标
三年	① 一个科研课题——在课程改革下的高效课堂教学模式的研究。② 出版一本书—生动课堂—简明课堂—高效课堂—生命课堂。③ 一种高效课堂模式—生动课堂—简明课堂—高效课堂—生命课堂的教学模式。④ 每人获各种奖不少于一项(优质课比赛、论文、读书活动、课件比赛)。⑤ 按照三格梯度，一年入格，二年升格，三年风格，构建一流工作室团队。
每年	① 每人至少发表一篇文章——省级以上的报刊。② 举办一次成果展示(工作室)。③ 举办一次学术报告会(导师)、上一次汇报课(成员)。④ 研究高效课堂教学模式的途径和策略(课题)，分成三个阶段：生动课堂—简明课堂—高效课堂—生命课堂。⑤ 外出参观学习考察一次，媒体报道至少一次。

续表

过程	工作目标
每期	① 集体研读一本书,个人阅读3～5本书。② 一个专题(围绕"六研究")和科研课题。③ 一篇质量较高的读书心得。④ 学员自我总结一份。⑤ 工作室总结评比一次。
每月	① 开展一次教学研究活动(研究教学、听课评课、构建高效课堂的途径策略)。② 上传一篇有特色的教案(或试题,或课堂点评)。③ 上传一篇文章(体裁不限,但必须是原创)。④ 学员之间读书交流一次。⑤ 工作室学员工作小结一次(张榜公示)。

4. 坚持"定性定量"的评价机制

我们认为,"定性定量"的评价机制要求定量的过程评价和定性的结果评价相结合。"定性":在结果评价中,采取定性的办法,体现评价的高度。定性评价可以为用好评价结果做准备,积极反馈评价结果,帮助工作室改善工作,提高培养效益。"定量":在过程评价中,采取定量的办法,保证评价的信度。确保工作室的运行过程具体落实,实现过程控制,避免走过场,搞形式主义。评价体系科学,评价行为才可靠,评价机制才能发挥应有的作用,以确保名师工作室的有效运行。

5. 坚持"有名有利"的激励机制

我们认为,教师职业倦怠产生的原因主要在于激励机制的缺失。激励的要素包括"名"和"利"。"有名有利"的激励机制要求在精神鼓励和物质奖励上对名师成长给予及时充分的肯定认可。"有名":为名师专业发展搭建平台,创造条件培养名师的荣誉感,为名师成长提供充分的精神鼓励。"有利":名师工作室建设作为一种政府行为,同级财政要为名师工作室提供足额工作经费,由名师工作室根据成员工作"质"与"量"两方面的情况,进行二次分配,破除吃大锅饭与平均分配,将效率和效益挂钩,为名师成长提供充足的物质奖励,以确保名师工作室的高效运行。

二、教师专业发展的工作室模式探索

1. 工作室研究的定位

(1) 研究性。研究是工作室的第一要务和基本属性。通过师带徒、课题研究、网络信息交流、成果推广等方式,传播先进的教学理念,传授精良的教学经验,指导工作室成员、学员在教育、教学和管理中成长,在研究中成长。

(2) 示范性。通过工作室的示范辐射作用,引领促进优质师资队伍的

加速成长，实现专业水平的健康发展。

(3) 凝聚性。充分利用名师、成员的人格魅力和教育教学管理能力，凝聚和吸引一批优秀的中青年骨干教师共同发展，形成学习共同体和成长共同体。

2. 工作室研究的理念

(1) 以名师工作室为引领，构建教师发展共同体能更快、更广泛地促进教师成长，促进教师的主动发展、可持续发展，培养和孕育优秀教师。

(2) 提炼名师的教育教学特色和思想，形成名师及其所带团队的“品牌”。有利于不同类型的教师在不同的起点、不同程度上都得到发展，进而带动区域内整体教师素质的提升，推进城乡教育的均衡发展。

(3) 在工作室中形成的各类成果，将有力地促进课程和教学改革，有效促进教研和培训的深入。这有利于促进传统教师培训模式的变革，增强教师培训的针对性、适切性和实效性。

(4) 这项研究将使工作室成为滋养物理教育的“水土”。工作室所营造的学习、合作、交流氛围，教师团队的精神面貌和事业追求，为当地教育教学提供的服务，将改善教师的成长环境，为丹阳物理教育教学的改进做出较大贡献。

3. 工作室研究的目标

(1) 以名师工作室为平台，构建工作室成员教师发展共同体，形成具有一定教学领导力的教学研究型骨干教师团队。营造共同研究和学习的环境，使骨干教师进行专题研究、资源集结、提炼经验、教学改革实验等活动，提炼他们的教学经验及教学特色，使其由“教学型”教师向“教学研究型”教师转变，并提高骨干教师团队的教学领导力，使他们在教育改革与发展中发挥示范、引领作用。

(2) 发挥名师工作室的辐射作用，构建区域内教师发展共同体，工作室不仅要培养工作室成员，还要以点带面，构建区域内教师发展共同体，推进区域化教育的均衡发展。

(3) 努力打造名教师团队

工作室成员要努力提升学识水平和师德修养，增强职业荣誉感；承担骨干教师指导工作的同时，工作室团队自身在教育素养、学科专业素养、教育教学能力、教育科研能力和示范指导能力等方面得到提升和发展，提炼出彰显个人教育特色的理念，成为丹阳市有影响力的、能够发挥示范作用的教师。

4. 工作室研究的模式探索

以丹阳本土教育家的教育思想为指导进行工作室的模式研究，是指我们深入研究丹阳本土教育家的教育思想，挖掘教育家的思想内涵，汲取富有时代意义的精华，凸显文化育人的优势；并在教育实践中传承、应用与发展他们的教育思想，促进教师的成长，培育一批个性鲜明、富有创造力的名教师和卓有成效的育人模式，并在教师成长的过程中运用本土教育家的教育思想指导教育实践，践行本土教育家的教育思想，更好地帮助教师的成长。

（1）研训一体，实现教师自主成长

以点带面，增大辐射范围。一方面，要把指导教师准确自我定位并制定适合自身发展和追求的职业生涯规划结合起来；另一方面，注重开发教师个性化课程，内容与形式应灵活多样，突出参与式、案例式、情境式、菜单式等专题培训内容与形式，以适合不同层次教师自身发展的需求。依托“名师工作室”、以课题为载体，研训一体，搭建学习共同体，就能够实现使不同层次教师在合作交互中，敞开心扉，交流思想，积聚智慧，在相互影响中获得有效的教育和发展，最终实现专业化自主成长。

（2）送教下乡，推进城乡教育的均衡发展

名师工作室定期安排一定数量面向丹阳区域内教师的指导性工作，担负起引领和带动作用。工作面向更广阔的空间，不局限于几个相对比较好的学校或者是城区学校进行活动，而是把研究的触角伸向区域的每一个点，以成员所在的学校拉出一条线，以此覆盖一个面，把工作室的成果辐射到全市各个学校，积极送教下乡，推进城乡教育的均衡发展。

（3）网络辐射，搭建混合式教师培训模式

工作室已建立专门网页，在网页上介绍各种教育教学信息和研究动态，上传活动报道、项目研究的成果和经验总结，在网上开展学术沙龙、建立名师工作室博客等，使更多的教师们在网上就能分享他们的成果和优秀的教育资源，放大培训的效益。例如，名师可以录制自己的课堂或课堂的一个片段，供青年教师学习；青年教师将自己的课堂录像上传到网上，接受名师的指点，与名师共同探讨。这样不仅能够便于教师观察课堂事件，也便于教师从学生的角度考虑学习的过程。基于围绕自己教学课堂的“共同事件”的学习吸引了教师，辅导者与学习者便组成了一个实践共同体，进一步共享知识、资源和信念。

三、名师工作室研究范畴：以吕叔湘思想为例

（一）问题意识的培养

吕叔湘是一位具有较强问题意识的思想家，他一直强调做学问要“多读书，多提问，多发现问题”。认为善于学习的人必定是善于思考、善于发现和善于提问的人，因为“叩之以小则小鸣，叩之以大则大鸣”。问题意识是提出问题和发现问题的前提与关键。

课堂教学的本质是教与学的互动，是教师教的行为和学生学的行为之间的互相交流、互相沟通、互相启发、互相补充，彼此分享思考、共同进步的过程，既是学生产生问题和师生共同解决问题的过程，也是培养学生“问题”意识的过程。古语也云：“学起于思，思起于疑。”“小疑则小进，大疑则大进。”“质疑”的重要性可见一斑。在物理教学中，它更是培养学生洞察能力，启发学生创造性思维的起点。胡适曾说过：“问题是知识学问的老祖宗，古往今昔对比来，一切知识的产生与积累，都是因为要解答问题。”所以爱因斯坦说：“提出一个问题比解决一个问题更为重要，因为解决问题也许是一个数学上或实验上的技能而已，而提出新的问题、新的可能性，从新的角度去看旧的问题，却需要创造性的想象力，而且标志着科学的真正进步。”怎样鼓励孩子“敢问”，教学生“会问”，是值得每一位教师关注和研究的。苏联教学论专家马赫穆托夫在《现代的课》一文中曾说过这样一段话：“从内部结构的观点来看，可以认为问题性的课是这样的：在这种课上，教师有意地创设问题情境，组织学生的探索活动，让学生提出学习问题和解决这些问题（这种做法的问题性水平较高），或由教师自己提出这些问题并解决它们，在此同时向学生说明在该探索情境下的思维逻辑（这种做法的问题性水平较低）。”伽利略的比萨斜塔实验，牛顿看到苹果从树上往地面上掉落等，这些科学大师在现象的背后产生的是问题，有了问题以后，他们便会朝着解决问题的方向去努力，进而去解决他们的问题。而在实施以创新精神和实践能力为核心的素质教育的今天，如何使学生保持强烈的问题意识和好奇心理，并将其引向真正的科学创新行动，应当成为变革现存教育教学模式的一个切入点，这就要求教师更新教育观念，坚持以“不会提问题的学生不是会学习的学生”为标准，不断强化学生的问题意识，让学生自由探讨、积极思考、大胆提出问题、揭示问题，使学生置于问题情境中，既要敢问、乐问，又要会问、善问，努力进行培养学生“问题”意识的探索。课堂是学生学习的主阵地，是学生与教师双边活动的主要场所，那么怎样在课堂中让问题成就课堂教学之美呢?

1. 问题是学生学习的源泉,要营造良好的课堂氛围,让每个学生敢于提问

鼓励学生提出问题,有利于增强学生的主体意识,发挥主体作用,是教会学生学习的有效措施。心理学研究表明:学生只有在亲密、融洽的师生关系中,才能真正地表现自己,创造性地发挥潜能。由于"闻道"有先后,年龄有大小,师生之间的心理总是有一段距离,若教师不经常与学生谈心,距离会越拉越大。所以,课堂内外,应通过各种途经来沟通双方感情,以减轻学生的心理压力,创造良好的课堂学习氛围;教学中不仅应对学生提出有价值、有创意的问题鼓励表扬,对不符合教学需要的过浅、过难,甚至离奇的问题也应予以肯定,对学生敢于提出针对教师或教材的问题的勇气和态度首先予以肯定,然后加以引导分析。这样学生提问的积极性才能得以保护。对学生而言,有欣赏才会有保护,才会让学生迸发出有思想的问题,因此,教师在教学中要亲切自然,坚持以鼓励为主,让学生有足够的安全感,不断激发学生的思维火花。"横看成岭侧成峰,远近高低各不同",同一问题,从不同的角度去看,得到的结论是不同的,所以,教师在课堂上要坚持积极引导,提供足够的机会,让学生在一定的指导下,独立地研读教材,力争自己提出问题,坚持相互碰撞,让学生合作学习,共同讨论,各抒己见,相互发展,展现学生个性,培养学生的创新精神和创造能力。

爱因斯坦有一句名言:"我并没有什么特殊才能,我只不过是喜欢寻根问底地追求问题罢了。"这句话一语道破创新的真谛——好奇心。问题意识和锲而不舍的探求是成功的前提,强烈的好奇心增强了学生对信息的敏感性,对新出现的情况和新发现文化及时做出反应,发现问题,激发思考。因此,激发学生强烈的好奇心是发现问题的一个来源。教学中要善于引导,使学生对生物世界充满好奇。问题的另一个来源是质疑:"不质疑是不能见真理的。"青少年思维活跃、敏捷,善于想象,要鼓励和引导学生不迷信课本,不迷信权威,敢于怀疑,敢于批判,进而求真求新,这样才能突破传统观念,大胆创新。类似问题不在乎大小,它显现的是学生积极学习、大胆求真的结果。老师应首先肯定表扬学生,再者,教师要及时解答相关问题,若自己不能回答的要诚实,要有勇气面对,切不可模糊不清,不懂装懂,敷衍了事;同时应告诉学生,物理上有许多未知的东西,有待于人们探索研究,鼓励学生认真观察,发现问题,去研究、探索、解决它们。

2. 创设情景，课堂中教师要善于捕捉问题，让问题洋溢课堂

问题意识从认知心理学上讲，是指人们在认识活动中经常意识到一些难以解决的问题，并产生一种困惑、探究的心理状态，是一种思维的问题性心理。问题要素分为：目标状态或终点状态；对问题做出给定条件或事先描述的初始状态；一系列中间状态，它用以描述达成目标的各种可能解决途径。三种状态构成了“问题空间”。因而，在课前几分钟就要利用多种途径创设问题情景，引导回忆旧知，提供提问的基本知识储备，建立问题的初始态与终态，呈现问题空间，激发学生提出问题、发现问题。比如，可以通过旧知，日常现象巧设情景激问，时刻让学生处于有问题性心理状态，有一种疑惑、好奇感。还可以通过直观教具、演示实验来激问。让学生参与演示实验或演示实验的准备，通过观察实验现象发现问题，提出问题。例如，让学生针对整个实验来发现问题、提出问题。还可以通过多媒体展示，激趣、激疑、激问，使学生的思维保持敏捷性、兴奋性；也可以利用学案指导预习，呈现资料激问。激问的方式还有很多，总之要让学生上课时带着问题、带着疑惑、带着好奇来学习新知识。课堂中的问题是不能也是无法避免的，问题可能发生在学生认知与教材之间，也可能发生在教师与学生之间。作为教师，在课堂中就要善于发现和捕捉问题，即使问题在教师课堂设计之外，也不要轻易否定学生的问题，而应该智慧地、有创意地解决问题。

3. 要教给学生提问的技巧，促进学生问题意识的形成，发展学生的问题意识

陶行知在一首诗中曾说：“智者问得巧，愚者问得笨。”在教学中，我发现，许多学生只会提一些简单的、思考层次较低的问题。还有的时候，学生对某种现象产生疑问，却不能准确、清晰地将自己的疑问表达出来。所以，教师应当教给学生一些提问的技巧，提高学生的思维品质。首先，教师应该让学生明确提问的种类。按照布鲁姆目标分类法，可以分为六个层次的提问，低层次思考的提问，包括知识提问、理解提问、运用提问，高层次思考的提问，包括分析提问、综合提问、评价提问。低层次思考的提问有利于知识的巩固，高层次思考的提问有利于创新思维的培养。教师应鼓动学生多提出高层次思考的问题。另外，教师在平时的教学实践中，应根据学生的具体提问加强对学生提问技巧的指导，帮助学生拓展思维，提高思维品质，帮助学生整理思绪，使头脑中的疑问变得具体、清晰，这是培养学生问题意识的重要一环。笔者在高三复习教学——《电场中的导体》时就曾经遇到这样一个问题，在我复习完本节知识时，一位学生突然提出这样一个问题：老师，

导体中的感应电荷能等于或大于施感电荷的电量吗？能与不能，怎样去证明呢？问题一提出，立即引起学生的共鸣，学生立即参与到课堂的问题中来，课堂讨论氛围浓厚，争论激烈，在用了高中阶段求电量的所有公式都无济于事的情况下，老师适时提出了能否用电场线的性质加以证明呢？一言惊醒梦中人，学生恍然大悟，看到学生解决问题后露出的灿烂笑容，笔者也由衷地露出了会心的微笑。

在促进问题意识的形成、发展学生的问题意识上，教师可以变课堂的“纵向提问”为“横向提问”。所谓“横向提问”，就是在课堂上问题不是由教师提出，而是由学生自己提出，再由学生通过思考来自行解决的一种提问方法。由于提问者与回答者在课堂教学中都具有同等的学习者地位，因此这种提问方法与教师提问学生回答的“纵向提问”相比，可以使学生比较容易消除在课堂回答过程中的紧张感，能为推动学生主动思考问题和发现问题、敢于议论问题和提出问题、善于回答问题和分析问题创造条件，使学生有机会在一种既无拘束又较热烈的教学环境中提出问题、回答问题。例如，其中有的问题是学生通过自学教材内容即可解决的，则由学生自学回答。有的问题比较难，则创设问题情境，启发学生观察、思考，相互讨论，共同探索解决问题。还有的问题是需要学生根据生活经验讨论解决的，有些当场无法解决的问题留给学生课后去思考，查阅资料，寻找答案。当然并不是所有的教学内容都适合这种教学方法，因此教师要精心挑选教学内容，创造条件，尽可能运用“横向提问”，从而强化和发展学生的问题意识，培养学生的创造性思维。

让问题成为课堂的中心进行教育、教学，激发学生提出问题，引导学生解决问题，诱发学生产生新的问题，从而培养学生的问题意识、质疑精神和创新精神。应加强课堂问题性教学的设计，加强问题性教学与研究性学习活动的结合，培养学生主动学习的能力。只要教师在课堂中能及时捕捉问题，让问题成为课堂中的亮点，必定会使物理学科课堂教学演绎出最别样的美丽。

吕叔湘说：学生学会动脑筋，一生受用。教课最怕的是像泡沫塑料泡在水里，考试等于从泡沫塑料里挤水，水还是原来的水。培养学生的问题意识即培养学生的创新意识。

（二）精讲课堂的打造

吕叔湘在谈论课堂教学时说：怎么个教法呢？我想这也很简单，三个字：凸显少而精，少讲，精讲。讲的要击中要害，学生哪个地方不懂，不太理

解，就给他讲一下，点一下。学生懂的呢？就不讲。

精的课堂，就是要求教师在课堂上讲得精确、精练。与学生的互动精彩。在积极推行素质教育的今天，教师在课堂上是否真正能够抛开旧有的讲课观念的束缚，把握住教材进行精讲，把学习的主动权真正交还给学生，显然是物理教改中的一个重要问题。

1. 课堂的精讲是新课改的要求

吕叔湘在谈论语文教学时早就指出，中小学语文教学中存在着“少慢差费”的现象。这无疑是对语文教学缺少效果和效率的指责。一直以来，教学观念陈旧是一个老问题，教学中“满堂灌”的幽灵给我们的课堂教学投下了阴影，对当代中学生的思想发育造成严重的束缚。在 40 ~ 45 分钟的课堂教学中，在以传授知识为主要任务的教育思想指导下，教师的教育手段主要是依靠教授和讲授，但教学方法呈现出来的往往是劳动密集型的特点，即把知识过细地分割出来，事无巨细，一概讲之，将教学内容倾泻给学生，从而完成教学任务。这种旧的教学思想忽视了知识的整体性和综合性，忽视了学生在学习过程中的主体能动性。学生被迫在烦闷、冗滞、散漫的气氛中学习语文，其效果是不言而喻的。

课堂教学“满堂灌”的教学方式已经不可能再适应如今的教学了。美国卡内基促进教育基金会主席欧也斯 · 波伊尔认为：面对 21 世纪的教育改革，首先应进行教育思想的转化。有识之士也已经看出了要提高教学质量的出路重点在于课堂教学改革上，而精讲则是教改迈出的关键步子。长篇大论的、面面俱到的讲授是不科学的。我们的任务是让学生学得知识、获得能力、发展智力，而不是老师在课堂上表演。

吕叔湘说：总的原则是变被动为主动，学生要主动学，教师要主动教。

教学本身又是一个教与学相结合的过程，教师在课堂教学活动中传递给学生的信息不应是全息，而是通过必要的精彩恰当的讲授，充分调动学生的自学能力，优化认知结构，使教师的主导作用和学生的主体作用得到最大限度的发挥。这一点，叶圣陶作过精辟的论述：教师的作用，“不在于全盘授予，而在相机诱导，必令学生运其才智，勤其练习，领悟之源广开，纯熟之功弥深”。一个真正有才干的教师并不在于在课堂上表现其有多少学问，而在于是否在课堂上讲得精、讲得巧，与学生互动得法。

2. 课堂中的精讲是提高课堂教学效果的有效手段

如何在课堂上实施精讲，达到教与学相长的目的呢？

（1）转变教学思维模式，优化课堂教学结构，着重于思维和能力训练的

教学形式

实施精讲就是提高课堂教学效率,首要的就是走出旧教学思想拘囿,敢于舍弃那种“地毯式”过细过死的传授、空中楼阁的架空分析,优化课堂教学结构,教师精确的指导,学生主动求学,整个教学过程,革除以教师为中心的陈规陋习,着重于学生思维和能力方面的训练,避免“小学而大遗”,培养学生的能力。

优化课堂结构,变“繁”为“精”,变“教”室为“学”室,师生合作,可以达到不教之教的理想效果。那些“讲少了不放心”,“讲漏了不能应会考试”的种种顾虑大可不必。因为我们以前存在的问题不是老师教得不够,而是学生学得不牢。现在讲精了,学生掌握知识能力的效率反而提高了。

(2) 进行情境教学,活跃课堂气氛,使课上得精彩

吕叔湘说:成功的教师之所以成功,是因为他把课教活了。如果说一种教学法是一把钥匙,那么,在各种教学法上还有一把总钥匙,它的名字叫作“活”。

如果在课堂上能营造一个与课堂基调相和谐一致的情境,使学生犹如置身其间,并体会到作者独运的匠心。这样的课也容易上得精彩,引人入胜。

首先,在教学过程中精美巧妙的课堂引入是不容忽视的。

不同的课堂有不同的主题内容,所以,在课堂引入时,就应该采取不同的方式。利用多媒体辅助课堂教学更是可以为课堂设置与之相一致的情境动画,更好地调动学生的形象思维能力。在运用现代化科技教具上课的课堂上,学生表现出来的积极性都特别高,效果也特别好,因为学生对现代高新科技充满着好奇和渴望认识的心理,因此也就刺激了课堂的活跃气氛,使课堂更精彩。

(3) 创设师生交往、共同发展的课堂互动新模式

吕叔湘说:总的原则是变被动为主动,学生要主动学,教师要主动教。

教学过程的课堂互动,核心是要让学生在学习中学会学习、学会探究、学会创新。互动课堂教学的具体要求是:最大限度地发挥教师的主导作用,调动学生学习的积极性,给学生主动参与的机会,给学生留下思考的空间。它关注的不仅仅是学生是否参与学习,更重要的是解决一个学生如何参与的问题,即如何发挥学生主体性的问题。我们追求的是在学生期待得到新知的时候,通过全过程参与习得新知。具体地说:要参与教学目标的确立,通过“我们应当学会什么”,“我想学会什么”,引导学生参与确立学习

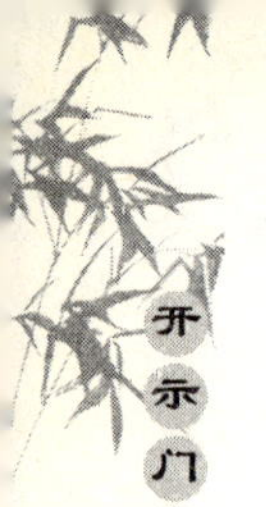

目标。要参与教学过程中重难点的确立，通过对重难点的讨论和对不同意见的分析，学生主动向教师进行即时反馈，同学之间互相帮助，实现多向互动。这一过程是由“我要学”向“我会学”的转化。学生在主动参与中学会学习，通过广泛交流实现师生互动、相互沟通、相互影响、相互补充，使学习过程更多地成为学生发现问题、提出问题、解决问题的过程，构建和谐的、民主的、平等的师生关系，以师生互教互学，形成一个真正的“学习共同体”。

(4) 实施精讲教学的功效

吕叔湘说：中国有句老话叫作“定法不是法”。这句话的意思不是让人做事不讲方法，方法是要讲的，但是不要把它讲死了，要把它讲活。什么叫作讲活了？就是要一方面坚持原则，一方面又能适应当前情况。

苏联教育家巴班斯基说过：“最优化向教师指出了费力较少而又能达到较高教学效果的捷径，它使教师从许多习以为常，但效益很少的行动中解放出来。”在课堂教学上，最优化的捷径就是精讲。这无论是从作为教学过程中起主导作用的教师的角度来分析，还是从作为学习主体的学生来说，都是有非浅功效的。

其一，对于教师而言，精讲不是一件容易的事，因为精讲要求教师在课堂上必须精神饱满地讲，精简地讲，精心地讲，少讲或者该讲多少就讲多少；要求教师把握好教学分析的限度。要达到这些要求，教师就必须胸有成竹。这是对教师努力提高自身素质、不断提高教学质量的一种动力。

其二，精讲可以让学生从烦琐枯燥、过细的知识全盘接收活动中解脱出来，真正认识到自己是学习的主人，而不是被迫充当课堂傀儡。留给学生充分的学习空间，培养真正的学习能力。这正是推行素质教育的需要。平时我非常注意与学生交谈，收集反馈回来的信息。学生普遍认为，在课堂上老师如果讲得太多，分析得太深，自己根本没有时间消化，上课总想打瞌睡，现在老师讲得少了，我们反倒来劲了，懂得了学习的途径，会独立思考些问题了，学习的兴趣也浓厚了，成绩也提高了。

五、成果与展望

名师工作室既是教师实现个人专业发展、追求职业幸福的重要平台和保障，也是发挥名师辐射作用以实现优质师资倍增的重要引擎。通过名师工作室专题研修，搭建学习的平台、研究的平台和交流发展的平台，这实质上使名师工作室成为一种有生命的教研共同体。

工作室成立以来，不仅展开了大量的听课、评课、交流学习等活动，成员还积极参加各项工作，使成员的师德修养和业务素质快速提高。几年来，参加工作室的青年教师无论从教学水平、教学策略，还是教学成果上都有不同程度的提高。其中束建强老师、赵擎宇老师、夏俊老师、苏哲老师、杨勇强老师、丁洪良老师、吴必龙老师均获得江苏省物理赛课一等奖。同时，工作室本着请进来走出去的理念，邀请了苏州大学物理系陶洪教授，江苏省教研员省特级教师叶兵教授，南京金陵中学物理教研组长、特级教师徐锐，丹阳市教育局副局长、特级教师陈留庚等对工作室的课题研究开设讲座，使每位老师获益良多。工作室成员在《物理教师》《物理通报》《中学物理教学探讨》《物理教学》《中学物理》国家级省级期刊上发表论文 30 多篇，获奖 40 多篇。其中工作室与陕西名师团、北师大、山西名师团开展了三次交流活动，取得了满意的效果。工作室成员所教班级无论在高考还是丹阳市统考中成绩均名列前茅，其中工作室成员辅导的学生在江苏省物理奥赛中 11 人获一等奖，35 人获二等奖。

有道是“鹰一样的个人和雁一样的团队”。只有分力合力俱全，才能提升名师工作室的核心竞争力。因此，工作室导师要在实践中更加自觉地强化自身素质(号召力凝聚力，专业实力与人格魅力)，要科学谋划，有效实施，主动迎接挑战，不辜负教育局的期待和社会的关注。同时健全工作室研修辅导运作机制，在教育教学中切实利用几位著名教育家的教育思想来指导工作室的教育教学工作。

教育家的教育思想博大精深，内涵丰富，深入学习几位著名教育家的思想能使我们开阔视野，增长见识，丰富思想，提升教育理念，促进专业成长，也为今后的教育教学工作奠定了坚实的理论基础。

(袁晓鹤　执笔)

立志直与青云齐(后记)

三本书,即将付梓,墨香浓浓。沉浸其中,感慨万千,往事历历在目。

人类文明,薪火相传。大师辈出,星光璀璨。丹阳籍教育家马相伯、吕凤子、吕叔湘、匡亚明、戴伯韬在中国近现代兴学、办学史上创造了辉煌业绩,留下了不朽的佳话,为后人所敬仰,所感怀。马相伯,毁家办学,创建复旦,教育救国,百年呐喊,被誉为“国家之光、人类之瑞”;吕凤子,三办“正则”,绘画、教书,创造了“永远的正则,永远的美”;吕叔湘,求真能贱,龙虫并雕,是我国著名的语言大师;匡亚明,无私无畏,被誉为“大学旗帜”“孔学泰斗”,成就了一个大写的“人”;戴伯韬,毕生实践“生活教育”,倾力构建本土的教育理论,可谓“科学的教育,教育的科学”。他们属于丹阳,属于中国;他们成就历史,指引现在,也启迪未来。

最好的继承是发展。《为人类之灵光》《直与青云齐》《开示门径》这三本书,分别记载了丹阳五位教育大师的经典语录、成长故事以及大师故乡的教育后生受大师精神指引做出的努力。它们又是一个整体,表达了丹阳教育人理解大师、追随大师,直与青云齐的鸿鹄之志。

当然,这也是江苏省教育科学“十二五”规划重点资助课题《丹阳教育家教育思想实践与发展研究》的成果之一。课题组成立以来,一批热情致力于五大教育家教育思想研究、实践的丹阳人组成了一个核心小组,他们是李霖、陈留庚、戎年中、笪红梅、董洪宝、张东明、唐志辉;一批热情致力于用教育家的思想和精神引领学校发展的学校自愿组成了一个联盟,它们是马相伯学校、正则小学、正则幼儿园、吕叔湘中学、匡亚明小学、实验学校等25个单位。我们在行动中研究,在研究中行动。丹阳教育家思想的种子,在丹阳教育这块沃土上生根、发芽、茁壮成长。

读大师的书,听大师的教诲,走进教育家的精神世界,我们感悟他们的无私、睿智与豪情以及来自思想深处的力量与自觉;追寻大师足迹,实地考察、寻访,我们回味教育家当年兴学、办学的艰辛与卓越;汇聚五大教育家的梦想,我们编写《与太阳的对话》;研究教育家的教育思想,我们领略他们引领时代教育发展的正能量；结合丹阳教育的实际，我们用本土教育家的精神和思想引领教师专业发展，启迪学子健康成长。一批以教育家名字及其思想命名的学校应运而生，迅速发展，个性纷呈；一批沐浴着教育家情怀的教师，在向上，在奔跑；一批心怀教育家理想的未来教育家，在成长，在孕育。五大教育家的梦想在延续，思想在传承，情怀在滋养，力量在支撑，丹阳教育在蓬勃发展。

丹阳市教育局始终关心、支持本土教育家研究工作。2015 年初，教育局研究决定编写一套教育家研究丛书，韦立忠局长亲自勉励我们课题组学习教育家言论，讲述教育家故事，发展教育家思想，让更多的人分享研究教育家的成果。

课题组认真领会编书意图，明确编写目标，制订编书工作方案。我们坚持一条原则：尊重历史，突出个性。梳理精选教育家语录，突出教育家思想；逼真再现教育家故事，体现可读性与教育性；精心汇集研究个案，凸显鉴赏性。我们通过图书馆、网络等平台获得了大量的文献资料；我们走进高校和出版社，搜寻教育家相关文献图像；我们访谈教育家的后人，从他们的回忆和追思中搜集珍贵的素材。

从顶层设计到编写指导，从征稿到筛选，几易其稿，总课题核心组成员付出了大量劳动。我们的研究伙伴们，一路风雨兼程，互相勉励，共同分享，一同成长，为创造丹阳教育的别样风景，砥砺奋进。

为了保质保量，按时完成书稿，五大基地学校付出了大量的时间、精力和智慧。为此，我们特别感谢马相伯学校的徐林鹏，正则小学的张晖萍，吕叔湘中学的王金斌、吕明春，匡亚明小学的孙志杰，实验学校的殷梅凤、马良生等老师。对广大的作者、编者，以及胡伯衡、郦荣昌、荆国琴、袁玉珍、江胜兵等老师参与丛书修改、校对付出的努力，在此一并表示深深谢意。

为了让书多一份真切，少一点虚无，我们征得了五位大师后人的支持。在此，我们特别感谢马相伯的玄孙马天若先生，吕凤子的嫡孙吕存先生，吕叔湘的长女吕霞女士，匡亚明的长子匡力先生及儿媳马仁馨女士，戴伯韬的儿子戴晓林先生及孙女戴毅女士。他们倾情援助，不仅为我们编写组提供了珍贵的文献、图片资料，还帮我们审阅书稿，提出了修改、增删的建议和意见。他们将先贤的遗风和高贵的气质一同倾注在书稿的字里行间，让人难以忘怀。

为了让书能够接受历史的检验,我们得到了广泛的智力支持和精神鼓励。在此,我们特别感谢复旦大学李天纲教授,人民教育出版社韦志榕总编,南京大学匡亚明学院,吉林大学高鸿燕教授,江苏省教育科学研究院的成尚荣、孙孔懿两位专家教授。他们或亲临现场或电话联系指导论证,给予我们极大的支持。是他们的鼎力相助,给了我们坚持的信心、勇气和力量。

丛书的编写,是马相伯教育奖励促进会的又一件大事。感谢丹阳市市委常委开发区工委书记赵立群先生的热情鼓励和支持。丹阳教育家研究总顾问、国家督学、原江苏省教科所所长成尚荣先生和丹阳教育局党委书记、局长韦立忠先生对本套丛书的编写给予了殷切的关心、指导并欣然作序,对此我们深表谢意。

在丛书的编写过程中,我们参阅了大量的文献资料。出于对著作权法的遵守,以及对作者劳动的尊重,我们尽量标明了引用文献的出处以及文献的原作者,对他们的劳动惠及本书,我们心存感激,特别感谢。由于历史久远或工作疏漏没有准确标注的引用文章作者,希望他们能及时与我们取得联系,我们将由衷地感谢。

本套丛书的出版,得到了苏州大学出版社苏秦编辑的大力支持,特别感谢其为丛书付出的劳动,她严谨细致的工作作风、热情坦荡的处事风范令人钦佩,对此,我们心存感激,深表谢意。

阅读是一种交流,更是一种传递。我们希望通过丛书来传递丹阳五大教育家的情怀与精神,传递教育家兴学办学的智慧、勇气和信念。希望把这种正能量传递给更多的人,就像把阳光播撒到人们的心田一样,让人的灵魂从此光明、高洁。

“居身不使白玉玷,立志直与青云齐”是大师马相伯的语录。直与青云齐是大师成长的写照,是大师为我们开启的门径,更是丹阳教育蓬勃发展不断超越的期望。

由于时间仓促,人力有限,水平有限,书中难免有疏漏和不足之处,敬请广大读者不吝赐教,以备再版时更正。

编　者

2016 年 3 月 26 日

于丹阳宁静书斋